安全法令ダイジェスト

【改訂第8版】

テキスト版

JN113172

労働新聞社

安全で働きやすい現場づくりには、労働安全衛生法をはじめとする安全関連法規を遵守することが基本です。この「安全法令ダイジェスト」は、現場で守るべき安全法令を簡潔に解説しています。

　本書は、元請、専門工事業者、各作業の有資格者、作業員等、それぞれの役割に応じて守らなければならない法令をアイコンにより区分し、指示系統を矢印で示すことで分かりやすく編集しています。

　施工計画の策定や日常の現場巡視等に携行し、お役立て下さい。

※ 本書はダイジェストであり、法令の内容を全て網羅したものではなく、現場での優先順位を考慮して適宜表現の簡略化等を行っています。

2023年12月

本書の使い方

❶ **分かりやすいインデックス**
　章番号と章タイトルを右ページ端と左ページ下に入れています

❷ **法令等の項目は緑文字**

❸ **法令条番号は〈 　〉書きで**

❹ **「事業者」が行うことを示す矢印**

❺ **「事業者」が「作業員」に実施させ（又は実施できるように措置を行う）、「作業員」はそれを守らなければならないことを示す矢印**

〈アイコンについて〉

元方事業者、事業者等

作業主任者、作業指揮者等

作業員、運転者等

P●●を参照
参照ページ
関連するページ

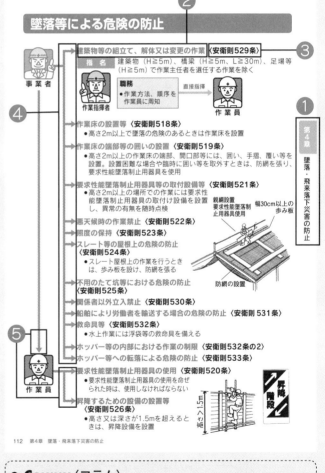

● COLUMN（コラム）
　安全関連のガイドラインや法律用語のマメ知識、安全に関する雑学などのページ
● 安全用語
　安全に関する用語や本文中の解説を50音順に掲載
● 用語の索引
　本文中に使われている単語等の検索にご利用下さい

3

CONTENTS

第1章　安衛法と安全管理のしくみ

第2章　機械の安全対策

第3章　通路と足場、構台

第4章　墜落・飛来落下災害の防止

第9章　火気・危険物・火薬

第10章　ずい道等

第11章　潜函・潜水作業

第12章　橋梁架設

第13章　職業性疾病予防と公害防止

第14章　保護具

第15章　その他

資料編

COLUMN

第1章

安衛法と安全管理のしくみ

労働安全衛生法及び関係政省令の体系図

日本国憲法 第27条 （昭和21年11月3日付 公布）
すべて国民は、勤労の権利を有し、義務を負う
賃金、就業時間、休息その他の勤労条件に関する基準は、法律でこれを定める
児童は、これを酷使してはならない

労働基準法（労基法）（昭和22年 法49）

男女雇用機会均等法

労働安全衛生法（安衛法）（昭和47年 法57）

労働基準法施行規則
年少者労働基準規則
女性労働基準規則
事業附属寄宿舎規程
建設業附属寄宿舎規程

労働安全衛生マネジメントシステムに関する指針（平成11年 告53）

労働者の心の健康の保持増進のための指針（平成18年）

労働安全衛生法施行令（安衛令）　　　　　　　　（昭和47年 政令318）

労働安全衛生規則（安衛則）	（昭和47年 省令32）
ボイラー及び圧力容器安全規則（ボイラー則）	（昭和47年 省令33）
クレーン等安全規則（クレーン則）	（昭和47年 省令34）
ゴンドラ安全規則（ゴンドラ則）	（昭和47年 省令35）
有機溶剤中毒予防規則（有機則）	（昭和47年 省令36）
鉛中毒予防規則（鉛則）	（昭和47年 省令37）
四アルキル鉛中毒予防規則（四アルキル則）	（昭和47年 省令38）
特定化学物質障害予防規則（特化則）	（昭和47年 省令39）
高気圧作業安全衛生規則（高圧則）	（昭和47年 省令40）
電離放射線障害防止規則（電離則）	（昭和47年 省令41）
酸素欠乏症等防止規則（酸欠則）	（昭和47年 省令42）
事務所衛生基準規則（事務所則）	（昭和47年 省令43）
粉じん障害防止規則（粉じん則）	（昭和54年 省令18）
労働安全衛生法及びこれに基づく命令に係る 登録及び指定に関する省令	（昭和47年 省令44）
機械等検定規則（検定則）	（昭和47年 省令45）
労働安全コンサルタント及び労働衛生コンサルタント規則（コンサル則）	（昭和48年 省令3）
石綿障害予防規則（石綿則）	（平成17年 省令21）
除染電離則	（平成23年 省令152）

作業環境測定法	作業環境測定法施行令	作業環境測定法施行規則
じん肺法		じん肺法施行規則
労働者災害補償保険法	労働者災害補償保険法施行令	労働者災害補償保険法施行規則
労働災害防止団体法		労働災害防止団体法施行規則
雇用保険法	雇用保険法施行令	雇用保険法施行規則
労働者派遣法	労働者派遣法施行令	労働者派遣法施行規則

安全衛生管理組織及び災害防止組織

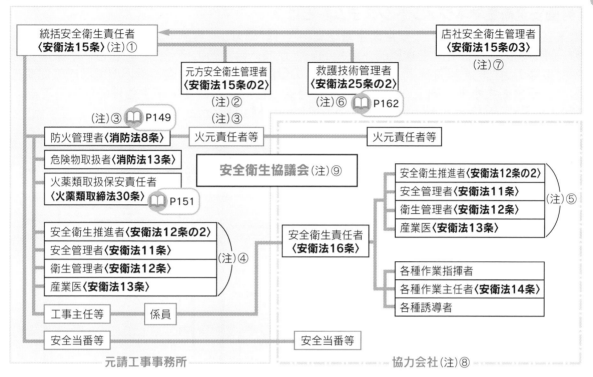

（注）①統括安全衛生責任者が病気等で統括管理できない場合には、統括安全衛生責任者に
　　　代わる適任者を選任して常駐させるずい道工事等（ずい道工事、圧気工事、一定の
　　　橋梁工事）および鉄骨造・鉄骨鉄筋コンクリート造の建築工事については専属の者
　　　とする

P16 を参照

　　　②元方安全衛生管理者は、統括安全衛生責任者を選出した時、元方事業者と協力会社の従業員を合わせ
　　　た数が50人以上（ずい道工事等は30人以上）の時に選任する
　　　③防火管理者は、次に定める規模以上である建築物であり、かつ、元方事業者と協力会社の従業員を合
　　　わせた数が50人以上の時に元方事業者の中から選任する
　　　　・地階を除く階数が11以上で、かつ、延べ面積が10,000m² 以上
　　　　・延べ面積が50,000m² 以上
　　　　・地階の床面積の合計が 5,000m² 以上
　　　④元方事業者の従業員数が常時10人以上50人未満の時は安全衛生推進者を選任する。常時50人以上の
　　　時は、安全管理者、衛生管理者及び産業医を選任する
　　　⑤協力会社の従業員数が、常時10人以上50人未満の時は安全衛生推進者を選任する。常時50人以上の
　　　時は、安全管理者、衛生管理者、産業医を選任する
　　　⑥法令に定めるずい道工事、圧気工事を行う場合に選任する
　　　⑦統括安全衛生責任者及び元方安全衛生管理者を選任していない場合で、ずい道工事等で元方事業者と
　　　協力会社の従業員を合わせた数が常時20人以上30人未満の場合（鉄骨造等の建築物の建設工事の場合
　　　は常時20人以上50人未満）は、店社の安全部門の従業員の中から店社安全衛生管理者を選任し、統括
　　　安全衛生管理の指導にあたらせる。定置工事事務所の出先作業所については、定置工事事務所の従業
　　　員の中から選任する
　　　⑧協力会社及びその後次の協力会社が個々に適用となる
　　　⑨議長には統括安全衛生責任者があたり、副議長及び委員は、当該工事事務所の従業員及び協力会社事
　　　業者又はその安全衛生責任者から議長が委嘱する。毎月1回以上、定例的に実施

労働安全衛生マネジメントシステム

「労働安全衛生マネジメントシステム」とは？

事業者が労働者と協力して、安全衛生管理業務を「計画（P）−実施（D）−評価（C）−改善（A）」の一連の定めたプロセスで連続的、継続的に、かつ、自主的に行うことにより、事業場での労働災害の潜在的危険性を低減して、労働者の健康の増進及び快適な職場環境形成の促進を図り、安全衛生水準の向上に資することを目的とした新しい安全衛生管理の仕組みである（OSHMS・・・Occupational Safety and Health Management System）

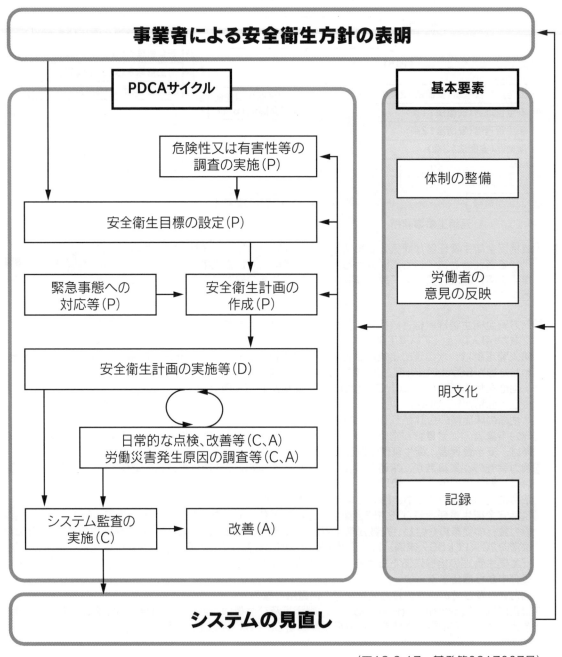

（平18.3.17　基発第0317007号）

発注者

発注者とは

〈安衛法30条2項〉
注文者のうち、その仕事を他の者から請け負わないで注文している者

注文者とは

〈安衛法3条3項、
　15条1項〉
仕事を他人に請け負わせている者

**元方事業者
特定元方事業者**

元方事業者とは　〈安衛法15条1項〉

一の場所において行う仕事の一部を請負人（協力会社）に請け負わせ自らも仕事の一部を行う最先次の注文者

事業者とは

〈安衛法2条3号〉
事業を行う者で労働者を使用するもの
（法人又は個人経営者）

特定元方事業者とは　〈安衛法15条1項〉

元方事業者のうち、建設業、造船業の仕事を行う者

一次協力会社

関係請負人とは

〈安衛法15条1項〉
元方事業者以外の協力会社

二次協力会社

最後次協力会社

統括安全衛生責任者の選任と職務 　安衛法15条

特定元方事業者は、従業員及び協力会社の作業員が一の場所 ※ での混在作業で発生する労働災害を防止するため、統括安全衛生責任者等を選任し、作業場所全体の統括管理を行わなければならない なお、統括安全衛生責任者等は、統括安全衛生管理に関する教育を受けた者の中から選任する〔元方事業者による建設現場安全管理指針（平成7年4月21日付 基発第267号の2）〕

📖 ※「一の場所」の範囲とは？ P273を参照

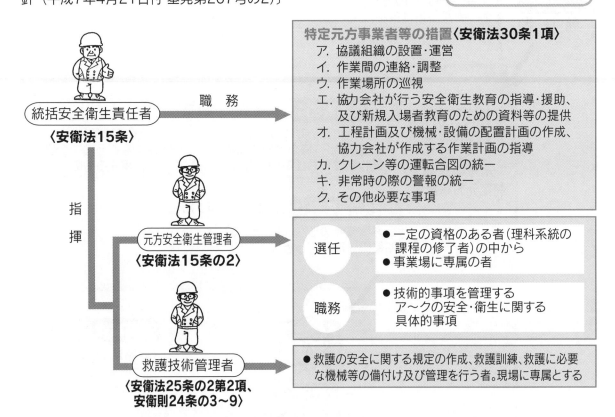

特定元方事業者等の措置〈安衛法30条1項〉
- ア. 協議組織の設置・運営
- イ. 作業間の連絡・調整
- ウ. 作業場所の巡視
- エ. 協力会社が行う安全衛生教育の指導・援助、及び新規入場者教育のための資料等の提供
- オ. 工程計画及び機械・設備の配置計画の作成、協力会社が作成する作業計画の指導
- カ. クレーン等の運転合図の統一
- キ. 非常時の際の警報の統一
- ク. その他必要な事項

統括安全衛生責任者 〈安衛法15条〉 ── 職務

指揮

元方安全衛生管理者 〈安衛法15条の2〉

選任
- ●一定の資格のある者（理科系統の課程の修了者）の中から
- ●事業場に専属の者

職務
- ●技術的事項を管理する ア～クの安全・衛生に関する具体的事項

救護技術管理者 〈安衛法25条の2第2項、安衛則24条の3～9〉
- ●救護の安全に関する規定の作成、救護訓練、救護に必要な機械等の備付け及び管理を行う者。現場に専属とする

選任すべき事業場〈安衛令7条2項、安衛則18条の6〉

区分	工事の種類	現場規模 20▼	30▼	50▼ 労働者数（人）
①	ずい道等の建設の仕事	店社安全衛生管理者	統括安全衛生責任者	
②	圧気工法による作業を行う仕事	店社安全衛生管理者	統括安全衛生責任者	
③	注3 一定の橋梁の建設の仕事	店社安全衛生管理者	統括安全衛生責任者	
④	鉄骨造、鉄骨鉄筋コンクリート造の建築物の建設の仕事	店社安全衛生管理者		統括安全衛生責任者
⑤	その他の仕事			統括安全衛生責任者

（注）1. 区分①～④の工事において、統括安全衛生責任者を選任して監督署に届出た場合は、店社安全衛生管理者を選任する必要はない〈安衛則18条の6第2項〉
　　　2. 区分①～④の工事において、統括安全衛生責任者を選任した場合は専属の者とする〔元方事業者による建設現場安全管理指針（平成7年4月21日付 基発第267号の2）〕
　　　3.「一定の橋梁」とは、人口が集中している地域内の道路若しくは道路に隣接した場所や鉄道の軌道上、軌道に隣接した場所をいう〈安衛則18条の2の2〉

元方事業者が行わなければならない事項① 安衛法29条

協力会社とその作業員に対し、法令に違反しないよう**指導**すること
法令に違反している時は、是正のために必要な**指示**を行わなければならない

法令に違反しないよう指導

是正のために必要な指示

元方事業者

| 法令に違反しないよう指導 〈安衛法29条1項〉 |
| 法令に違反している時は是正の指示 〈安衛法29条2項〉 |

▶▶▶

どのような措置を

指導・指示義務事項の例

- 就業制限業務……… 有資格者であるか
- 特別教育…………… 特別教育修了者であるか
- 作業主任者………… 必要な作業に適正に配置されているか
- 作業指揮者………… 〃
- 監視人又は誘導者… 〃
- 持込機械の安全基準確保及び法定点検（検査）の実施状況
- 定期健康診断及び特殊健康診断の実施状況

協力会社その作業員

法令に基づく指示を受けた協力会社、又は作業員はその指示に従わなければならない
〈安衛法29条3項〉

元方事業者が行わなければならない事項② 安衛法29条の2

危険な場所で作業する時は、危険を防止するための措置が適正に講じられるように、技術上の指導やその他必要な措置を協力会社に対して講じなければならない

元方事業者

どのような措置を
- 技術指導
- 自ら行う危険防止措置
- 危険を防止するために必要な資材の提供
- 協力会社と共同して行う危険防止措置

協力会社

〈安衛則634条の2〉

どのような場所か

1. **土砂等が崩壊**するおそれのある場所
   （明り掘削作業を行う場合）
   - **地山が崩壊する**おそれのある場所
     〈安衛則361条〉
   - **土石等が落下する**おそれのある場所 **〈安衛則361条〉**

2. **土石流が発生**するおそれのある場所
   〈安衛則575条の9〉

3. **機械等が転倒**するおそれのある場所
   〈安衛則157条他〉

4. **充電電路に近接し、感電のおそれの
   ある場所** 〈安衛則349条〉

5. **埋設物、擁壁、コンクリートブロック
   塀、レンガ壁等が崩壊**するおそれのあ
   る場所 **〈安衛則362条〉**

6. **露出したガス導管が損壊する**おそれ
   のある場所 **〈安衛則362条〉**

どのような対策をするのか

〈安衛則534条〉
- 擁壁・土止め支保工を設ける
- 地山を安全な勾配にする
- 落下のおそれのある土石を取除く
- 雨水・地下水を排除する

- 防護網を張る
- 立入り禁止とする

P222～223「土石流が発生する
おそれがある場合の措置」を参照

P19「元方事業者が行わなければ
ならない事項③」を参照

- 補強・移設する

- 防護（つり防護、受け防護）する
- 移設する

P141「ガス導管による災害防止」
を参照

元方事業者が行わなければならない事項③ 安衛法29条の2

車両系建設機械の基礎工事用機械・移動式クレーンが転倒、又は架空電線の近接作業で感電の危険のおそれがある場所で作業を行うときは、技術上の指導やその他必要な措置を協力会社に対して講じなければならない

元方事業者

どのような措置を
- 技術指導
- 自ら行う危険防止設備の設置
- 危険を防止するために必要な資材の提供
- 協力会社と共同して行う設備の設置

協力会社

〈安衛則634条の2〉

どのような場所か

基礎工事用機械（安衛令別表第7第3号、くい打機・くい抜機他）が、転倒・転落するおそれのある場所
- 路肩、傾斜地
- 軟弱地盤

- さん橋、ステージング

感電するおそれのある場所
- 架空電線近接場所

どのような対策をするのか

それぞれの場所で次のような対策をする

〈安衛則157条〉
- 路肩の崩壊防止
- 地盤の不同沈下防止
- 必要な幅員を保持
- 誘導者の配置

〈安衛則173条〉
- 敷板・敷角を使用
- 強度確認・補強

〈安衛則349条〉
- 充電電路の移設
- 感電防止の囲い
- 充電電路への絶縁用防護具の装着（上記の措置ができない場合）
- 監視人の配置

移動式クレーンが転倒するおそれのある場所
- 軟弱地盤
- 法肩崩壊のおそれ
- 埋設物その他地下工作物損壊のおそれ

感電するおそれのある場所
- 架空電線近接場所

それぞれの場所で次のような対策をする

〈クレーン則70条の3、70条の4〉
- 広さ及び強度のある敷鉄板等（敷板・敷角を含む）の使用
- 敷板などの中央でアウトリガーの使用

〈安衛則349条〉
- 充電電路の移設
- 感電防止の囲い
- 充電電路への絶縁用防護具の装着（上記の措置ができない場合）
- 監視人の配置

特定元方事業者が行わなければならない事項① 安衛法30条

特定元方事業者は元請及び多数の協力会社の作業員が、一の場所 ※ で混在して作業することによって発生する労働災害を防止するため、特定元方事業者は次の措置を講じなければならない

特定元方事業者

どのような措置を
- 協議組織の設置・運営
- 作業間の連絡・調整
- 作業場所の巡視
- 関係請負人が行う安全・衛生教育に対する指導・援助
- 計画の作成
- その他労働災害防止のための必要な事項

協力会社

※「一の場所」の範囲とは？ P273 を参照

どのようなこと

●協議組織の設置・運営〈安衛則635条〉
- 特定元方事業者とすべての協力会社が参加する協議組織を設置する
- 会議は毎月1回以上（注）定期的に開催する
  （注）「元方事業者による建設現場安全管理指針」（平成7年4月21日付 基発第267号の2）
- 協力会社は協議組織に参加しなければならない

●作業間の連絡・調整〈安衛則636条〉
- 特定元方事業者と協力会社との間
- 協力会社相互の間

●作業場所の巡視〈安衛則637条〉
- 毎作業日1回以上行う
- 協力会社は元方事業者の巡視を拒んではならない

●安全衛生教育に対する指導・援助〈安衛則638条〉
- 協力会社が行う教育への場所の提供、使用する資料の提供

●計画の作成〈安衛則638条の3〉
- 工程、機械・設備の配置、作業用の仮設建設物の配置に関する計画の作成

どのようにして

- 統括安全衛生責任者が招集する
- 元請の工事担当者及び協力会社の職長を網羅する
- 工程、作業間の連絡調整を行い安全対策を協議する

- 毎日の作業打合せ・安全指示等、工程と合わせて連絡調整を行う

- 提供している設備等の注文者としての責務
- 連絡調整・指示事項等の確認
- 法令違反の是正指示

- 教育を行うための施設の提供、教育資料の提供、講師の派遣等

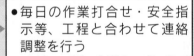

P34「建設機械の作業計画作成のフロー」を参照

特定元方事業者が行わなければならない事項② 安衛法30条

●労働災害防止のための必要な事項

〈安衛則575条の9〜16〉

・土石流による危険の防止 →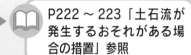
　P222〜223「土石流が発生するおそれがある場合の措置」参照

〈安衛則639条〉

・クレーン等の運転についての合図の統一

- クレーン・移動式クレーン・デリック・簡易リフト・建設用リフト
- 合図を統一的に定め、周知させる

〈安衛則640条〉

・事故現場等の標識の統一等

- 潜函の作業室・気こう室、有機溶剤、酸欠
- 事故現場に表示し、必要以外の者は立入禁止にする

〈安衛則641条〉

・有機溶剤等の容器の集積箇所の統一

- 塗料・防水剤等で有機溶剤を含有するもの、及びその容器

〈安衛則642条〉

・警報の統一等

- 発破・火災・土砂崩壊・出水・なだれの発生又はおそれのある時

〈安衛則642条の2、2の2〉

・避難等の訓練の実施方法等の統一等

- 規定の長さ以上となるずい道等の工事は、避難・消火訓練の実施時期・方法を定め、周知し実施する
- 土石流危険河川での作業における退避訓練について準用する

〈安衛則642条の3〉

・周知のための資料の提供等

- 協力会社が行う新規入場者教育（作業状況、作業相互の関係等）のための場所・資料の提供等を行う

注文者が行わなければならない事項 [安衛法31条]

注文者は、協力会社に建設物・設備等（施設）を提供する時は、労働災害を防止するため、安全衛生の措置を行わなければならない〈**安衛法31条1項**〉
注文者が数次の時は、最上次の注文者がこの措置を行う〈**安衛法31条2項**〉

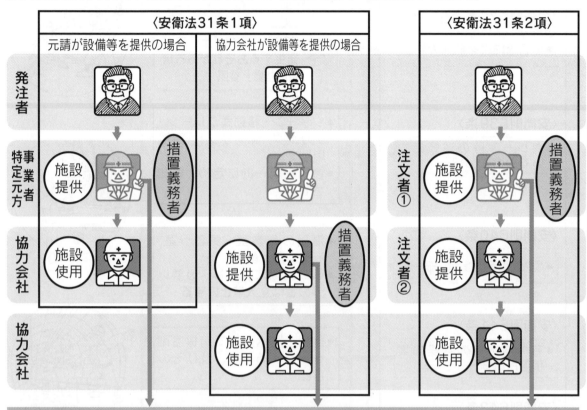

特定事業を行う注文者が行わなければならない措置〈安衛法31条〉

- くい打機及びくい抜機について‥ 安衛則644条
- 軌道装置について ‥‥‥‥‥‥ 安衛則645条
- 型枠支保工について ‥‥‥‥‥ 安衛則646条
- アセチレン溶接装置について ‥ 安衛則647条
- 交流アーク溶接機について ‥‥ 安衛則648条
- 電動機械器具について ‥‥‥‥ 安衛則649条
- 潜函等について ‥‥‥‥‥‥‥ 安衛則650条
- ずい道等について ‥‥‥‥‥‥ 安衛則651条
- ずい道型枠支保工について ‥‥ 安衛則652条
- 物品揚卸口等について ‥‥‥‥ 安衛則653条

- 架設通路について ‥‥‥‥‥‥ 安衛則654条
- 足場について ※‥‥‥‥‥‥ 安衛則655条
- 作業構台について ※‥‥‥ 安衛則655条の2
- クレーン等について ‥‥‥‥‥ 安衛則656条
- ゴンドラについて ‥‥‥‥‥‥ 安衛則657条
- 局所排気装置について ‥‥‥‥ 安衛則658条
- 全体換気装置について ‥‥‥‥ 安衛則659条
- 圧気工法に用いる設備について ‥ 安衛則660条
- エックス線装置について ‥‥‥ 安衛則661条
- ガンマ線照射装置について ‥‥‥ 安衛則662条

適合させるべき基準

- 材料の規格　　　● 構造規格　　　● 強度の確保　　　● 装置の性能
- 用具・設備の安全係数　　　● 安全設備の設置　　　● 危険防止措置　等

※最大積載荷重の表示、悪天候時・組立・一部解体・変更時の点検、点検結果の記録も行わなければならない

元請等の違法な指示の禁止 　安衛法31条の4

注文者は、安衛法令違反になるような指示を協力会社にしてはならない

例えば
- クレーン作業で、つり上げ能力を超える荷のつり上げを指示する
- 建設機械作業で、その建設機械の目的以外の作業を指示する
- 墜落防護措置を講じないで、高所での作業を指示する………等

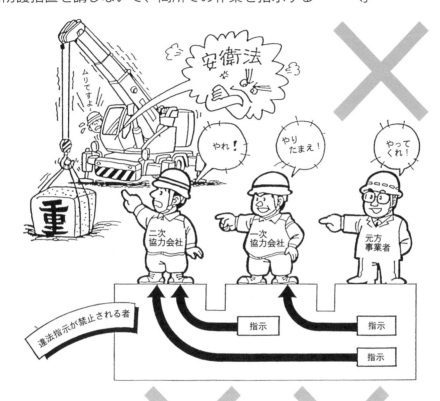

※なお、法文上は発注者についても違法な指示が禁止されています

23

災害はなぜ発生するのか？

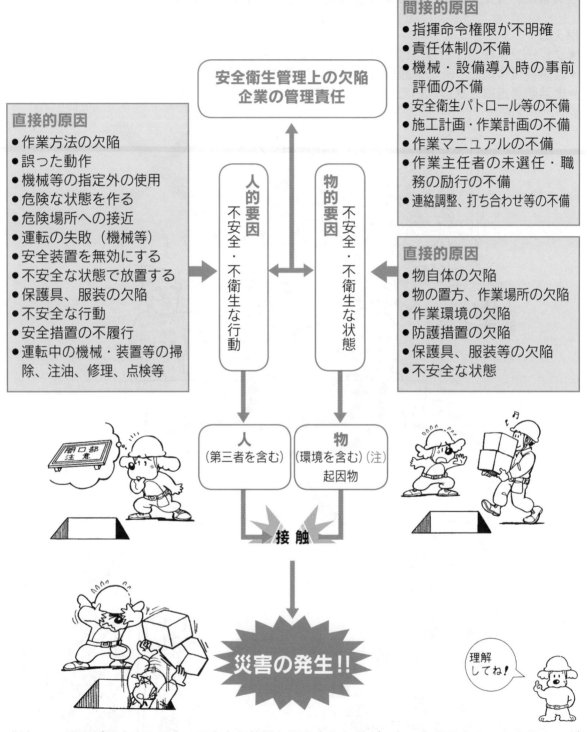

間接的原因
- 指揮命令権限が不明確
- 責任体制の不備
- 機械・設備導入時の事前評価の不備
- 安全衛生パトロール等の不備
- 施工計画・作業計画の不備
- 作業マニュアルの不備
- 作業主任者の未選任・職務の励行の不備
- 連絡調整、打ち合わせ等の不備

安全衛生管理上の欠陥 企業の管理責任

直接的原因
- 作業方法の欠陥
- 誤った動作
- 機械等の指定外の使用
- 危険な状態を作る
- 危険場所への接近
- 運転の失敗（機械等）
- 安全装置を無効にする
- 不安全な状態で放置する
- 保護具、服装の欠陥
- 不安全な行動
- 安全措置の不履行
- 運転中の機械・装置等の掃除、注油、修理、点検等

人的要因 不安全・不衛生な行動

物的要因 不安全・不衛生な状態

直接的原因
- 物自体の欠陥
- 物の置方、作業場所の欠陥
- 作業環境の欠陥
- 防護措置の欠陥
- 保護具、服装等の欠陥
- 不安全な状態

人（第三者を含む）

物（環境を含む）(注)
起因物

接 触

災害の発生!!

理解してね!

(注) 1. 災害が発生する場合、不安全な状態と不安全な行動がそれぞれ原因となるときもあるが複合した形で発生する場合が多い
2. 物は、設備、機械、工具及び保護具のほか温熱条件、照明あるいは騒音など環境条件を含む

災害発生時の対応

現 場

災害の発生!!

緊急時の対応
- 被災者の救出を最優先
- 直接関係する設備・機械の運転中止
- 二次災害防止の措置
- 応急手当てを行い、指定病院に搬送
- 立入禁止の措置
- 現状の保存
- 状況により作業中止命令、避難命令

報告 →

安全部門

災害速報
- 発生日時
- 発注者名、工事名称、工事事務所名、統括安全衛生責任者名
- 被災者の氏名、年齢、性別、職種、入場後日数、経験年数
- 被災者の所属会社名（一次、二次等の系列）
- 傷病名、傷病の部位（負傷程度等）
- 発生状況の概要
- 処置の方法（病院名等）
- 労災保険関係
- 発注者等への報告経緯

報告 → 施工担当部門等

報告 → 被災者所属会社 —連絡→ 家 族

報告 → 発注者

火災の場合 119 番通報〈**消防法 24 条**〉

報告 ↓　重篤な際には直ちに　報告 ↓

所轄労働基準監督署

管轄警察署

管轄消防署

捜 査 ↓

- 被災者の身元（連絡先、経歴、経験年数、資格）
- 健康診断の状況
- 雇用形態
- 作業員名簿
- 作業手順書
- 安全衛生管理体制とその活動状況
- 作業間の連絡調整記録
- 新規入場者チェック記録
- 現場パトロール記録
- 設備、機械等の点検表
- 官公庁への届出書類控
- その他

統括安全衛生責任者、職長、現認者等が立会う

災害発生時の事業主の報告義務

●労働災害が発生した場合、被災者の事業主は、労働者死傷病報告書を所轄労働基準監督署へ遅滞なく提出することが義務付けられている
〈安衛法100条1項、安衛則97条〉

	死亡又は休業4日以上の災害	休業1日～休業3日以内の災害
書　式	様式第23号（労働者死傷病報告）	様式第24号（労働者死傷病報告）
提出者	事業主	事業主
提出先	所轄労働基準監督署	所轄労働基準監督署
提出時期	遅滞なく提出する	年4回、次のとおり提出する 　1月～　3月発生分纏めて：　4月末 　4月～　6月発生分纏めて：　7月末 　7月～　9月発生分纏めて：10月末 　10月～12月発生分纏めて：　1月末 （注）発生の都度、提出を求められる場合もある

（注）1. 休業日数の数え方
　　　①休日は通算して数える。業務上の負傷又は傷病による治療のために労働することができない状態にある場合は、休日であっても休業日数に含める
　　　②断続的に休業した場合も、その期間は通算する

休業日数の数え方は
資料編 P274 も参照

　　　2. 死傷病報告書の他に、様式5号（治療費の請求書式）を労災指定病院へ提出（病院から所轄労働基準監督署へ提出）
　　　3. 休業 0 日の場合
　　　①死傷病報告書の提出は不要
　　　②治療を受ける場合、様式5号（治療費の請求書式）を労災指定病院へ提出（病院から所轄労働基準監督署へ提出）
　　　※ 労働者死傷病報告については、原則として電子申請が義務化される予定（令和7年1月予定）

●労働者死傷病報告書を遅滞して提出した場合や虚偽の報告をした場合、次の者が罰せられる
〈安衛法120条5号、122条〉

●事業主関係
　①遅滞無く報告をしなかった者や虚偽の報告をした者
　②両罰規定により法人としての協力会社（協力会社職員が罰せられた場合）

●元請関係
　①事件に関わった元請職員
　②両罰規定により法人としての元請
　　（元請職員が罰せられた場合）

労働者死傷病報告書の様式例は
資料編 P266 ～ 268 を参照

災害率の求め方

1．災害発生の頻度を示すもの

（1）年千人率
- 年千人率とは、労働者千人当り1年間に発生した死傷者数

$$年千人率 = \frac{1年間における死傷者の総数}{1年間の平均労働者数} \times 1,000$$

（小数点3位以下は四捨五入）

（2）度数率
- 度数率は、100万延労働時間当りの労働災害による死傷者をもって災害の頻度を表わした指標で、国際的に広く用いられている

$$度数率 = \frac{労働災害による死傷者数}{延労働時間数} \times 1,000,000$$

（小数点3位以下は四捨五入）

2．災害の重篤度を示すもの

（1）強度率
- 労働者が労働災害のために労働不能（損失）となった日数で表し、これを1,000延労働時間当りの数で示した指標

$$強度率 = \frac{労働損失日数 ※}{延労働時間数} \times 1,000$$

（小数点3位以下は四捨五入）

※ 労働損失日数とは

個々の被災者にかかわる損失日数を求めることは不可能であるので、同じ程度の傷害については同じ損失があるものと仮定し、一定の基準によって個々の傷害の労働損失日数を算定する方法がとられている。わが国で用いられている損失日数は次のとおり

ア．死亡及び永久全労働不能（身体障害等級1、2、3級）の場合は休業日数に関係なく1件について7,500日

イ．永久一部労働不能で監督署から障害等級が認定された場合は休業日数に関係なく次の表による

身体障害等級	4	5	6	7	8	9	10	11	12	13	14
労働損失日数	5,500	4,000	3,000	2,200	1,500	1,000	600	400	200	100	50

ウ．一時労働不能は、暦日による休業日数×300／365とする
（小数点以下切捨てとする。ただし休業日数1日の場合は、労働損失日数は1日とする）

（参考）
- 「重大災害」とは…厚生労働省では下記の災害を重大災害という

> **重大災害**
> - 一時に3人以上の労働者が業務上死傷又は罹病した災害（不休も含む）

事故の型分類①

分類番号 厚生労働省	分類項目	説　　明
01	墜落、転落	●人が樹木、建設物、足場、機械、乗物、はしご、階段、斜面等から落ちることをいう ●乗っていた場所がくずれ、動揺して墜落した場合、砂びん等による蟻地獄の場合を含む ●車両系建設機械などとともに転落した場合を含む ●交通事故は除く ●感電して墜落した場合には感電に分類する
02	転倒	●人がほぼ同一平面上で転ぶ場合をいい、つまずき又はすべりにより倒れた場合等をいう ●車両系建設機械などとともに転倒した場合を含む ●交通事故は除く ●感電して倒れた場合には感電に分類する
03	激突	●墜落、転落及び転倒を除き、人が主体となって静止物又は動いているものにあたった場合をいい、つり荷、機械の部分等に人からぶつかった場合、飛び降りた場合等をいう ●車両系建設機械などとともに激突した場合を含む ●交通事故は除く
04	飛来、落下	●飛んでくる物、落ちてくる物等が主体となって人にあたった場合をいう ●研削といしの破裂、切断片、切削粉等の飛来、その他自分が持っていた物を足の上に落した場合を含む ●容器等の破裂によるものは破裂に分類する
05	崩壊、倒壊	●堆積したもの（はい等も含む）、足場、建築物等がくずれ落ち又は倒壊して人にあたった場合をいう ●立てかけてあった物が倒れた場合、落盤、なだれ、地すべり等の場合を含む
06	激突され	●飛来落下、崩壊、倒壊を除き、物が主体となって人にあたった場合をいう ●つり荷、動いている機械の部分などがあたった場合を含む ●交通事故は除く
07	はさまれ、巻き込まれ	●物にはさまれている状態及び巻き込まれる状態でつぶされ、ねじられる等をいう ●ひかれる場合を含む ●交通事故は除く
08	切れ、こすれ	●こすられる場合、こすられる状態で切られた場合等をいう ●刃物による切れ、工事取扱中の物体による切れ、こすれ等を含む

事故の型分類②

分類番号 厚生労働省	分類項目	説　明
09	踏み抜き	● くぎ、金属片等を踏み抜いた場合をいう ● 床、スレート等を踏み抜いたものを含む ● 踏み抜いて墜落した場合は墜落に分類する
10	おぼれ	● 水中に墜落しておぼれた場合を含む
11	高温・低温の物との接触	● 高温又は低温の物との接触をいう ● 高温又は低温の環境下にばく露された場合を含む 　〔高温の場合〕 　　火炎、アーク、湯、水蒸気等に接触した場合をいう 　〔低温の場合〕 　　冷凍庫内等低温の環境下にばく露された場合を含む
12	有害物等との接触	● 放射線による被ばく、有害光線による障害、CO 中毒、酸素欠乏症ならびに高気圧、低気圧等有害環境下にばく露された場合を含む
13	感電	● 帯電体にふれ、又は放電により人が衝撃を受けた場合をいう 　〔起因物との関係〕 　　金属性カバー、金属材料等を媒体として感電した場合の起因物は、これらが接触した当該設備、機械装置に分類する
14	爆発	● 圧力の急激な発生又は開放の結果として、爆音をともなう膨張等が起こる場合をいう ● 破裂を除く ● 水蒸気爆発を含む ● 容器、装置等の内部で爆発した場合は、容器、装置等を破裂した場合であってもここに分類する
15	破裂	● 容器、又は装置が物理的な圧力によって破裂した場合をいう ● 圧壊を含む ● 研削といしの破裂等機械的な破裂は飛来落下に分類する
16	火災	● 危険物の火災においては危険物を起因物とし、危険物以外の場合においては火源となったものを起因物とする
17.18	交通事故	● 道路交通法適用の場合（17）及び船舶、航空機及び公共輸送用の列車、電車等による事故（18）をいう
19	動作の反動、無理な動作	● 重い物を持ち上げて腰をぎっくりさせたというように身体の動き、不自然な姿勢、動作の反動などが起因して、すじをちがえる、くじく、ぎっくり腰及びこれに類似した状態になる場合をいう ● バランスを失って墜落、重い物を持ちすぎて転倒等の場合は無理な動作等が関係したものであっても、墜落、転倒に分類する
90	その他	● 上記のいずれにも分類されない傷の化膿、破傷風等をいう ● 分類する判断資料に欠け、分類困難な場合をいう

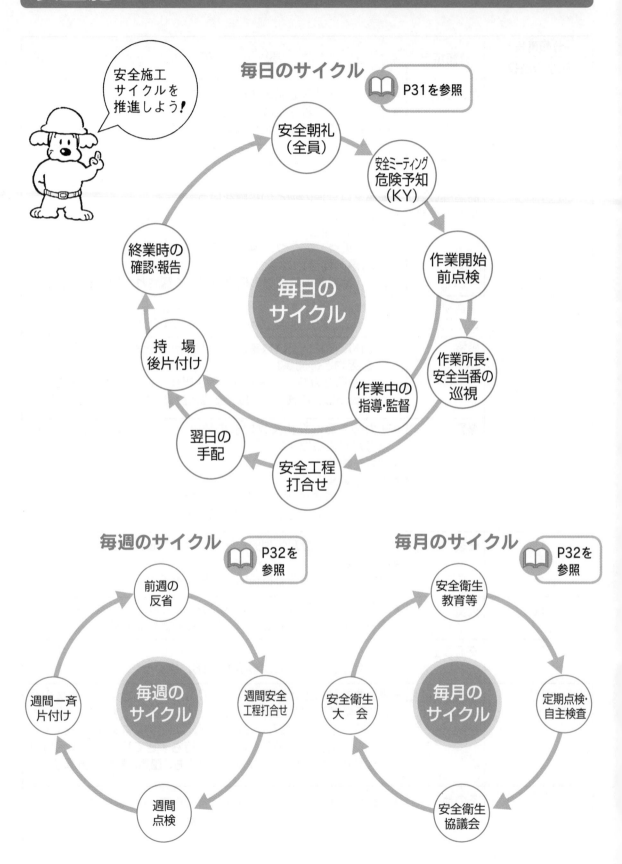

毎日のサイクル

安全施工サイクルを推進しよう!

P31を参照

安全朝礼（全員）

安全ミーティング 危険予知（KY）

作業開始前点検

作業所長・安全当番の巡視

作業中の指導・監督

安全工程打合せ

翌日の手配

持場後片付け

終業時の確認・報告

毎日のサイクル

毎週のサイクル

P32を参照

前週の反省

週間安全工程打合せ

週間点検

週間一斉片付け

毎週のサイクル

毎月のサイクル

P32を参照

安全衛生教育等

定期点検・自主検査

安全衛生協議会

安全衛生大会

毎月のサイクル

毎日のサイクル

① 安全朝礼

②安全ミーティング
危険予知（KY）

③作業開始前点検

④作業所長・安全当番の巡視
〈統責者の巡視〉

⑤安全工程打合せ

⑥作業中の指導監督
〈職長・店社〉

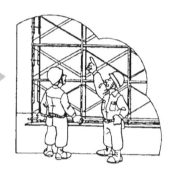

⑦翌日の手配

⑧持場の後片付け
終業時の確認・報告

確実に！

毎週のサイクル

①週間安全工程打合せ

②週間点検

- 土止め支保工
- 高圧室内作業用設備等

③週間一斉片付け

清掃終了！ごくろうさん

毎月のサイクル

①安全衛生大会

②定期点検・自主検査

③安全衛生協議会

- 各職種間の作業調整
- 毎日の点検による問題等の検討と調整
- 発生した災害の原因調査と対策
- 協議事項の全作業員への周知徹底

●随時実施するもの

①入場予定業者と事前打合せ

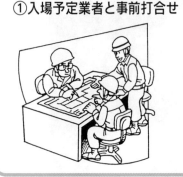

②新規入場者教育

③作業手順書の作成、周知

周知させる
作業方法

第2章

機械の安全対策

建設機械の作業計画作成のフロー 〈安衛法30条〉

協力会社が建設機械を使用する場合（特に車両系建設機械、移動式クレーンを用いる作業）には、作業計画・作業の方法について特定元方事業者が作成した施工計画に基づいて協力会社を指導しなければならない

特定元方事業者
施工計画書作成

どのような機械に必要か
① クレーン
② 移動式クレーン
③ 工事用エレベーター
④ 主要建設機械等の工事用の機械
⑤ 軌道装置
⑥ その他の機械

計画はどのような内容か
施工計画書に
① 全体工程表
② 機械の搬入・搬出計画
③ 機械の配置計画

移動式クレーン
（つり上げ荷重3t以上）を用いる作業

協力会社が作成する作業計画が特定元方事業者の施工計画書に適合するよう 〈安衛則638条の4〉
指 導

車両系建設機械
（機体重量3t以上、ただしコンクリートポンプ車は機体重量の制限なし）を用いる作業

移動式クレーン作業計画書作成
協力会社

相互間の調整指導
〈安衛法30条〉

協力会社
車輌系建設機械作業計画書作成

どのような作業か

〈クレーン則66条の2〉
移動式クレーンについては、転倒・はさまれ・荷の落下・感電災害防止のため、作業場所・地形・地質・荷の重量・機種・能力を考慮した次の事項

①作業の方法
- 一度につり上げる荷の重量
- 玉掛けの方法
- 荷の積み卸し位置
- 操作の方法
- 設置位置

②転倒防止の方法
- 鉄板の敷設
- アウトリガの位置
- アウトリガの張出し

③作業員の配置及び指揮系統
- 指揮者、玉掛け者、合図者の指名
- 作業場所、立入禁止場所の設定

どのような計画か

〈安衛則154条〉
車両系建設機械については、作業場所の地形、地質の状態等を調査・記録

〈安衛則155条〉
車両系建設機械を用いた作業における作業計画の内容
① 機械の種類・能力　③ 作業方法
② 運行経路　　　　　④ 設置位置

〈安衛則151条の3〉
車両系荷役運搬機械を用いた作業における作業計画の内容
① 作業場所の広さ・地形　③ 荷の種類・形状
② 機械の種類・能力

〈安衛則194条の9〉
高所作業車を用いた作業における作業計画の内容
① 作業場所の状況　② 機械の種類・能力

特定作業（移動式クレーン作業等）の注文者の連絡調整 　安衛法31条の3

2以上の協力会社が、建設機械を用いて荷のつり上げ等の作業を行う場合には、その作業全体を管理している注文者は、協力会社間の作業の内容、指示の系統、立入禁止区域についての連絡調整等を行わなければならない

共同作業全体を管理している
注文者（協力会社又は自ら特定作業を行う注文者）

連絡・調整　　　　　連絡・調整

十分な連携

協力会社　　　　　　　　協力会社

〈安衛則662条の5〉

どのような機械か	どのような作業か
パワーショベル、ドラグショベル、クラムシェル（機体重量3t以上）	荷のつり上げ作業時の運転、玉掛け又は誘導の作業〈安衛則662条の6〉
くい打機、くい抜機、アースドリル、アースオーガー	運転、作業装置の操作、玉掛け、くいの建て込み、くい等の接続、誘導の作業〈安衛則662条の7〉
移動式クレーン（つり上げ荷重3t以上）	運転、玉掛け、合図の作業〈安衛則662条の8〉

どのような措置を
- 作業の内容
- 指示の系統　　　｝必要な連絡及び調整を
- 立入禁止区域　　　行わなければならない

措置義務の関係図

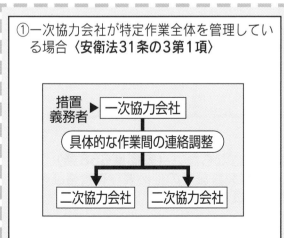

①一次協力会社が特定作業全体を管理している場合〈安衛法31条の3第1項〉

措置義務者▶一次協力会社

具体的な作業間の連絡調整

二次協力会社　　二次協力会社

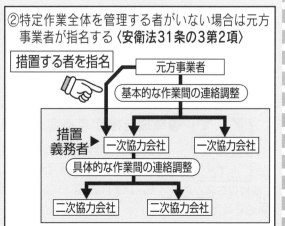

②特定作業全体を管理する者がいない場合は元方事業者が指名する〈安衛法31条の3第2項〉

措置する者を指名　　元方事業者

基本的な作業間の連絡調整

措置義務者▶一次協力会社　　一次協力会社

具体的な作業間の連絡調整

二次協力会社　　二次協力会社

機械貸与（リース等）に関する特別規制 安衛法33条

●対象となる機械〈安衛令10条〉
- ●つり上げ荷重が0.5t以上の移動式クレーン
- ●車両系建設機械（整地・運搬・積込み用、掘削用、基礎工事用、締固め用、コンクリート打設用、解体用機械……**安衛令 別表第7**）
- ●不整地運搬車
- ●高所作業車（作業床の高さ 2m 以上）

●機械貸与者の措置〈安衛則666条〉

リース会社等

1. 当該機械をあらかじめ点検し異常を認めたときは補修その他の必要な整備を行うこと
2. 貸与先に書面で交付すべき事項
   (1) 当該機械等の能力
   (2) 当該機械等の特性その他使用上注意すべき点

書面交付

●機械の貸与を受けた者の措置〈安衛則667条〉

特定元方事業者

特定元方事業者が直接リースを受けた場合
- ●操作者が必要な有資格者であることを確認

書面交付 →

← 工事機械等持込使用届

協力会社

協力会社が直接リースを受けた場合
- ●操作者が必要な有資格者であることを確認

通知

通知

(1) 作業の内容
(2) 指揮の系統
(3) 連絡・合図の方法
(4) 運行の経路・制限速度その他当該機械の運行に関する事項
(5) その他当該機械等の操作による労働災害を防止するために必要な事項

機械貸与者から派遣された運転者

●機械を操作する者の義務
- ●通知を受けた事項を守らなければならない〈**安衛則668条**〉
- ●機械等を操作するために必要な免許証その他必要な有資格証を携帯しなければならない〈**安衛法61条**〉

機械の一般基準

事 業 者

ベルトの切断による危険の防止 〈**安衛則102条**〉
- 通路・作業場所の上にあるベルトで、プーリー間 3m 以上、幅15cm 以上、速度 10m/ 秒以上のものは、下方に囲いを設ける

動力しゃ断装置 〈**安衛則103条**〉
- スイッチ等は機械毎に取付ける

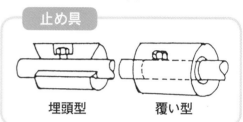

掃除等の場合の運転停止等 〈**安衛則107条**〉
- 機械の掃除、給油、検査、修理時には運転を停止する
- スイッチに施錠し、表示する

原動機、回転軸等による危険の防止 〈**安衛則101条**〉
- 機械の原動機、回転軸、歯車、プーリー、ベルト等危険な部分には、覆い、囲い、スリーブ、踏切橋等を設ける

止め具	
埋頭型	覆い型

運転開始の合図 〈**安衛則104条**〉
- 機械の運転を開始するときは、一定の合図を定め、合図者を指名する

運転するよ！

合図を定める

加工物等の飛来による危険の防止 〈**安衛則105条**〉
- 覆いまたは囲いを設けるか、労働者に保護具を使用させる

切削屑の飛来等による危険の防止 〈**安衛則106条**〉
- 覆いまたは囲いを設けるか、労働者に保護具を使用させる

作 業 員

刃部の掃除等の場合の運転停止等 〈**安衛則108条**〉
- ボール盤、電気ドリル等の刃部の掃除、刃の取替、修理、調整を行うときは、運転を停止し、電源プラグを抜いて行う

作業帽等の着用 〈**安衛則110条**〉
- 頭髪又は被服が巻き込まれないよう、適当な作業帽又は作業服を着用する

手袋の使用禁止 〈**安衛則111条**〉
- ボール盤、面取盤等の手を巻き込まれるおそれのある作業

クレーンの届出等フローチャート

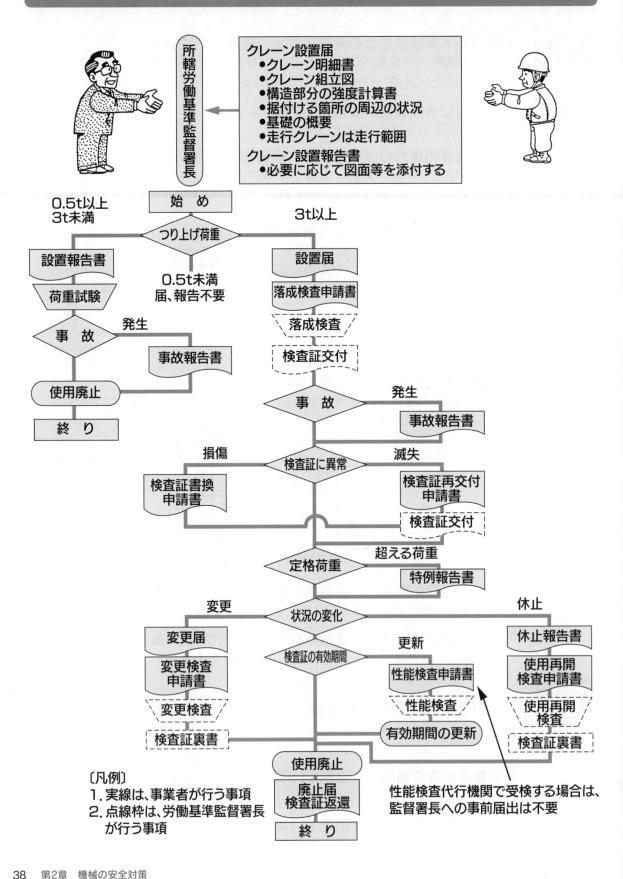

所轄労働基準監督署長

クレーン設置届
- クレーン明細書
- クレーン組立図
- 構造部分の強度計算書
- 据付ける箇所の周辺の状況
- 基礎の概要
- 走行クレーンは走行範囲

クレーン設置報告書
- 必要に応じて図面等を添付する

始　め

つり上げ荷重

0.5t以上 3t未満

3t以上

0.5t未満 届、報告不要

設置報告書

荷重試験

事　故

発生

事故報告書

使用廃止

終　り

設置届

落成検査申請書

落成検査

検査証交付

事　故

発生

事故報告書

検査証に異常

損傷

滅失

検査証書換申請書

検査証再交付申請書

検査証交付

定格荷重

超える荷重

特例報告書

状況の変化

変更

休止

変更届

休止報告書

検査証の有効期間

更新

変更検査申請書

性能検査申請書

使用再開検査申請書

変更検査

性能検査

使用再開検査

検査証裏書

有効期間の更新

検査証裏書

使用廃止

廃止届 検査証返還

終　り

性能検査代行機関で受検する場合は、監督署長への事前届出は不要

〔凡例〕
1. 実線は、事業者が行う事項
2. 点線枠は、労働基準監督署長が行う事項

クレーン等の届出等の一覧表

規則分類		クレーン			移動式クレーン			エレベーター			建設用リフト			デリック		
能力 つり上げ荷重 積載荷重 ガイドレールの高さ		0.5t未満(つり上荷重)	3t未満(つり上荷重)	3t以上(つり上荷重)	0.5t未満(つり上荷重)	3t未満(つり上荷重)	3t以上(つり上荷重)	0.25t未満(積載荷重)	1t未満(積載荷重)	1t以上(積載荷重)	0.25t未満(積載荷重)	18/10m未満(ガイド高さ)	18m以上(ガイド高さ)	0.5t未満(つり上荷重)	2t未満(つり上荷重)	2t以上(つり上荷重)
適用除外		○			○			○			○			○		
設置時	設置報告		○				○ 機械所有者が行う		○ ※1						○ ※1	
	設置届			○ ※2						○ ※2			○ ※2			○ ※2
	落成検査			○						○			○			○
	組立て等の指揮者		○	○		ジブ○	ジブ○		○	○		○	○		○	○
検査証	有効期間			2年			2年			1年			設置から廃止まで			2年
	性能検査			○			○			○						○
定期検査点検	自主検査(年次)		○	○		○	○		○	○					○	○
	自主検査(月例)		○	○		○	○		○	○		○	○		○	○
	作業開始前の点検		○	○		○	○		○	○		○	○		○	○
	暴風・中震後等の点検		○	○					○	○		○	○		○	○
荷重試験	定格荷重		年次検査時	性能検査時 年次検査時		年次検査時	性能検査時 年次検査時			年次検査時		○(望ましい)			年次検査時	性能検査時 年次検査時
	過荷重		設置時	落成時		設置時	製造検査時		設置時	落成時			落成時		設置時	落成時
変更・廃止・報告	変更届等			○			○			○			○			○
	休止報告			○			○			○						○
	事故報告		○	○		○	○		○	○		○	○		○	○

(注)クレーン機能を備えた車両系建設機械は、移動式クレーンに該当し、両方の規定が適用される（平成12年2月28日付 事務連絡）
　　※1．設置期間が60日未満は不要
　　※2．使用を廃止したときは検査証を返還する

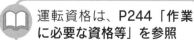
運転資格は、P244「作業に必要な資格等」を参照

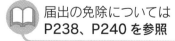
届出の免除については P238、P240を参照

クレーンの安全作業

事業者

玉掛け者

玉掛け作業〈クレーン則221条〉
〈クレーン則25条〉　　　　　　　　　有資格者の配置

| 指　名 | 運転の合図 |

合図者

実施 →

運転者・玉掛け者等

荷をつったままでの運転位置からの離脱の禁止〈クレーン則32条〉

〈クレーン則33条〉

| 選　任 | クレーンの組立・解体作業 |

指揮者

職務
- 立入禁止の表示
- 悪天候は作業中止
- 作業方法及び作業員の配置
- 工具等を点検
- 安全帯等の使用

外れ止め装置の使用〈クレーン則20条の2〉

特別教育〈クレーン則21条〉、就業制限〈クレーン則22条、224条の4〉

つり上げ荷重による区分	運転に必要な資格	関係法令
つり上げ荷重が5t未満	クレーンの運転の業務特別教育	クレーン則21条
つり上げ荷重が5t以上の跨線テルハ	クレーンの運転の業務特別教育	クレーン則21条
つり上げ荷重が5t以上	クレーン・デリック運転士免許（クレーン限定を含む）	クレーン則22条
つり上げ荷重が5t以上の床上運転式	限定免許（床上運転式クレーン）	クレーン則224条の4
つり上げ荷重が5t以上の床上操作式	床上操作式クレーン運転技能講習	クレーン則22条

過負荷の制限〈クレーン則23条〉

傾斜角の制限〈クレーン則24条〉

定格荷重の表示等〈クレーン則24条の2〉

搭乗の制限〈クレーン則26条、27条〉

立入禁止〈クレーン則28条〉

P44「つり荷の下への立入禁止」を参照

つり荷の下に立入禁止〈クレーン則29条〉

つり上げ荷重5t以上
無線操作式クレーン

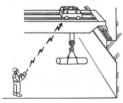
クレーン・デリック運転士免許

つり上げ荷重5t以上
床上運転式クレーン

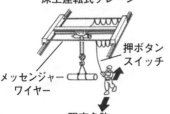
押ボタンスイッチ
メッセンジャーワイヤー
限定免許

つり上げ荷重5t以上
床上運転式クレーン

押ボタンスイッチ
限定免許

つり上げ荷重5t以上
床上操作式クレーン

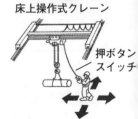
押ボタンスイッチ
技能講習修了者

床上運転式クレーン：床上で運転し、運転者がクレーンの走行とともに移動するクレーン
床上操作式クレーン：床上で運転し、かつ、運転者がつり荷の移動とともに移動するクレーン

クレーンの管理

事業者

→ 走行クレーンと建設物等との間隔〈クレーン則13条〉

→ 建設物等との間の歩道〈クレーン則14条〉

→ 運転室等と歩道との間隔〈クレーン則15条〉

→ 検査証の備付け〈クレーン則16条〉

→ 使用の制限〈クレーン則17条〉

→ 設計の基準とされた負荷条件〈クレーン則17条の2〉

→ 巻過ぎの防止〈クレーン則18条、19条〉

→ 安全弁の調整〈クレーン則20条〉

→ 並置走行クレーンの修理等の作業〈クレーン則30条〉
- 監視人、ストッパー等の措置

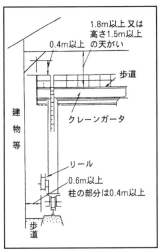

走行クレーンと建物との
間隔及び歩道の幅

→ 運転禁止等〈クレーン則30条の2〉
- 点検作業時に指揮者を定め、連絡及び合図を行わせる

→ 暴風時における逸走の防止〈クレーン則31条〉
（暴風…瞬間風速が30m/秒を超える風）

→ 強風時の作業中止〈クレーン則31条の2〉
（強風…10分間の平均風速が10m/秒以上の風）

→ 強風時における損壊の防止〈クレーン則31条の3〉

→ 定期自主検査
- 1年以内ごとに1回〈クレーン則34条〉
- 1ヶ月以内ごとに1回〈クレーン則35条〉
  巻過防止装置、過負荷警報装置、ブレーキ等

注文者の義務はP22を参照

P43「クレーンの点検箇所」を参照

→ 作業開始前の点検〈クレーン則36条〉

→ 暴風後等の点検〈クレーン則37条〉
- 暴風後…屋外クレーンのみ
- 中震以上…クレーン全機種
（中震…震度4以上の地震）

→ 自主検査等の記録〈クレーン則38条〉
- 検査記録は3年間保存

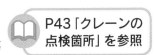

点検
よし!!

→ 補　修〈クレーン則39条〉

移動式クレーンの安全作業

事業者

→ 傾斜角の制限〈クレーン則70条〉

→ 定格荷重の表示等〈クレーン則70条の2〉

→ 軟弱地盤等では使用禁止〈クレーン則70条の3〉

→ アウトリガの位置〈クレーン則 70 条の4〉

→ アウトリガの張出し〈クレーン則70条の5〉（ロックピンのセット）

〈クレーン則71条〉

→ | 指 名 | 運転の合図

合図者

→ 立入禁止
〈クレーン則74条〉

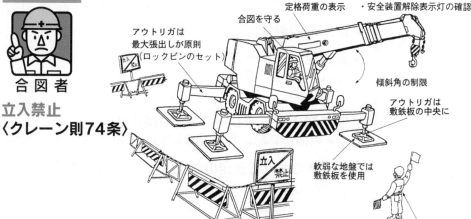

- 定格荷重の表示 ・安全装置解除表示灯の確認
- 合図を守る
- アウトリガは最大張出しが原則（ロックピンのセット）
- 傾斜角の制限
- アウトリガは敷鉄板の中央に
- 軟弱な地盤では敷鉄板を使用
- 合図を定め合図者を指名
- 立入禁止

→ 搭乗の制限〈クレーン則72条〉

→ 人をつり上げての作業の禁止
やむを得ず人をとう乗させる場合の条件〈クレーン則73条を参照〉

→ 強風時の作業中止〈クレーン則74条の3〉
- 10分間の平均風速が 10m/s 以上の風

→ 強風時における転倒防止〈クレーン則74条の4〉
- ジブを固定

→ 運転位置からの離脱の禁止〈クレーン則75条〉
- 荷をつったまま

〈クレーン則75条の2〉

→ | 選 任 | ジブの組み立て作業

作業指揮者

職務
- 関係者以外は立入禁止の表示
- 悪天候時は作業中止
- 作業方法及び配置を決定し作業を指揮
- 工具等を点検

移動式クレーンの管理

事業者

→ 検査証の備付け〈クレーン則63条〉

→ 使用の制限〈クレーン則64条〉

→ 設計の基準とされた負荷条件〈クレーン則64条の2〉

→ 巻過防止装置の調整〈クレーン則65条〉

→ 安全弁の調整〈クレーン則66条〉

→ 作業の方法の決定〈クレーン則66条の2〉

次の災害防止のために	これらの項目を考慮して	作業方法などを決定する
● 転倒 ● 上部旋回体にはさまれ ● 荷の落下 ● 架空電線に感電	● 作業場所の広さ ● 地形及び地質の状態 ● 荷の質量 ● 機械の種類・能力	作業方法 ● 荷の量 ● 積卸しの位置 ● クレーンの設定位置 転倒防止の方法 ● 鉄板等敷設の措置 ● アウトリガの張出 ● アウトリガの位置 作業員の配置・指揮系統 ● 指揮者、玉掛け者、合図者の指名 ● 作業場所、立入禁止場所の設定

→ 外れ止め装置の使用〈クレーン則66条の3〉

→ 過負荷の制限〈クレーン則69条〉

→ クレーンの点検、検査、補修

 ● 1年以内ごとに1回定期自主検査
  〈クレーン則76条〉
  (移動式クレーン定期自主検査指針　昭和56年12月28日付 公示第1号)

 ● 1ヶ月以内ごとに1回定期自主検査
  〈クレーン則77条〉
  (移動式クレーン自主検査指針　昭和51年6月21日付 基発第468号)

 ● 作業開始前の点検
  〈クレーン則78条〉

 ● 自主検査の記録は3年間保存
  〈クレーン則79条〉
  (注) 年次自主検査は、月例自主検査の項目に定格荷重試験が加わる

 ● 不具合箇所は直ちに補修
  〈クレーン則80条〉

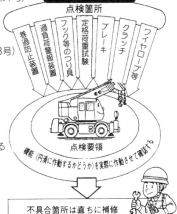

クレーンの
点検箇所
巻過防止装置／過負荷警報装置／フック等のつり具／定格荷重試験／ブレーキ／クラッチ／ワイヤロープ等
点検要領
機能（円滑に作動するかどうか）を実際に作動させて確認する

不具合箇所は直ちに補修

→ 運転資格〈クレーン則67条、68条〉

つり上げ荷重による区分	運転に必要な資格	関係法令
つり上げ荷重が5t以上	移動式クレーン運転士免許	クレーン則68条
つり上げ荷重が1t以上5t未満	小型移動式クレーン運転技能講習	クレーン則68条
つり上げ荷重が1t未満	移動式クレーンの運転の業務特別教育	クレーン則67条

(注) 積載型トラッククレーン（ユニック）、クレーン機能付バックホウをクレーン作業
 で使用するときは、上に記載した条文等が適用される

つり上げ荷重3t未満の積載型トラッククレーン（ユニック）には過負荷防止装置として「定格荷重制限装置」「定格荷重指示装置」などの設置が義務付けられている〈移動式クレーン構造規格27条〉
・定格荷重制限装置　定格荷重を超えた場合に、直ちにクレーンの作動を自動的に停止する装置
・定格荷重指示装置　定格荷重を超えるおそれがある場合に、定格荷重を超える前に警告を発する装置
（経過措置）平成31年3月1日以前に製造された移動式クレーンは適用除外

つり荷の下への立入禁止

事業者

つり荷の下への立入禁止
〈クレーン則29条（クレーン）〉
〈クレーン則74条の2（移動式クレーン）〉
〈クレーン則115条（デリック）〉

クレーン作業を行う場合、下記1〜6の方法により、つり上げられている荷の下（注）に作業員を立ち入らせてはならない 〈クレーン則29条〉

（注）「つり上げられている荷の下」とは、荷の直下及び荷が振れ、または回転するおそれのある場合の、その直下をいう

なお、クレーン等に係る作業を行う場合、原則として作業員を荷の直下に立ち入らせないこと（平成4年8月24日付 基発第480号）

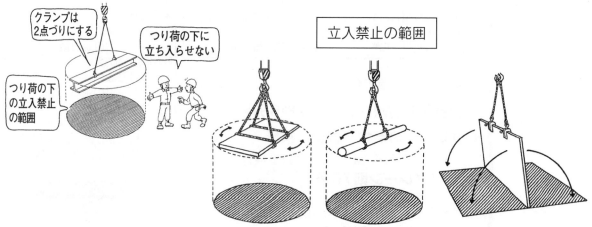

| クレーン則29条 | 1〜6のつり上げられている荷の下は立入禁止 |

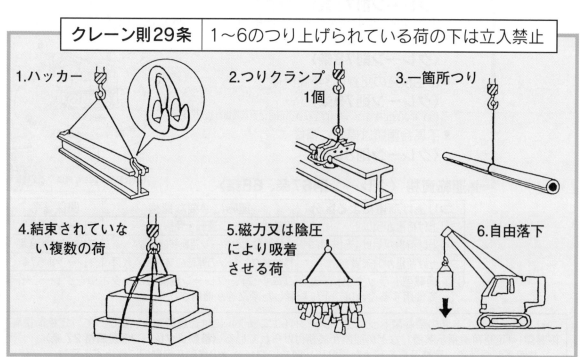

移動式クレーンの作業方法

● 荷役、運搬機械の安全対策について（労働省　昭和50年4月10日付 基発第218号）

この通達の個別事項の移動式クレーンに関する「作業方法」として定められている項目は次のとおりである

1. 軟弱な地盤等は敷板を使用、アウトリガを確実にセットする 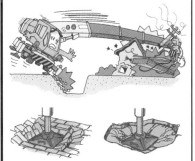	2. 共づりは禁止。止むを得ない場合は、指揮者の直接指揮のもとに 	3. 横引き、斜めづりは禁止 ブームが破損する！ 
4. 旋回は低速で 	5. 強風時は作業中止 荷が流されて危ないぞ！ 	6. つり荷走行は原則禁止  (参考) ホイールクレーン及びクローラクレーンの吊荷走行時の安定に関する指針（JCA規格）
7. ジブを伸ばした状態での走行は、旋回をロックし、低速で シマッタ！！旋回ロックをかけ忘れた 	8. 作業中又は駐車時は必ず駐車ブレーキ、車止めをする 	9. 走行中、乱暴な運転は禁止 スピード違反 

45

エレベーターの安全作業

用途・構造による分類

大分類	細分類
常設 エレベーター	乗用
	人荷共用
	寝台用
	荷物用
	自動車運搬用
工事用 エレベーター	工事用
	ロングスパン工事用

構造による分類

大分類	細分類
ロープ式エレベーター	トラクション式
	巻胴式
油圧エレベーター (水圧・油圧のモーターの駆動方式以外)	直接油圧式
	間接油圧式
ラック式エレベーター	ラック式

事業者

→ **製造許可が必要〈安衛令12条〉**
- 積載荷重が1t以上

工事開始30日前に
監督署長 ← 届出 ← 事業者

→ **規格又は安全装置が必要〈安衛令13条〉**
- 積載荷重が0.25t以上1t未満

→ **設置届〈クレーン則140条〉**…積載荷重が1t以上
- エレベーター明細書
- 組立図
- 構造部分の強度計算書
- 据え付ける箇所の周囲の状況
- 基礎の概要

→ **落成検査及び措置〈クレーン則141条、142条〉**
- 落成検査申請書、荷重試験、検査の立会

→ **検査証の交付〈クレーン則143条〉**

→ **検査証の有効期間〈クレーン則144条〉**…1年間

→ **設置報告書〈クレーン則145条〉**…積載荷重が0.25t以上1t未満

→ **荷重試験〈クレーン則146条〉**…141条に同じ

→ **検査証の備付け〈クレーン則147条〉**

→ **安全装置の調整〈クレーン則149条〉**

→ **過負荷の制限〈クレーン則150条〉**

→ **運転方法の周知〈クレーン則151条〉**

暴風 地震

→ **暴風時の措置〈クレーン則152条〉**
- 瞬間風速35m/秒をこえる時は倒壊防止措置

点検！

→ **定期自主検査〈クレーン則154条、155条〉**
- 1年以内ごとに1回 年次検査
- 1ヶ月以内ごとに1回 月例検査

→ **暴風後等の点検〈クレーン則156条〉**
- 瞬間風速30m/秒、中震以上の後に作業する時は点検

→ **自主検査、点検の記録〈クレーン則157条〉**…3年間保存

→ **異常時には直ちに補修〈クレーン則158条〉**

〈クレーン則153条〉

→ **選任** エレベーターの組立・解体作業

作業指揮者

職務
- 作業方法・配置を定め指揮
- 立入禁止措置
- 悪天候は作業中止
- 工具の点検、安全帯の使用

建設用リフトの安全作業

事業者

→ 設置届 〈**クレーン則174条**〉…ガイドレール高さ18m以上（積載荷重が0.25t未満を除く）〈安衛令12条7項〉

設置届	●建設用リフト設置届	●建設用リフト明細書	●控えの固定方法
	●建設用リフトの組立図	●構造部分の強度計算書	
	●据え付ける箇所の周囲の状況	●基礎の概要	

リフトの下へ入るな

→ 落成検査及び措置 〈**クレーン則175、176条**〉

→ 検査証の交付 〈**クレーン則177条**〉

→ 検査証の有効期間 〈**クレーン則178条**〉
　●設置から廃止まで

→ 検査証の備付け 〈**クレーン則180条**〉

→ 巻過ぎの防止 〈**クレーン則182条**〉

→ 運転資格 〈**クレーン則183条**〉
　●積載荷重0.25t以上…特別教育修了者

→ 過負荷の制限 〈**クレーン則184条**〉

→ 立入禁止 〈**クレーン則187条**〉
　●搬器の昇降による危険箇所　●巻上げ用ワイヤロープの内角側

→ ピット等を掃除する場合の措置 〈**クレーン則188条**〉
　●搬器が落下する危険を防止する措置

→ 暴風時の措置 〈**クレーン則189条**〉
　●瞬間風速35m/秒をこえるときは、倒壊防止措置

→ 定期自主検査等 〈**クレーン則192条、193条**〉
　●1ヶ月以内ごとに1回月例検査…3年間保存 〈**クレーン則195条**〉
　●作業開始前の点検

→ 暴風及び地震後の点検 〈**クレーン則194条**〉…3年間保存〈**クレーン則195条**〉
　●暴風（瞬間風速30m/秒以上）及び中震（震度4以上）の後に点検

→ 異常時には直ちに補修 〈**クレーン則196条**〉

〈**クレーン則191条**〉

→ | 選 任 | 組立・解体の作業指揮者の選任

作業指揮者

職務
●作業方法・配置を定め指揮　●保護具の使用状況を監視
●器具・工具を点検、不良品を取り除く

運 転 者

〈**クレーン則185条**〉

→ | 指 名 | 合図者の指名

合 図 者

→ 修理、点検等以外は搬器へのとう乗禁止 〈**クレーン則186条**〉

→ 搬器を上げたまま運転位置からの離脱禁止 〈**クレーン則190条**〉

ゴンドラの安全作業

事業者

特別教育修了者の配置
〈ゴンドラ則12条〉

ゴンドラ操作者の遵守事項

ゴンドラ操作者

→ ゴンドラ則15〜17条

→ 過負荷の制限 〈ゴンドラ則13条〉
● 積載荷重をこえる荷重の使用禁止

→ 脚立等の使用禁止 〈ゴンドラ則14条〉

→ 操作位置からの離脱の禁止 〈ゴンドラ則15条〉
● 使用時に操作位置から離れない

→ 操作の合図 〈ゴンドラ則16条〉
● 合図を定め、合図者を指名し合図を行う

→ 要求性能墜落制止用器具の使用 〈ゴンドラ則17条〉
● ゴンドラ床での作業は要求性能墜落制止用器具を使用する

→ 立入禁止措置 〈ゴンドラ則18条〉
● 下方に関係者以外の立入を禁止し、見やすい箇所に表示をする

→ 悪天候時の作業禁止 〈ゴンドラ則19条〉
● 強風、大雨、大雪では作業を行わない

→ 照明 〈ゴンドラ則20条〉
● 必要な照度を保持する

→ 定期自主検査 〈ゴンドラ則21条〉
● 1ヶ月以内ごとに1回検査する
● 検査記録は3年間保存

→ 作業開始前の点検 〈ゴンドラ則22条〉
● 作業開始前
● 悪天候の後に作業する時

注文者の義務はP22を参照

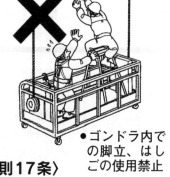

● ゴンドラ内での脚立、はしごの使用禁止

● 立入禁止

● 作業開始前の点検と月例検査の実施

①ワイヤロープ及び緊結金具類の損傷及び腐食の状態
②手摺等の取り外し及び脱落の有無
③突りょう、昇降装置とワイヤロープ及びライフラインの取付部の状態
④巻過防止装置その他の安全装置、ブレーキ及び制御装置の機能
⑤昇降装置の歯止めの機能
⑥ワイヤロープが通っている箇所の状態

○「可搬式ゴンドラの設置の安全基準に関する技術上の指針」
（昭和61年6月9日付 労働省、技術上の指針公示第14号）参照
○可搬式ゴンドラの設置届出〈ゴンドラ則第10条〉は、当初設置時に届出を行い（所有者）、その後、届に記載された固定方式による限り、設置場所を変えても届出は不要（昭和49年3月28日付 基収第581号の2）

ウィンチの安全作業

事業者

運 転 者

▶ **運転位置からの離脱の禁止**〈**安衛則227条**〉
- 運転者は、巻上げ機が運転している間は運転位置から離れてはならない

▶ **特別教育修了者の配置**〈**安衛則36条11号**〉

▶ **巻上機の運転**〈**安衛則36条11号**〉
- 安衛則36条11号では、電気ホイスト、エヤーホイストを除く、巻上機の運転の業務となっている

▶ **フリートアングル**〈**クレーン・移動式クレーン構造規格21条**〉
〈**建設用リフト構造規格 31条、32条**〉

溝付きドラムの場合

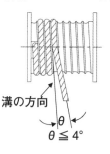
溝の方向
$\theta \leqq 4°$

平ドラムの場合

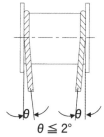
$\theta \leqq 2°$

▶ **ドラムの捨巻き**

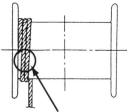
捨巻きは2巻以上する

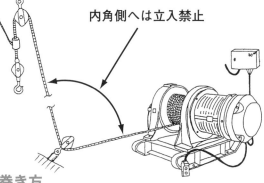
内角側へは立入禁止

▶ **平ドラムのワイヤロープの巻き方**

Zより 上綱   Zより 下綱   Sより 上綱   Sより 下綱

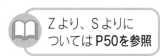
Zより、Sよりについては P50を参照

49

ワイヤロープの概要

●各部の名称

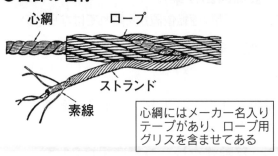

心綱　　ロープ

ストランド

素線

> 心綱にはメーカー名入りテープがあり、ロープ用グリスを含ませてある

ワイヤロープの1より

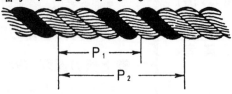

ストランド番号：1　2　3　4　5　6

P_1……4本よりの場合
P_2……6本よりの場合

●不適格なワイヤロープの使用禁止 〈安衛則174条、217条　クレーン則215条〉

次の1から4までに該当するものは使用禁止
1. 1よりの間で、素線の数の10%以上の素線が切断しているもの
2. 直径の減少が、公称径の7%をこえるもの
3. キンクしているもの
4. 著しい形崩れ又は腐食があるもの

正しく使うよ！

●ロープ径

公称径：規格、カタログなどに示される
実際径：製作されたときの径

●ロープの公差 （JISG3525）

10mm 以上のロープ：実際径＝公称径 ×(1.00 ～ 1.07)
10mm 未満のロープ：実際径＝公称径 ×(1.00 ～ 1.10)

●ワイヤロープのより方

よりの方向
Z よりが一般的である
指定がなければ
（普通・Z より）となる

（普通Zより）（普通Sより）

●ワイヤロープの直径の測り方

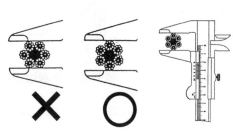

●クレーンに用いられるワイヤロープ （代表的なもの）

フィラー形
JIS G 3525-1998
6×Fi(29)

ウォーリントンシール型
JIS G 3525-1998
IWRC 6×WS(31)

ウォーリントンシール型
JIS G 3525-1998
IWRC 6×WS(36)

●玉掛用に用いられるワイヤロープ （代表的なもの）

ストランド心綱入
JIS G 3525-1998
6×24

ストランド心綱なし
JIS G 3525-1998
6×37

ワイヤロープの固定方法

○クレーン構造規格、移動式クレーン構造規格、デリック構造規格、エレベーター構造規格他
○移動式クレーンの定期自主検査指針（昭和56年12月28日付 自主検査指針公示第1号）

●クリップの止め方

○ 正しい方法

× 誤った方法

× 誤った方法

確実に固定するよ！

くさび止めの場合

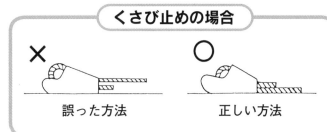

× 誤った方法　　　　○ 正しい方法

※ クリップ止め併用のものについては、クリップの止め方の適否を調べる

クリップの使用基準

ロープ径(mm)	クリップ数	クリップ間隔(mm)
9 ～ 16	4	80
18	5	110
22.4	5	130
25	5	150
28	5	180
31.5	6	200
35.5	7	230
37.5	8	250

（参考）端末の止め方とその効率

端末加工の方法		効率(%)	備　考
ソケット止め		100	合金又は亜鉛鋳込み
クリップ止め		80～85	止め方が不適当なものは50%以下（増し締が必要）
くさび止め		60～70	止め方が不適当なものは50%以下
アイスプライス		75～95	直径15mm より細いロープ　95% 直径16mm ～ 26mm　85% 直径28mm ～ 38mm　80% 直径39mm 以上のもの　75%
シングルロック		100	共心又はロープ心入りに限る
圧縮止め		95	アルミ素管をプレス加工する

※ 効率…ワイヤロープの切断荷重に対する端末加工部の強度

玉掛け用ワイヤロープについて

●リングの具備等 （ワイヤロープ両端の形状）〈クレーン則219条〉

1. エンドレスでないワイヤロープ又はつりチェーンの両端にはフック、シャックル、リング又はアイを備えたものでなければ玉掛け用具として使用してはならない

両端アイワイヤロープ（アイスプライス）

シャックル付ワイヤロープ

両端アイワイヤロープ（圧縮止め）

フック付ワイヤロープ

リング付ワイヤロープ

リング付チェーン

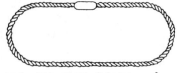

エンドレスワイヤロープ

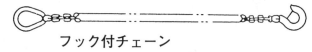

フック付チェーン

玉掛け用
ワイヤーを
使うよ！

2. 「アイ」の構造はアイスプライスか圧縮止めに限る（又は同等以上）

   アイスプライスは、①ワイヤロープの全ストランドを3回以上編み込み、
   ②各ストランドの半数の素線を切り、
   ③残りの素線をさらに2回以上編み込む

玉掛け用ワイヤロープと台付ワイヤロープの見分け方（アイスプライスの場合）

- 玉掛け用ワイヤロープは台付ワイヤロープとしても使用できるが、台付ワイヤロープは玉掛け用ワイヤロープとして使用できない

- 安全係数
  玉掛け用ワイヤロープ…6以上
  台付ワイヤロープ……4以上

（6×24 JIS G 3525 の例）

ストランド
（素線24本）

内層素線（9本）

外層素線（15本）

半差しの素線の分け方

丸差し部分3回、
半差し部分2回（ひげ12）

丸差し部分5回（ひげ6）

玉掛け用ワイヤロープ

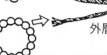

台付ワイヤロープ

玉掛け用具の管理

●ワイヤロープ等の安全係数〈クレーン則213条、213条の2、214条〉

ワイヤロープ…………6以上
つりチェーン…………5または4以上（一定の要件を満たすもの）
フック・シャックル…5以上

素線の断線

●不適格なワイヤロープの使用禁止
〈安衛則217条、クレーン則215条〉

1. 1よりの間で素線の数の10%以上の断線
2. 直径の減少が公称径の7%をこえるもの
3. キンクしたもの
4. 著しい形くずれ又は腐食があるもの

「1より」は
P50を参照

キンク

●不適格なつりチェーンの使用禁止〈クレーン則216条〉

1. 伸びが製造時の5%をこえるもの
2. リンクの断面の直径の減少が製造時の10%をこえるもの
3. き裂があるもの

つぶれ

●不適格なフック、シャックル等の使用禁止〈クレーン則217条〉

● 変形、き裂のあるもの

●不適格な繊維ロープ等の使用禁止〈クレーン則218条〉

1. ストランドが切断しているもの
2. 著しい損傷又は腐食があるもの

ストランドの飛び出し

●使用範囲の制限〈クレーン則219条の2〉

● チェーンブロック、つりクランプ等は
使用荷重等の範囲で使用

ストランドの緩み（かご状）

●作業開始前の点検〈クレーン則220条〉

チェーンブロック

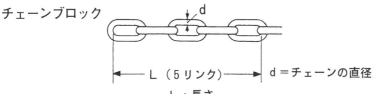
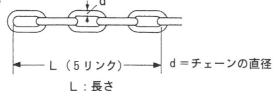

d = チェーンの直径

L（5リンク）

L：長さ

心綱のはみ出し

つりクランプ

横吊専用　　　　縦吊専用　　　全方向吊用

摩耗

●就業制限（玉掛け作業）

● つり上げ荷重が**1t以上**のクレーン、移動式クレーンの玉掛け作業：**技能講習**修了者
● つり上げ荷重が**1t未満**のクレーン、移動式クレーンの玉掛け作業：**特別教育**修了者

玉掛け用ワイヤロープの安全荷重①

ワイヤロープ径・つり角度の安全荷重

安全荷重表

※2本つり、4本つりとも均等に荷重がかかる場合

| ワイヤロープ径 (mm) | 切断荷重 (KN) | 基本安全荷重 (t) | 6×24　A種（裸） | | | | 適合シャックル | | |
| | | | 2本つり | | | 4本つり | 呼び径 (mm) | 使用荷重 (t) | JIS B2801 等級 |
			垂直(t)	30°(t)	60°(t)	30°(t)			
9	39.9	0.67	1.3	1.3	1.1	2.6	12	1.00	
12	71.0	1.20	2.4	2.3	2.0	4.6	16	1.60	
16	126.0	2.10	4.2	4.1	3.7	8.2	20	2.50	
18	160.0	2.70	5.4	5.2	4.7	10.0	22	3.15	SC
20	197.0	3.30	6.7	6.4	5.8	12.5	26	4.00	
25	308.0	5.20	10.0	10.0	9.0	20.0	32	6.30	
30	444.0	7.50	15.0	14.0	13.0	29.0	36	8.00	
40	789.0	13.00	26.0	25.0	23.0	51.5	48	14.00	SB
50	1230.0	20.00	41.0	40.0	36.0	80.0	65	25.00	

つり角度によるワイヤロープ張力の増加係数

つり角度（θ°）	ロープ張力の増加係数	つり角度（θ°）	ロープ張力の増加係数	つり角度（θ°）	ロープ張力の増加係数
0	1.00	60	1.16	120	2.00
10	1.005	70	1.22	130	2.37
20	1.02	80	1.31	140	2.93
30	1.04	90	1.41	150	3.86
40	1.07	100	1.56		
50	1.10	110	1.74		

つり角度θ

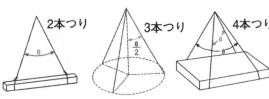

2本つり　　3本つり　　4本つり

$$張力増加係数 = \frac{1}{\cos\frac{\theta}{2}}$$

$$安全荷重 = \frac{切断荷重 \times ワイヤーのつり本数}{安全係数 \times 張力増加係数 \times 9.8} \ [t]$$

$$基本安全荷重 = \frac{切断荷重}{安全係数 \times 9.8} \ [t]$$

$$切断荷重 = \frac{(ワイヤロープ径)^2}{2} \ [KN]$$

●玉掛け用具の安全係数

- 玉掛け用ワイヤロープ　　6以上〈クレーン則213条〉
- つりチェーン　　　　　　4以上〈クレーン則213条の2第1項1号〉
- つりチェーン　　　　　　5以上〈クレーン則213条の2第1項2号〉
- フック、シャックル　　　5以上〈クレーン則214条〉

基本安全荷重 (t) …ワイヤロープ等の玉掛け用具1本または1個を用いて垂直につることができる最大の質量
安全荷重 (t) ………ワイヤロープ等の玉掛け用具が安全に使用できる限度となる質量
使用荷重 (t) ………JIS規格において安全に使用できる荷重
切断荷重 (KN) ………ワイヤロープ等の玉掛け用具が破断に至るまでの最大荷重
安全係数………ワイヤロープ等の玉掛け用具が破断に至らない荷重を設けるための係数

玉掛け用ワイヤロープの安全荷重②

例題1 玉掛け用ワイヤロープの必要な直径は何mmか？

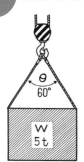

条件（左図参照）
①使用する玉掛け用ワイヤロープは 6×24 普通よりA種とする
②つり荷の質量　W=5t
③玉掛け用ワイヤロープの掛け数　N=2本
④つり角度　θ=60°
⑤つり角度 θ=60°のときの張力増加係数　f=1.16
⑥玉掛け用ワイヤロープの安全係数　Sf=6

解答

玉掛け用ワイヤロープの切断荷重を求める

$$切断荷重 = \frac{9.8 \times W \times f \times Sf}{N} = \frac{9.8 \times 5 \times 1.16 \times 6}{2} = 170.5kN$$

切断荷重170.5kN以上の玉掛け用ワイヤロープの直径は20mmである
したがって、玉掛け用ワイヤロープは **20mm以上**の直径のものを使用する

例題2 安全につれる荷の安全荷重は？

条件（左図参照）
①使用する玉掛け用ワイヤロープは6×24普通よりA種とする
②玉掛け用ワイヤロープの直径　φ=12mm
③玉掛け用ワイヤロープ 12mm の切断荷重　Ts=71.0kN
④玉掛け用ワイヤロープの掛け数　N=3本
⑤つり角度　θ=30°
⑥つり角度 θ=30°のときの張力増加係数　f=1.04
⑦玉掛け用ワイヤロープの安全係数　Sf=6

解答

玉掛け用ワイヤロープ（6×24 普通よりA種）12mmでつれる荷の質量を求める

$$安全荷重 = \frac{Ts \times N}{9.8 \times f \times Sf} = \frac{71 \times 3}{9.8 \times 1.04 \times 6} = 3.4t$$

玉掛け用ワイヤロープ（6×24 普通よりA種）直径12mmで上記条件で
安全につれる荷の質量は**3.4t以下**である

例題3 例題2でつり角度 90°の場合の安全荷重は？

解答

玉掛け用ワイヤロープ（6×24 普通よりA種）12mmでつれる荷の質量を求める

$$安全荷重 = \frac{Ts \times N}{9.8 \times f \times Sf} = \frac{71 \times 3}{9.8 \times 1.41 \times 6} = 2.5t$$

玉掛け用ワイヤロープ（6×24 普通よりA種）直径12mmで上記条件で
安全につれる荷の質量は**2.5t以下**である

θ = 90°

玉掛け作業の安全に係るガイドライン

平成12年2月24日付 基発第96号

目的：クレーン等の玉掛け作業について安全対策を講じることにより玉掛け作業における労働災害を防止する

1 事業者が講ずべき措置
（1）作業手順、作業計画の作成とその周知徹底
（2）作業配置の決定と玉掛け作業責任者の指名
（3）作業前打合せの実施と指示の周知徹底
（4）玉掛け方法の選定
（5）日常の保守点検の実施

事業者は玉掛け作業責任者を指名し、関係作業員を集めて、作業前の事前打合せを行わせる

2 玉掛け作業責任者が実施すること
（1）作業指示内容と用具の適否確認及び必要に応じて用具の変更、交換
（2）クレーンの据付状況、荷の運搬経路の状況確認と不具合・障害物の撤去
（3）適切な玉掛け方法の確認と不適切な場合の改善指示
（4）つり荷の落下の恐れ等不安全な場合の作業中断指示
（5）つり荷着地等の措置

3 玉掛け者が実施すること
（1）適正な用具の準備、点検
（2）つり荷の質量、形状の確認
（3）玉掛け方法の変更要請、用具の交換要請
（4）地切時、安全な場所への退避後、合図者に合図
（5）つり荷の安全の確認
（6）不安全な場合のやり直し
（7）着地場所の状況確認
（8）枕木、歯止め等の配置

作業前の打合せは、作業内容、作業手順を綿密に行い、全員に周知徹底させる

4 合図者が実施すること
（1）運転者と玉掛け者が目で確認できる場所で合図
（2）退避状況、荷の運搬経路の安全を確認、運転者に合図
（3）つり荷を誘導中、常につり荷、運搬経路の安全の監視
（4）つり荷が不安定になったら即座に停止の合図
（5）荷受場所の安全の確認、つり荷の着地の合図
（6）クレーン運転者からは、合図の復唱で合図の確認

5 クレーンの運転者が実施すること
（1）作業開始前の点検
（2）据付地盤の状況の確認、必要に応じて、地盤の補強の要請
（3）運搬経路を含む作業範囲の状況を確認、障害物の除去等の要請
（4）つり荷の下に作業員が立ち入ったら、直ちに操作の中断、退避の確認
（5）定格荷重を超える恐れが生じた場合、直ちに操作の中断、責任者に連絡
（6）合図は復唱して確認

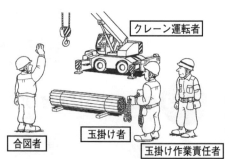

玉掛け作業の安全確保には、「玉掛け者」「合図者」「クレーン運転者」の連携が極めて重要である

玉掛けの作業の手順

1　フックに玉掛け用ワイヤロープのアイを掛ける
- フック上でワイヤロープが重なったり、フックの下であやにならないようにフックの背中側から順序を守って掛ける（①〜④）

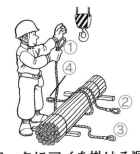

フックにアイを掛ける順序

2　微動巻上げ、地切り直前の一旦停止
- 地切りの瞬間に荷振れが生じるので、作業者は狭いところへは、絶対に立ち入らない
- 荷振れを想定して荷を人力で押したり、引いたりしない
- ワイヤロープの張りをみるときは、ワイヤロープを手で握らない
- 玉掛け状態を確認し、不具合であれば修正する

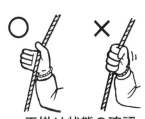

玉掛け状態の確認
（ワイヤーの張り）
手を添えて張り具合を確認する
（ワイヤーを手で握らない）

3　微動巻上げ、地切り後の一旦停止
- つり荷をわずかに地切りし、一旦停止してつり荷の安定、玉掛け状態を確認する
- 不具合のときは修正する

4　巻上げ・荷の移動
- 荷が周囲の物に当たらないか注意をする

5　巻下げ、着地前の一旦停止
- 周囲の物に当たらないか注意しながら、ゆっくり巻き下げる
- 作業のしやすい高さで一旦停止する
- 手鉤、介錯ロープを利用して、荷の向きを正しく直す

合図者

玉掛け者

地切り後の一旦停止

6　微動巻下げ・着地後の一旦停止
- 荷が着地する寸前に停止し、枕木の位置を確認する
- 荷の状態を見ながら着地させる
- ワイヤロープが張った状態で停止し、ワイヤロープが荷の下敷きになっていないか確認する
- ワイヤロープが少しゆるんだ状態で荷の安定を確認する
- 丸物は転がり防止のための歯止めを使う

上から持つことは危険

両側から手を添えて持つ

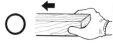

指で横からおさえる

枕木の調整

7　フックの巻下げ、玉掛け用具外し
- フックを玉掛け用ワイヤロープが外しやすい位置まで下げる
- ワイヤロープはクレーンで引き抜かない

主な玉掛け方法①

基本的な注意事項

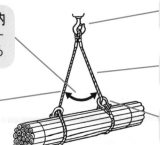

- つり角度は90°（推奨値60°）以内 つり角度によりワイヤロープに掛かる張力は変化する
- ワイヤロープの張りはよいか
- 地切り時、つり荷が安定しているか確認する
- アイ部分が重ならないように
- 玉掛け用ワイヤロープの安全係数は6以上
- シャックルの安全係数は5以上

玉掛け用具に見合った安全係数を確保する

 つり荷の下が立入禁止となる玉掛け方法やクレーン作業は P44～45 を参照

1. 2本4点あだ巻き：荷にワイヤロープを1回巻きつけて掛ける方法

長　　所
- つり角度によって引き寄せられようとするワイヤロープの滑りを防止するために効果的な掛け方
- 長尺物に有効である

短　　所
- 荷の下へ2回ワイヤロープを通す必要がある

ポイント
- ワイヤロープが重ならないように掛ける
- つり上げる前に両端を固縛する

つり荷にあだ巻きした部分が重ならないようにする

2. 2本2点目通し（4本4点シャックル掛け）：
玉掛け用ワイヤロープのアイまたは二つ折りした部分、シャックル等を通して荷を絞り込むように掛ける方法

長　　所
- 荷が絞り込まれることによって摩擦力が増し、つり荷とワイヤロープの滑りを防止できる
- 長尺物、複数の物をひとくくりにできる

短　　所
- 絞りの交点部分の強度が低下する
- 絞られた部分のワイヤーが傷む

ポイント
- 絞りの向きにより、荷が回転したり、ねじれるので、絞りの向きを考慮する

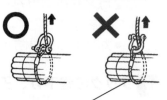

シャックルを通し部に使用するときの注意点

○　　　×

ロープを巻き上げたときアイボルトが緩むおそれがある

荷重は縦方向に加わるようにして使用する

2本2点目通し（シャックル掛け）

4本4点目通し（シャックル掛け）

主な玉掛け方法②

3. 2本4点半掛け：玉掛け用ワイヤロープを荷に回して掛ける方法

長　　所	●最も単純なかけ方である
短　　所	●つり角度が大きくなるとワイヤロープが互いに引き寄せられて滑りやすくなり、不安定になる
ポイント	●荷の重心が片寄っていたり、重心の位置が高いものはつり荷が転倒するおそれがあるので、つり荷のバランスの見極めが必要である

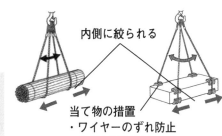

内側に絞られる

当て物の措置
・ワイヤーのずれ防止
・角部の損傷防止

4. あや掛けつり：荷に玉掛け用ワイヤロープを1回巻きつけて掛ける方法

長　　所	●円板形状の物に最適なつり方である
短　　所	●ワイヤロープの交差部分の強度が低下し、傷みやすい ●重心の高くなる円柱や円錐状の物は、つり荷が不安定になることがある
ポイント	●同じ長さのワイヤロープを使い、あや掛けの交差部が荷の重心の真下にくるようにする ●ワイヤロープが等間隔となるように掛ける ●交差部分にリングやシャックルを使うこともある

ワイヤロープの長さが違うと張力が不均等になる

交差部に通常の2倍の張力が作用する

5. 4本4点クランプつり

ポイント	●製造者が定めている使用荷重および使用方法を厳守する、特に縦つり用と横つり用を間違えないこと ●つり角度 α は 60°以内とする ●横つりクランプを使用するときは、掛け幅角度 θ は 30°以内とする ●許容板厚の範囲で使用する ●クランプの開口部の奥まで十分差し込む ●複数個でつるときは、荷の重心がつり点の中心になるようにする ●荷の表面の付着物は、よく取り除いておく

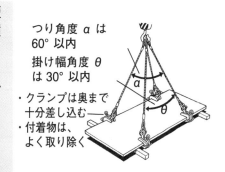

つり角度 α は 60°以内

掛け幅角度 θ は 30°以内

・クランプは奥まで十分差し込む
・付着物は、よく取り除く

6. 3点調整つり

ポイント	●チェーンブロック等の調整器は支え側に使用する ●調整器の上下フックには、玉掛け用ワイヤロープのアイを掛けること ●調整器の操作は荷重を掛けない状態で行うこと ●玉掛け用ワイヤロープが横滑りしないつり角度（60°以内）で行うこと

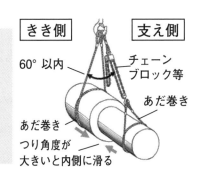

きき側　支え側

60°以内

チェーンブロック等

あだ巻き

あだ巻き

つり角度が大きいと内側に滑る

玉掛け用ベルトスリングについて

●リングの具備等〈クレーン則第219条〉

- 両端にフック、シャックル、リング又はアイを備えたものでなければ、玉掛け用具として使用してはならない（エンドレス型を除く）

●不適格な繊維ロープ等の使用禁止〈クレーン則第218条〉

- ストランドが切断しているもの
- 著しい損傷又は腐蝕があるもの

●ベルトスリングのサイズの表示

- 幅をmmで表わす

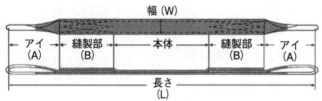

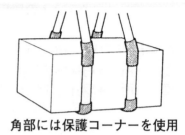

角部には保護コーナーを使用

					①	②	③	④	⑤	⑥	
JIS 表示	スリング幅 W (mm)	アイ長さ A (mm)	縫製部長さ B (mm)	基本使用荷重 (t以下)	チョークつり (t以下)	バスケット 2点つり (t以下)	バスケット 4点つり (t以下)	2点つり 60° (t以下)	2点つり 90° (t以下)	破断荷重 JIS (t以上)
ⅢE- 25	25	200	200	0.8	0.64	1.6	3.2	1.36	1.12	5
ⅢE- 35	35	250	200	1.25	1.0	2.5	5.0	2.12	1.75	7.5
ⅢE- 50	50	300	230	1.6	1.28	3.2	6.4	2.72	2.24	10
ⅢE- 75	75	350	300	2.5	2.0	5.0	10.0	4.25	3.50	15
ⅢE-100	100	450	300	3.15	2.52	6.3	12.6	5.35	4.41	19
ⅢE-150	150	500	400	5.0	4.0	10.0	20.0	8.50	7.00	30
ⅢE-200	200	550	400	6.3	5.0	12.6	25.2	10.71	8.82	40
ⅢE-250	250	800	430	8.0	6.4	16.0	32.0	13.6	11.2	50
ⅢE-300	300	1,000	450	10.0	8.0	20.0	40.0	17.0	14.0	60

●作業開始前の点検〈クレーン則第220条〉

点検項目
- 表面に毛羽立ちがないか
- ベルトに傷や剥離はないか
- 縫製部・アイ・外観に異常はないか
- タグ表示等がはっきりしているか

●就業制限〈クレーン則第221条、222条〉

- つり上げ荷重が 1t 以上のクレーン等の玉掛け作業：**技能講習**修了者
- つり上げ荷重が 1t 未満のクレーン等の玉掛け作業：**特別教育**修了者

ベルトスリングの規格と使用荷重の例（JIS B8818 一般用）

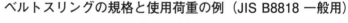
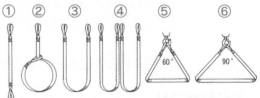

- JIS 規格以上のものを使用すること
- 詳細はメーカーのカタログデータを参照すること

車両系建設機械の分類

〈安衛令第10条、第13条、第20条関係　別表第7〉

運転資格は
P64を参照

1 整地・運搬・積込み用機械

1 ブルドーザー ※②
2 モーターグレーダー
3 トラクターショベル ※③
4 ずり積機 ※④
5 スクレーパー
6 スクレープドーザー
7 1から6までに掲げる機械に類するものとして厚生労働省令で定める機械

2 掘削用機械 ※⑤

1 パワーショベル
2 ドラグショベル
3 ドラグライン
4 クラムシェル
5 バケット掘削機
6 トレンチャー
7 1から6までに掲げる機械に類するものとして厚生労働省令で定める機械

3 基礎工事用機械

1 くい打機 ※⑥
2 くい抜機 ※⑥
3 アースドリル
4 リバースサーキュレーションドリル
5 せん孔機（チュービングマシンを有するものに限る）※⑦
6 アースオーガー ※⑧
7 ペーパードレーンマシン
8 1から7までに掲げる機械に類するものとして厚生労働省令で定める機械

4 締固め用機械

1 ローラー ※⑨
2 1に掲げる機械に類するものとして厚生労働省令で定める機械

5 コンクリート打設用機械

1 コンクリートポンプ車
2 1に掲げる機械に類するものとして厚生労働省令で定める機械

6 解体用機械

1 ブレーカ
2 1に掲げる機械に類するものとして厚生労働省令で定める機械（鉄骨切断機、コンクリート圧砕機、解体用つかみ機）

解釈例規

① 掘削用、基礎工事用等の区分は、便宜上主たる用途を示したものであり、当該機械の用途を限定して考えるものではない

※② 「ブルドーザー」には、ストレートドーザー、アングルドーザー、チルトドーザー、レーキドーザー等を含む

※③ トラクターショベルとは、履帯式のもの、またはタイヤ式で全4輪駆動のものをいう。ショベルローダーといわれるもので、前輪または後輪の2輪駆動のものは含まない

※④ 「ずり積機」は、ロッカーショベルなどの積込み機械をいう

※⑤ 2 掘削用機械の1〜4の機械は、同一の機体でアタッチメントの交換によってそれぞれの名称で呼ばれるものが多く、これらは、万能掘削機とも呼ばれる

※⑥ 「くい打機」「くい抜機」には、移動式クレーンにバイブロハンマーなどをセットしたものを含む

※⑦ 「せん孔機」は、いわゆるベノトボーリングマシン及びこれに類する機械をいう

※⑧ 建柱車は電柱の建込みに使用されるものであるが、ジブにアースオーガーを取り付けたもので、アースオーガーに該当する。電柱の建込み以外の作業で、移動式クレーンの機能のみを用いて作業する場合は、移動式クレーンとする

※⑨ 「ローラー」には、タイヤローラー、ロードローラー、振動ローラー、タンピングローラー等がある

車両系建設機械の安全作業①

事業者

→ 前照燈の設置 〈安衛則152条〉

→ ヘッドガードの取付 〈安衛則153条〉
- 岩石の落下等により危険な場合
- 対象となる機械はブル・ドーザー、トラクター・ショベル、ずり積機、パワー・ショベル、ドラグ・ショベル、解体用機械（ブレーカ、鉄骨切断機、コンクリート圧砕機、解体用つかみ機）

→ 地形、地質の状態の調査及び記録 〈安衛則154条〉

 適応する作業計画

作業計画 〈安衛則155条〉
1. 機械の種類及び能力
2. 運行経路
3. 作業の方法

→ 内容を関係者に周知

→ 機械の移送 〈安衛則161条〉
1. 積卸しは平坦な場所
2. 道板を使用する時は、十分な長さ、幅、強度のあるものを使用し、適当なこう配で確実に取付ける
3. 盛土、仮設台使用時は幅、強度及びこう配を確保

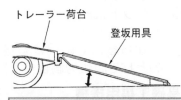

トレーラー荷台
登坂用具

建災防発行「車両系建設機械運転業務の安全」テキストでは「15度以下」を推奨

→ 乗車席以外へのとう乗禁止 〈安衛則162条〉

→ 使用の制限 〈安衛則163条〉
- 構造上の安定度、最大使用荷重等を守る

→ 定期自主検査
- 1年以内ごとに1回定期自主検査 〈安衛則167条〉
- 1ヶ月以内ごとに1回月例自主検査 〈安衛則168条〉
- 特定自主検査は定期自主検査をもってする検査標章を貼付する 〈安衛則169条の2〉

→ 定期自主検査の記録 〈安衛則169条〉
- 3年間保存（機械所有者）

→ 作業開始前点検 〈安衛則170条〉

→ 補修等 〈安衛則171条〉
- 自主検査、点検時に異常があれば直ちに補修

車両系建設機械の安全作業②

事業者

〈安衛則165条〉

| 指　名 | 修理又はアタッチメントの装着及び取り外し作業 |

職務
- 作業手順を定める
- 安全支柱、安全ブロック、架台の使用状況

作業指揮者　　　　　　　　　　　　　作業員

運転者

制限速度 〈安衛則156条〉

- 地形、地質の状態等に応じて定める
  （最高速度が10km/h以下は除く）

転倒又は転落の防止 〈安衛則157条、157条の2〉

1. 路肩の崩壊及び地盤の不同沈下の防止
2. 必要な幅員の保持
3. 誘導者を配置し誘導させる
4. 転倒時保護構造・シートベルトを備えた機械の使用（努力義務）

接触の防止 〈安衛則158条〉

- 立入禁止又は誘導者の配置

● 立入禁止措置をする、または誘導者をたてる

合図 〈安衛則159条〉

- 誘導者を置くときは一定の合図を定め、誘導者に行わせる

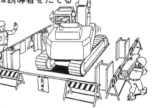

運転位置から離れる場合の措置 〈安衛則160条〉

1. バケット等を地上におろす
2. エンジンを止め、走行ブレーキをかけて逸走を防止
3. キーを抜く

● 重機の半径内には立入らない

ブーム等の降下による危険の防止 〈安衛則166条〉

- 修理、点検時に安全支柱、安全ブロックの使用

安全ブロック

アタッチメントの倒壊等による危険の防止 〈安衛則166条の2〉

- アタッチメントの着脱時の架台の使用

アタッチメントの装着制限・重量表示 〈安衛則166条の3、166条の4〉

- 規定重量を超えるアタッチメントの装着禁止
- 見やすい場所への重量表示

車両系建設機械の運転資格

種別	区分	資 格 等	
整地・運搬・積込み用及び掘削用機械	機体重量3t以上	● 車両系建設機械（整地・運搬・積込み用及び掘削用）運転技能講習修了者 ● 建設機械施工技術検定〈建設業法〉 　・1級合格者で実地試験にトラクタ系、ショベル系建設機械操作施工法を選択した者 　・2級の第1種～第3種（トラクタ系、ショベル系、モータグレーダ操作施工法）合格者 ● 建設機械運転科訓練修了者〈職業能力開発促進法〉	※公道上を運行する場合は左記のほか、道交法に定める自動車の種類に応じた大型又は小型特殊自動車運転免許所持者
	機体重量3t未満	● 車両系建設機械（整地・運搬・積込み用及び掘削用）運転業務特別教育修了者 ● 上欄区分「機体重量3t以上」に該当する者	
基礎工事用機械	機体重量3t以上	● 車両系建設機械（基礎工事用）技能講習修了者 ● 建設機械施工技術検定〈建設業法〉 　・1級合格者で実地試験に基礎工事用建設機械操作施工法を選択した者 　・2級の第6種（基礎工事用建設機械操作施工法）合格者	
	機体重量3t未満	● 車両系建設機械（基礎工事用）運転業務特別教育修了者 ● 上欄区分（機体重量3t以上）に該当する者	
	作業装置の操作	● 作業装置操作業務（車体上の運転席における操作を除く）特別教育修了者	
締固め用機械		● 車両系建設機械（締固め用）運転業務特別教育修了者 （注）機体重量による規制区分はない	公道上を運行する場合は、上欄※印の定めと同じ
コンクリート機械		● 車両系建設機械（コンクリート打設用）作業装置操作業務特別教育修了者	公道上を運行する場合は左記のほか、自動車の種類により大型又は普通自動車運転免許所持者
解体用機械	機体重量3t以上	● 車両系建設機械（解体用）運転技能講習修了者 ● 建設機械施工技術検定〈建設業法〉 　・1級合格者で実地試験にショベル系建設機械操作施工法を選択した者 　・2級の第2種（ショベル系建設機械操作施工法）合格者 （注）・平成25年7月1日前に車両系建設機械（解体用）の技能講習（旧カリキュラム）を修了した人または同日時点で鉄骨切断機等の運転業務に6カ月以上従事していた人は、追加で新カリキュラムの講習を受講すれば可能 　　・平成25年7月1日前にブレーカの運転業務に就くことができる者は引き続き同業務に従事可能	公道上を運行する場合は、上欄※印の定めと同じ
	機体重量3t未満	● 車両系建設機械（解体用）運転業務特別教育修了者 ● 上欄区分「機体重量3t以上」に該当する者	

主たる用途以外の使用（荷のつり上げ作業）の制限 安衛則164条

ドラグショベル（バックホウ）による荷のつり上げ・クラムシェルによる人の昇降等、車両系建設機械を当該機械の主たる用途以外に**使用してはならない**

つり上げ作業（旋回・走行）ができるのは次の2点を満たす場合である

① **作業の性質上やむを得ないとき、または安全な作業の遂行上必要なとき**

- 土砂崩壊による危険を少なくするため、一時的に土止め用矢板・ヒューム管などをつり上げる作業
- 移動式クレーンを搬入して作業すると、作業場所がより錯綜して危険が増す場合

② **安全確保措置として、図の事項すべての措置ができている場合**

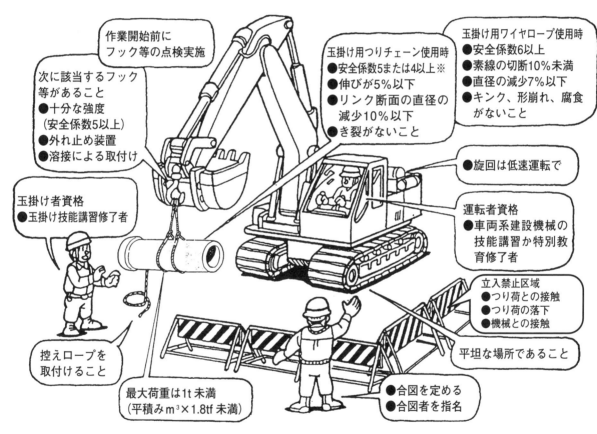

作業開始前にフック等の点検実施

次に該当するフック等があること
●十分な強度（安全係数5以上）
●外れ止め装置
●溶接による取付け

玉掛け用つりチェーン使用時
●安全係数5または4以上※
●伸びが5%以下
●リンク断面の直径の減少10%以下
●き裂がないこと

玉掛け用ワイヤロープ使用時
●安全係数6以上
●素線の切断10%未満
●直径の減少7%以下
●キンク、形崩れ、腐食がないこと

●旋回は低速運転で

玉掛け者資格
●玉掛け技能講習修了者

運転者資格
●車両系建設機械の技能講習か特別教育修了者

立入禁止区域
●つり荷との接触
●つり荷の落下
●機械との接触

控えロープを取付けること

平坦な場所であること

最大荷重は1t未満（平積みm³×1.8tf未満）

●合図を定める
●合図者を指名

※安全係数4以上は一定の要件を満たすもの〈安衛則164条3項6号イ〉

> 荷のつり上げ作業は、上記の①②の条件が満たされている場合にのみ使用が認められ、それ以外は使用禁止になっている

（注）2以上の協力会社がドラグショベル（バックホウ）を用いて荷のつり上げ作業を行う場合には、協力会社の一方が注文者となり、連絡調整などの措置義務が生じる

 P35を参照

主たる用途以外の使用（土止め支保工の組立・解体作業）の制限

●主たる用途以外の使用の制限〈安衛則164条〉

　地山の掘削の作業に伴う土止め支保工の組立て・解体作業時に、掘削した機械を用いて土止め支保工の部材の打ち込み・引き抜きの作業ができるのは、次の2点を満たす場合である

① 労働者に危険を及ぼすおそれがないとき

② 安全確保措置として、下図の事項すべての措置ができている場合

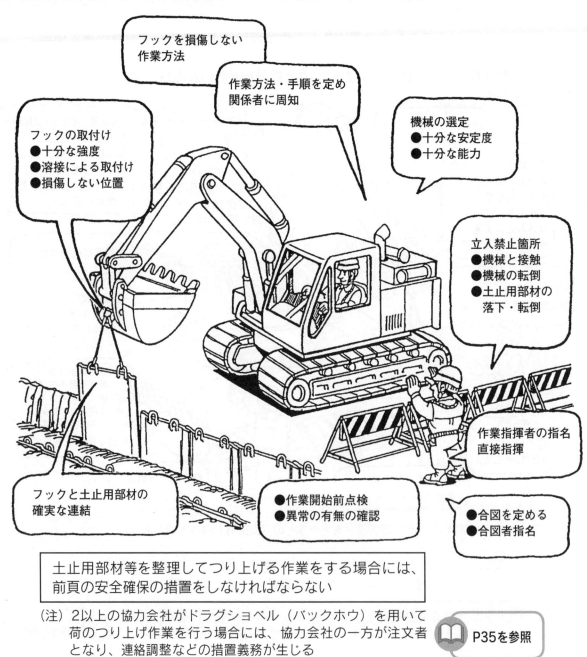

土止用部材等を整理してつり上げる作業をする場合には、前頁の安全確保の措置をしなければならない

（注）2以上の協力会社がドラグショベル（バックホウ）を用いて
　　　荷のつり上げ作業を行う場合には、協力会社の一方が注文者
　　　となり、連絡調整などの措置義務が生じる

P35を参照

クレーン機能付バックホウについて

「クレーン機能を備えた車両系建設機械」が移動式クレーンとして取扱われることになった（平成12年2月28日付 労働省労働基準局事務連絡）

要 旨

- 3t未満の移動式クレーンとして使用する
- 車両系建設機械構造規格及び移動式クレーン構造規格の両方が適用される
- 特定自主検査と移動式クレーンの定期自主検査の両方が必要

特 徴

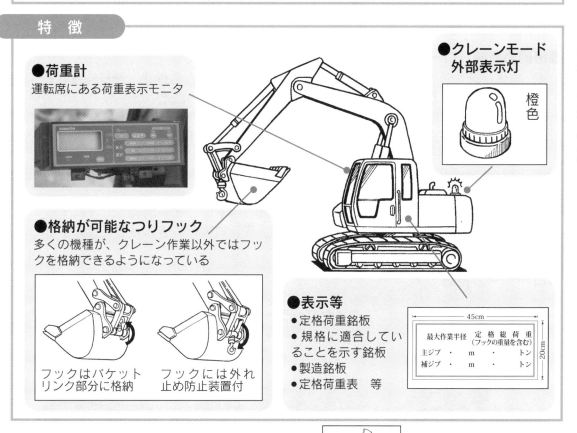

●荷重計
運転席にある荷重表示モニタ

●クレーンモード
外部表示灯
橙色

●格納が可能なつりフック
多くの機種が、クレーン作業以外ではフックを格納できるようになっている

フックはバケット
リンク部分に格納

フックには外れ
止め防止装置付

●表示等
- 定格荷重銘板
- 規格に適合していることを示す銘板
- 製造銘板
- 定格荷重表　等

	45cm	
最大作業半径	定 格 総 荷 重（フックの重量を含む）	
主ジブ ・　　　m　・		トン
補ジブ ・　　　m　・		トン

必要な資格等

合図を定め
合図者指名

- **クレーン作業**：「小型移動式クレーン運転技能講習」の修了が必要（移動式クレーン運転士免許でも可能）
- **掘削作業**：「車両系建設機械（整地・運搬・積込み及び掘削用）運転技能講習」の修了が必要
- **玉掛け作業**：玉掛けに必要な資格

●有資格者が作業を行わなければならない

玉掛け有資格者

クレーンの能力	クレーン則
1t未満	特別教育修了者
1t以上	玉掛け技能講習修了者

P53を参照

締固め機械（ローラー）の安全作業

締固め機械（ローラー）とは？

道路やダムの盛土の締固め、道路舗装材の転圧、構造物の基礎工、地下埋設物の覆土の締固めなどに用いられる車両系建設機械であり、安衛則152条〜171条に定められている車両系建設機械としての規則を守らなければならない

P62〜P63
を参照

●運転資格

車両系建設機械（締固め用）運転業務「特別教育修了者」（機体重量による制限はない）

●締固め機械（ローラー）使用時の注意事項

1. 車体が重くつくられているため、高速運転、急発進、急停止、急旋回などをすると、転倒、転落する危険があるので、乱暴な運転はしないこと
2. 死角の範囲が広く、運転手は周囲が見にくいので、作業員を近づけないこと
3. 路肩の転圧は寄り過ぎないこと。特に降雨後の転圧作業は注意して行う
（振動ローラーは、ステアリング操作に関係なく振動で、低い方に流れやすい）
4. ハンドガイド式ローラーは、後進時、後方の障害物と操作ハンドルに挟まれる危険があるので、操作ハンドルの直後で操作しないこと
5. ローラー及びタイヤの表面は平滑なため滑りやすいことを認識して運転する
6. 締固め作業時は、前後進を繰り返すので、安全に操作できる速度で運転する

●ローラーの種類

ロードローラー
（マカダムローラー）

タイヤローラー

ハンドガイド式ローラー

振動ローラー

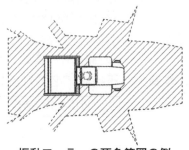

振動ローラーの死角範囲の例

コンクリートポンプ車、ブレーカ等の安全作業

安衛則152条～171条に定められている車両系建設機械としての一般項目（P62～63参照のこと）に加えて、下記の特有の項目が適用される（コンクリートポンプ車には153条ヘッドガードは適用されない）

コンクリートポンプ車とは？
生コンクリートをトラックミキサーあるいはミキサーから受けて、打設場所まで圧送する機械で、不特定の場所に自走することができるもの

ブレーカとは？
たがね（チゼル）とそれを上下運動させるピストンとを一体化した打撃式破砕機を有する機械をいい、油圧ショベル機体にアタッチメントして取付けたものをいう

コンクリートポンプ車

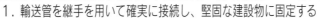

事 業 者

▶ **輸送管等の脱落及び振れの防止等〈安衛則171条の2〉**
1. 輸送管を継手を用いて確実に接続し、堅固な建設物に固定する
2. 作業装置の操作を行う者とホースの先端部を保持する者との間の連絡装置を設け、一定の合図を定め、指名してその者に行わせる
3. 吹出しによる危険箇所への立入禁止
4. 閉そくした輸送管の接続部を切り離すときは、内部圧を減少し、コンクリート等の吹出し防止の措置
5. 洗浄ボールを用いて洗浄作業を行うときは、危険防止の器具を輸送管の先端部に取付ける

ボール受け管の取付け及び輸送管固定の例

安衛則171条の3

▶ | 指 名 | 作業指揮（輸送管の組立・解体の時、作業方法を定め周知）

作業指揮者

直接指揮

作 業 員

▶ **資格**
● コンクリートポンプ車の作業装置の操作…特別教育修了者

解体用機械（ブレーカ、鉄骨切断機、コンクリート圧砕機、解体用つかみ機）

▶ **使用の禁止〈安衛則171条の4、171条の5〉**
● 傾斜地等でブーム等の長さが12メートル以上の解体用機械の使用禁止（防止措置を講じたとき除く）
● 物体の飛来のおそれのある場所では運転室のない解体用機械の使用禁止（防止措置を講じたとき除く）

▶ **立入禁止等〈安衛則171条の6〉**
1. 物体の飛来により労働者に危険が生じるおそれのある箇所への運転者以外の立入禁止
2. 悪天候のときは作業の中止

▶ **資格**
1. 解体用機械の運転（機体重量3t以上）…技能講習修了者
2. 解体用機械の運転（機体重量3t未満）…特別教育修了者

車両系荷役運搬機械等の安全作業①

車輌系荷役運搬機械等とは？〈安衛則151条の2〉

1. フォークリフト
2. ショベルローダー
3. フォークローダー
4. ストラドルキャリヤー
5. 不整地運搬車
6. 構内運搬車
7. 貨物自動車

複数以上で修理等を行う場合であって、単独で行う簡単な部品の取替え等作業者に危険を及ぼすおそれのない作業については、選任を要しない（昭和53年2月10日付 基発第78号）

〈安衛則151条の15〉

事業者

| 選 任 | 修理又はアタッチメントの装着・取外しの作業を行うとき |

作業指揮者

職務
- 作業手順を決定、作業を直接指揮
- 安全支柱、安全ブロック、ストッパーの使用状況監視

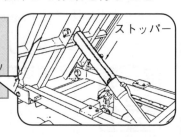
ストッパー

〈安衛則151条の4※〉

| 選 任 | 機械を用いて作業を行うとき |

作業指揮者

作業計画に基づき作業指揮 →

作業員（運転者）

運転位置から離れる場合の措置〈安衛則151条の11〉
- フォーク、ショベル等の荷役装置を最低降下位置に置く
- 原動機を止め、ブレーキを確実にかける

駐車ブレーキをかけて
キーを抜く

作業計画 〈安衛則151条の3※〉
- 適応する作業計画をたてる
  ・作業場所の広さ、地形
  ・機械の種類、能力
  ・荷の種類、形状
- 運行の経路
- 作業の方法が示されている

内容を関係者に周知

作業場所の状況を確認する

※印は不整地運搬車又は貨物自動車を用いて行う道路上の走行の作業を除く

車両系荷役運搬機械等の安全作業②

事業者

作業員
（運転者）

荷の積載〈安衛則151条の10〉
- 偏荷重が生じないように積載する
- 荷崩れ防止の為、荷にロープ又は
　シートを掛ける

均等に！

移送する為の積み卸し〈安衛則151条の12〉
- 平坦で堅固な場所で行う
- 道板を使用する時は、十分な長さ、
　幅、強度のあるものを使用し、
　適当なこう配で、確実に取付ける

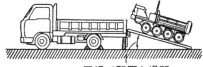

平坦で堅固な場所

> 建災防発行「車両系建設機械運転業務の安全」テキストでは「15度以下」を推奨

搭乗の制限〈安衛則151条の13〉
- 乗車席以外の箇所に人を乗せない
　（不整地運搬車、貨物自動車を除く）

主たる用途以外の使用の制限〈安衛則151条の14〉
- 荷のつり上げ、人の昇降等主たる
　用途以外の用途に使用しない

制限速度〈安衛則151条の5※〉
- 地形、地盤の状態等に応じた適正な
　制限速度を定め作業する

制限速度を守る！

転落等の防止〈安衛則151条の6※〉
- 運行経路の幅員、急激な地盤沈下、
　路肩の崩壊の防止等に必要な措置
- 危険が生ずるおそれのある時は、
　誘導者を配置

接触の防止〈安衛則151条の7※〉
- 機械又は荷に接触する箇所への立入禁止
- 誘導者の配置

合図〈安衛則151条の8〉
- 誘導者を置くときは、一定の合図を定め作業する

立入禁止〈安衛則151条の9〉
- フォークショベル、アーム等の下
　への立入禁止、安全支柱、安全ブ
　ロックの使用

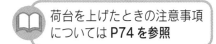
荷台を上げたときの注意事項については P74 を参照

> ※印は不整地運搬車又は貨物自動車を用いて行う道路上の走行の作業を除く

フォークリフトの安全作業

フォークリフトとは？

フォーク、ラムなど荷を積載する装置及びこれを昇降させるマストを備えた荷役自動車をいう

安衛則151条の3〜151条の15に定められている車両系荷役運搬機械としての一般的項目（P70〜71を参照のこと）に加えて、下記のフォークリフト特有の項目が適用される

事業者

使用の制限 〈安衛則151条の20〉
- 許容荷重（フォーク等に積載する荷の重心位置に応じ負荷させることができる最大の荷重をいう）を超える荷重の荷を積載してはならない

荷の積載 〈安衛則151条の10〉
- 偏荷重が生じないように積載する

搭乗の制限 〈安衛則151条の13〉
- 乗車席以外の箇所に労働者を乗せない

主用途以外の使用の制限 〈安衛則151条の14〉

〈安衛則151条の15〉

選任

修理又はアタッチメントの装着若しくは取り外しの作業は、作業指揮者を定め、その者の直接指揮のもとに行う

作業指揮者

運転者

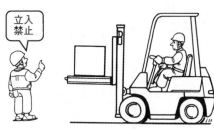

立入禁止 〈安衛則151条の9〉
- フォーク等により支持されている荷の下への立入禁止

運転位置から離れる場合の措置 〈安衛則151条の11〉
- フォークを最低降下位置に置く
- 原動機を止め、ブレーキを確実にかけ、キーを抜き取る

キーを抜く

運転者の資格
- 最大荷重1t以上は技能講習修了者 〈安衛令20条〉
- 最大荷重1t未満は特別教育修了者 〈安衛則36条〉

運転上の注意
- パレット等にフォークを根元まで差し込む
- 走行時はフォークを地上より15cm位上げる
- 走行時は障害物に気をつける（マスト上部等）

障害物

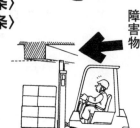

15cm

フォークリフトの構造上の管理

事業者

▶ **前照燈及び後照燈** 〈安衛則151条の16〉
- 前照燈及び後照燈を備える

▶ **ヘッドガード** 〈安衛則151条の17〉
- 強度は最大荷重の2倍の値の等分布荷重に耐えるもの
- 上部わくの各開口部の幅又は長さ（右下図 ℓ_1 又は ℓ_2）は16cm未満
- 座って操作する方式は、座席上面からヘッドガード上部わくの下面までの高さ（右下図のh）を95cm以上に
- 立って操作する方式は、運転者席床面からヘッドガード上部わくの下面までの高さを1.8m以上に
  （荷の落下によりフォークリフトの運転者に危険がないときは、備えなくてもよい）

▶ **バックレスト** 〈安衛則151条の18〉
- バックレストを備えたものでなければ使用してはならない

▶ **パレットまたはスキッド** 〈安衛則151条の19〉
- 積載する荷の重量に応じた十分な強度
- 著しい損傷、変形又は腐食のないもの

▶ **定期自主検査等**
- 1年以内ごとに1回定期自主検査〈安衛則151条の21〉
- さらに1ヶ月以内ごとに1回定期自主検査〈安衛則151条の22〉
- 特定自主検査は定期自主検査をもってする検査標章を貼付する〈安衛則151条の24〉
- 定期自主検査の結果を記録し、3年間保存する〈安衛則151条の23〉
- その日の作業開始前に点検を実施する〈安衛則151条の25〉
- 検査、点検で異常を認めたら直ちに補修する〈安衛則151条の26〉

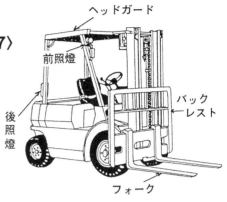
フォークリフトの一例

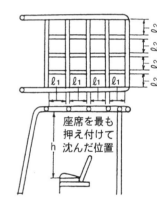

検査標章の例

ダンプトラックの荷台降下防止

●立入禁止〈安衛則151条の9〉

- ダンプトラックの荷台を上げ、その下で修理・点検等の作業を行う時は、荷台が不意に降下することによる危険を防止するため、当該作業に従事する労働者に安全支柱※、安全ブロック等を使用させなければならない
- このような作業に従事する労働者は安全支柱、安全ブロック等を使用しなければならない

●装置の名称等

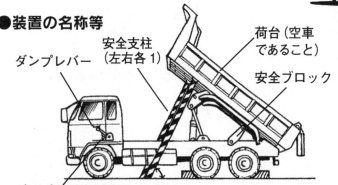

ダンプレバー
安全支柱（左右各1）
荷台（空車であること）
安全ブロック
ダンプレバーロック　60°〜70°　歯止め（前後・左右4ヶ所）

> ※安全支柱…
> 長尺の堅木材またはパイプ等でダンプした荷台を支えるもの。車両には装備できないので整備場所に常備が望ましい

●荷台を上げた時の注意事項

点検整備等で荷台を上げる時は空車状態で行う

- 保守点検等のためダンプしたまま荷台の下に入る時は、必ずエンジンを停止し、運転室のダンプレバーロックを「上げ」位置にロックし、ヒンジブラケット前部に設置してある安全棒又は安全ブロックを使用する。整備の時は安全支柱を必ず併用する
- 安全支柱又は安全ブロックとダンプレバーロックを使用しないで上った荷台の下には絶対に入らない

●ダンプレバーロック装置の一例

運転室内のダンプレバーロック装置は、荷台を上昇させておく場合、誤操作による荷台降下の危険を防止するためのものなので、必ず使用する

●UDトラックス

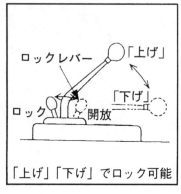

ロックレバー
「上げ」
ロック　開放
「下げ」
「上げ」「下げ」でロック可能

●いすゞ

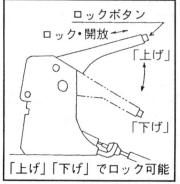

ロックボタン
ロック・開放
「上げ」
「下げ」
「上げ」「下げ」でロック可能

●日野

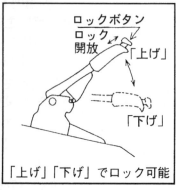

ロックボタン
ロック
開放
「上げ」
「下げ」
「上げ」「下げ」でロック可能

過積載防止のための「道路交通法」の概要

●法改正による過積載対策の仕組み 　平成5年5月12日改正　平成6年5月10日施行
（改）平成13年6月20日

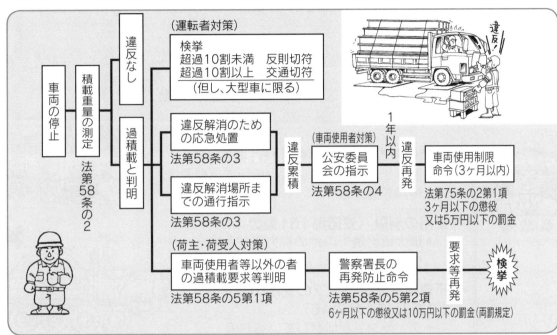

●過積載の違反点数と反則金（平成14年6月1日施行）

積載重量	違反点数	反則金
大型等 10 割以上	6 点	罰則等 ※
大型等 5 割以上 10 割未満	3 点	40,000 円
大型等 5 割未満	2 点	30,000 円
普通等 10 割以上	3 点	35,000 円
普通等 5 割以上 10 割未満	2 点	30,000 円
普通等 5 割未満	1 点	25,000 円

（注）右表の中型・準中型は上表の大型等に含む
※ 罰則等：免許停止処分（6 ヶ月以下の懲役又は
　10 万円以下の罰金）

●自動車区分（平成29年3月12日施行）

自動車の種類	受験資格	自動車の区分	
		車両総重量	最大積載量
大型自動車	21 歳以上 普通免許等 3 年以上保有	11t 以上	6.5t 以上
中型自動車	20 歳以上 普通免許等 2 年以上保有	7.5t 以上 11t 未満	4.5t 以上 6.5t 未満
準中型自動車	18 歳以上	3.5t 以上 7.5t 未満	2t 以上 4.5t 未満
普通自動車		3.5t 未満	2t 未満

（注）平成 19 年 6 月 2 日以前の普通免許取得者は
　8 トン限定中型免許、平成 19 年 6 月 2 日以降
　平成 29 年 3 月 31 日以前の普通免許取得者は
　5 トン限定中型免許

●過積載車両の安全確保システムの概念図

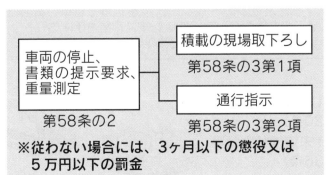

●自分で保有する車両を使用して材料
　等を販売又は運搬をする者…使用者

●自分が保有しない車両を使用して材料
　等運搬させる者　………………荷主
●受取る者　………………………荷受人
●運搬を依頼する者　………荷送人

不整地運搬車の安全作業①

安衛則151条の3〜12、14、15に定められている車両系荷役運搬機械としての一般的項目（P70〜71を参照のこと）に加えて、下記の不整地運搬車特有の項目が適用される

不整地運搬車とは？
不整地走行用に設計した専ら荷を運搬する構造の自動車で、クローラ式又はホイール式 ※ のものをいう
※ ホイール式は、全輪駆動で、かつ、左右の車輪を独立に駆動
　させることができるものに限る

事 業 者

➡ **前照燈及び尾燈**〈安衛則151条の43〉
- 照度が保持されていない場所では前照燈、尾燈を備える

➡ **使用の制限**〈安衛則151条の44〉
- 最大積載量その他の能力を超えて使用しない

➡ **不適格な繊維ロープの使用の禁止**
〈安衛則151条の46〉
- ストランドが切断しているもの
- 著しい損傷又は腐食があるもの

無理な積載禁止！

➡ **繊維ロープの点検**〈安衛則151条の47〉
- その日の使用開始前に点検

ストランド　損傷

腐食

〈安衛則151条の48〉

➡ **選 任**　積み卸し（一つの荷が100kg以上の物の積み卸し作業時には、作業指揮者を定める）

作業指揮者

職務
- 作業手順及び作業手順ごとの作業方法を決定し、作業を直接指揮する
- 器具及び工具を点検し、不良品を取り除く
- 作業を行う箇所には、関係労働者以外は立入禁止
- ロープ解き及びシート外しの作業を行うときは、荷台上の荷の落下の危険のないことを確認後に作業着手する
- 昇降設備及び保護帽の使用状況を監視する

➡ **運転者の資格**
- 最大積載量が1t以上は技能講習
修了者〈安衛令20条〉
- 最大積載量が1t未満は特別教育
修了者〈安衛則36条〉

不整地運搬車の安全作業②

事業者

定期自主検査
- 年次検査、2年を超えない期間〈**安衛則151条の53**〉
- 月例検査、1ヶ月を超えない期間〈**安衛則151条の54**〉
- 年次検査を特定自主検査とし、検査標章を貼付する〈**安衛則151条の56**〉

定期自主検査の記録〈**安衛則151条の55**〉
- 3年間保存

作業開始前点検〈**安衛則151条の57**〉

補修等〈**安衛則151条の58**〉
- 異常時には直ちに補修

作業開始前には点検！

不整地運搬車（クローラ式）

作業員

昇降設備〈**安衛則151条の45**〉
- 最大積載量が5t以上の不整地運搬車に、荷の積み卸し作業をする時、床面と荷の上面との間に昇降設備を設ける

5t以上

中抜きの禁止〈**安衛則151条の49**〉
- 荷卸し作業時に、中抜きの禁止

荷台への乗車制限〈**安衛則151条の50**〉
- 荷台にあおりの無い車を走行させるときは、荷台に人をのせない

荷台にあおりのある不整地運搬車に人を乗せて走行する場合の措置
〈**安衛則151条の51**〉
- 荷に歯止め、滑止め等の措置
- あおりを確実に閉じる
- 墜落するおそれのある箇所への乗車禁止
- 身体の最高部が運転者席の屋根の高さを超えて乗らないこと

必ず着用！ 5t以上

保護帽の着用〈**安衛則151条の52**〉
- 最大積載量が5t以上では、荷の積み卸し作業時に保護帽を着用する

貨物自動車の安全作業

　安衛則151条の3～11、14、15に定められている車両系荷役運搬機械としての一般的項目（P70～71を参照のこと）に加えて、下記の貨物自動車特有の項目が適用される（運行の用に供するものは除く）

事業者

〈安衛則151条の70〉

指　名　積み卸し（1つの荷が100kg以上）

職務
- 作業手順及び作業手順ごとの作業の方法を決定し、作業を直接指揮する
- 器具、工具の点検、不良品の取り除き
- 関係者以外立入禁止
- ロープ解き、シート外し作業のとき、荷の落下の危険のないことを確認後に、作業着手を指示
- 昇降設備及び保護帽の使用状況の監視

積み卸し作業指揮者

直接指揮 →

積み卸し作業員

制動装置等〈安衛則151条の65〉
- 有効な制動装置の具備
- 安全ガラスの前面への使用等
- タイヤは著しい損傷のないもの
- 前照燈及び尾燈を備える
- 左右に1個ずつの方向指示器
- 警音器の具備
- 後写鏡及び直前の障害物確認の鏡を備える
- 速度計を備える

使用の制限〈安衛則151条の66〉
- 最大積載量その他の能力を超えて使用しない

不適格な繊維ロープの使用禁止〈安衛則151条の68〉
- ストランドが切断しているもの
- 著しい損傷又は腐食があるもの

繊維ロープの点検〈安衛則151条の69〉
- 使用を開始する前に点検　　　●異常を認めた時は、直ちに取り替え

点検〈安衛則151条の75〉
- その日の作業を開始する前に点検

補修等〈安衛則151条の76〉
- 異常を認めた時は、直ちに取替

作業員

昇降設備〈安衛則151条の67〉
- 2t以上の車に荷の積み卸し作業を行うとき、床面と荷の上面との間に安全昇降設備を設ける

保護帽の着用〈安衛則151条の74〉
- 最大積載量が2t以上5t未満でテールゲートリフターが設置されているものや荷台側面が開放又は開閉できるものでの積み卸し
- 最大積載量が5t以上のものでの積み卸し

特別教育〈安衛則36条5号の4〉（令和6年2月1日より）
- テールゲートリフターの操作は特別教育修了者が行う

中抜きの禁止〈安衛則151条の71〉

荷台への乗車制限
- 荷台にあおりのない自動車は、走行中の荷台への乗車禁止　**〈安衛則151条の72〉**
- あおりのある自動車の荷台に乗車するとき　**〈安衛則151条の73〉**
　　イ．荷の歯止め、滑止めの措置　　　　ロ．あおりを確実に閉じる
　　ハ．動揺で墜落するような場所に乗らない
　　二．身体の最高部位が運転者席の屋根の高さを超えて乗らない

（参考）「陸上貨物運送事業における荷役作業の安全対策ガイドライン」（平成25年3月25日付基発0325第1号、改正令和5年3月28日基発0328第5号）

コンベヤーの安全作業

（注）コンベヤーには、フローコンベヤー、スクリューコンベヤー、流体コンベヤー及び空気スライドは含まない

事業者

逸走等の防止〈安衛則151条の77〉
- 停電、電圧降下等による荷又は搬器の逸走及び逆走を防止するための装置（電磁ブレーキ等）を備える（水平状態で使用するとき、その他労働者に危険を及ぼすおそれのないときは除く）

非常停止装置〈安衛則151条の78〉
- 非常の場合に直ちにコンベヤーの運転を停止することができる装置を備える（ロープ式非常停止装置等）

荷の落下防止〈安衛則151条の79〉
- 荷が落下するおそれがあるときは、当該コンベヤーに覆い又は囲いを設ける等、落下防止措置を行う

トロリーコンベヤー〈安衛則151条の80〉
- トロリーコンベヤーは、トロリーとチェーン及びハンガーが容易に外れないように相互に接続されているものを使用する

点検〈安衛則151条の82〉
- その日の作業を開始する前に点検する
  1. 原動機及びプーリーの機能
  2. 逸走防止装置の機能
  3. 非常停止装置の機能
  4. 原動機、回転軸、プーリー、歯車等の覆い、囲い等の有無

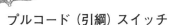

プルコード（引綱）スイッチ

補修等〈安衛則151条の83〉
- 異常を認めたときは、直ちに補修等の措置をする

搭乗の制限〈安衛則151条の81〉
- 運転中のコンベヤーに労働者を乗せてはならない。ただし労働者を運搬する構造で、墜落、接触等による労働者の危険を防止するための措置を講じた場合は、この限りでない

作業員

○「コンベヤの安全基準に関する技術上の指針」
（昭和50年10月18日付 労働省技術上の指針公示第5号）

要旨　コンベヤ及びその附属装置の設計、製造、設置及び使用に関する留意事項についての規定

（設計及び製造）十分な強度等

（設　　　　置）プラットホーム、歩道等の寸法、設置方法、非常停止、起動を予告する警報装置、取扱説明書の備え付け等

（使　　　　用）運転者の指名、定期的な点検整備、保全作業の際の措置、教育（作業標準、取扱い要領、保全方法）等

高所作業車の安全作業①

高所作業車とは？

高所における工事、点検、補修等の作業に使用される機械。作業床及び昇降装置等で構成され、作業床が昇降装置等により上昇、下降等する設備のうち、動力を用い、かつ、不特定の場所に自走することができるものをいう

〈安衛則194条の10〉

事業者

→ 作業計画を作成
〈安衛則194条の9〉

→ 修理又は作業床の
装置等の作業を行うとき
〈安衛則194条の18〉

作業指揮者

指名

作業方法を周知 →

安全ブロック
等を使用 →

作業員

〈安衛則194条の12〉

指名　合図を定め合図者を指名
（作業床以外の箇所で作業床を操作する場合）

合図者

運転者

→ **運転位置から離れる場合の措置**
〈安衛則194条の13〉
- 作業床を最低降下位置に置く
- エンジン停止
- ブレーキを確実にかける

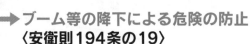

作業計画を作成し、作業方法を周知

→ **ブーム等の降下による危険の防止**
〈安衛則194条の19〉
- 修理、点検作業時に安全ブロック等の使用

→ **作業床への搭乗制限等**
〈安衛則194条の20 、194条の21〉
（作業床で走行操作をする構造以外のもの）
走行させるときは、作業床に作業員を乗せない
ただし、平たんで堅固な場所で走行する場合で、
次の措置を講じたときは、この限りでない

- 誘導者を配置し、誘導させる
- 一定の合図を定め、誘導者に合図を行わせる
- 制限速度を定め、それにより運転させる

作業床で走行の操作をする構造のものを平坦で
堅固な場所以外の場所で走行するときは、上記
の措置をする

要求性能墜落
制止用器具

作業床

→ **要求性能墜落制止用器具の使用** 〈安衛則194条の22〉
- 作業床上では要求性能墜落制止用器具を使用

要求性能墜落制止用器具の使用
（垂直昇降式を除く）

高所作業車の安全作業②

事業者

運転資格
- 作業床の高さが**10m以上**の能力の高所作業車
  …技能講習修了者 **〈安衛令20条15号〉**
- 作業床の高さが**10m未満**の能力の高所作業車
  …特別教育修了者 **〈安衛則36条10の5号〉**

特別教育
10m未満

技能講習
が必要

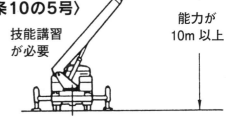

能力が
10m 以上

前照燈及び尾燈を備える 〈安衛則194条の8〉

転倒、転落の防止 〈安衛則194条の11〉
- アウトリガの張出し、地盤の不同沈下防止と路肩の崩壊防止

移　送 〈安衛則194条の14〉
- 積卸しは、平坦で堅固な場所
- 道板は十分な長さ、幅及び強度を有し、適当なこう配で確実に取付

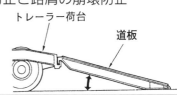

トレーラー荷台
道板

建災防発行「車両系建設機械運転業務の安全」テキストでは「15度以下」を推奨

搭乗の制限 〈安衛則194条の15〉
- 乗車席及び作業床以外は乗車禁止

使用の制限 〈安衛則194条の16〉
- 積載荷重を超えて使用禁止

主たる用途以外の使用の制限 〈安衛則194条の17〉
- 荷のつり上げ等、用途以外の使用禁止

定期自主検査等
- 年次検査　1年を超えない期間
  〈安衛則194条の23〉
- 月例検査　1ヶ月を超えない期間
  〈安衛則194条の24〉
- 年次検査を特定自主検査とし、検査標章を貼付する **〈安衛則194条の26〉**

定期自主検査の記録
〈安衛則194条の25〉
- 3年間保存

作業開始前点検 〈安衛則194条の27〉

補修等 〈安衛則194条の28〉
- 異常を認めたときは、直ちに補修

81

くい打機・くい抜機・ボーリングマシンの安全作業

●就業制限
- ●ボーリングマシンの運転……特別教育修了者〈安衛則36条10項の3〉
- ●車両系建設機械（基礎工事用）機体重量3t以上…技能講習修了者〈安衛則41条〉
- ●車両系建設機械（基礎工事用）機体重量3t未満…特別教育修了者〈安衛則36条9項〉
- ●車両系建設機械（基礎工事用）の作業装置の操作…特別教育修了者〈安衛則36条9項の3〉
- （注）車体上の運転者席の操作は除く

事業者

〈安衛則190条〉

| 指 名 | 組立・解体・変更・移動（作業の方法や手順を定め周知） |

作業指揮者 → 直接指揮 → **作業員** → 組立作業完了 → 使用開始

組立てたとき〈安衛則192条〉

点検
- ●緊結部のゆるみ及び損傷の有無
- ●巻上げ用ワイヤロープ、みぞ車及び滑車装置の取付状態
- ●ブレーキ及び歯止め装置の機能
- ●ウィンチの据付状態
- ●控のとり方及び固定の状態

→ **乱巻時の措置**〈安衛則184条〉

→ **巻上げ装置停止時の措置**〈安衛則185条〉
- ●荷重をかけたまま停止しておくときは、歯止めをし、止め金つきブレーキを用いて制動する

→ **立入禁止**〈安衛則187条〉
- ●運転中のワイヤの内角側に立ち入らない

→ **ガス導管等の損壊防止の措置**〈安衛則194条〉

→ **くい打機等の移動**〈安衛則191条〉
- ●控えで支持するくい打機、くい抜機の移動は、反対側からテンションブロック、ウィンチ等で制動する

→ **控線をゆるめる場合の措置**〈安衛則193条〉
- ●作業者が容易に支持できる限度を超える荷重がかからないようにする

→ **ロッドの取付時等の措置**〈安衛則194条の2〉
- ●回転させる動力を確実に遮断し、ロッドを保持

→ **ウォータースイベル用ホースの固定等**〈安衛則194条の3〉
- ●やぐら等に固定

運転者

注文者の義務はP22を参照

→ **運転位置からの離脱の禁止**〈安衛則186条〉
- ●荷をかけたまま運転位置を離れない

→ **矢板、ロッド等のつり上げ時の措置**〈安衛則188条〉
- ●玉掛け部が巻上げ用みぞ車の直下になるようつり上げる

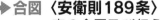
ウォータースイベル

→ **合図**〈安衛則189条〉
- ●一定の合図及び行う者を定め、使用し、運転者はそれに従う

くい打機・くい抜機・ボーリングマシンの設備上の管理

事業者

▶ **強度 〈安衛則172条〉**
- 必要な強度を有し、著しい損傷等のないもの

▶ **倒壊防止 〈安衛則173条〉**
- 軟弱な地盤では敷板、敷角等を使用
- 仮設物等に据付けるときは、その耐力を確認し、不足時は補強
- 脚部等が滑動するときは、くい、くさび等で固定
- 軌道、ころ等で移動するものは、歯止め等で固定
- 控えのみで頂部を安定させるときは、控えは3本以上、控線は等間隔に配置
- バランスウェイトを用いて安定させるときは、架台に確実に取付

▶ **不適格なワイヤロープの使用禁止 〈安衛則174条〉**

 P53を参照

▶ **巻上げ用ワイヤロープの安全係数 〈安衛則175条〉**
- 安全係数は6以上（くい打機・くい抜機のみ）

▶ **巻上げ用ワイヤロープ 〈安衛則176条〉**
- 落錘、ロッド等が最低位置で、巻胴に2巻以上残す
- 巻胴にクリップ等で確実に固定
- 落錘、滑車装置等とロープの取付は、クリップ等で確実に固定

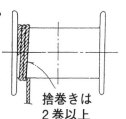
捨巻きは2巻以上

ワイヤ端固定の状態

▶ **矢板、ロッド等との連結 〈安衛則177条〉**

▶ **ブレーキ等の備付け 〈安衛則178条〉**

▶ **ウィンチの据付け固定 〈安衛則179条〉**

▶ **みぞ車の位置 〈安衛則180条〉**
- 巻胴の軸と巻上げ装置から第1番目のみぞ車の軸との間の距離は、巻胴幅の15倍以上

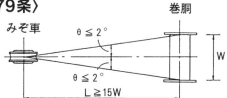
みぞ車　　巻胴
$\theta \leqq 2°$
$\theta \leqq 2°$
$L \geqq 15W$
W

▶ **みぞ車等の取付け**
- 取付金具、シャックル等で確実に取付 〈安衛則181条〉
- やぐらとウィンチが一体になっていない機械のみぞ車は、巻上げロープの水平分力が、やぐらに作用しないように配置 〈安衛則182条〉

 P35 を参照
（注）2以上の協力会社がくい打機、くい抜機に係る作業を行う場合には、協力会社の一方が注文者となり、連絡調整などの措置義務が生じる

ボーリングマシンの例

木材加工用機械の危険の防止

事 業 者

丸のこ盤の反ぱつ予防措置 〈安衛則122条〉

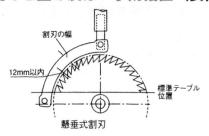

懸垂式割刃

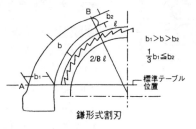

鎌形式割刃

丸のこ盤の歯の接触予防措置 〈安衛則123条〉

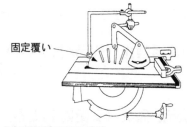

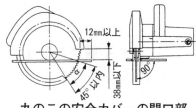

丸のこの安全カバーの開口部

〈安衛則129条〉

選 任 　一つの事業場で5台以上保有している場合（携帯用を除く）に選任する

木材加工用機械
作業主任者

> **職務 〈安衛則130条〉**
> ● 作業を直接指揮
> ● 機械および安全装置の点検
> ● 機械および安全装置の異常時の措置
> ● 工具等の使用状況を監視

研削といしの危険防止

- といしの交換及び交換後の試運転は特別教育修了者が行う 〈安衛則36条1号〉
- 研削といしには覆いを設けなければならない 〈安衛則117条〉
- 研削といしの試運転 〈安衛則118条〉
  - ・作業開始前に1分間以上
  - ・といしを取り替えたとき3分間以上
- 研削といしの最高使用周速度を超える使用の禁止 〈安衛則119条〉
- 研削といしの側面使用の禁止 〈安衛則120条〉
  - ・側面を使用することを目的とする研削といし以外は側面使用禁止

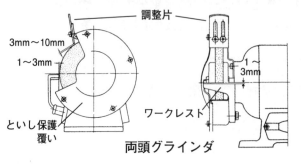

両頭グラインダ

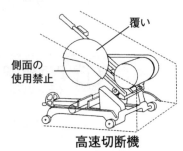

高速切断機

電気機械器具・配線・移動電線の安全

事業者

電気機械器具の囲い等 〈安衛則329条〉

● 充電部に接触・接近で感電の危険があれば、感電防止の囲い又は絶縁覆いを設ける

高圧受変電設備の囲いの例

溶接などの構造で
換気口がある面

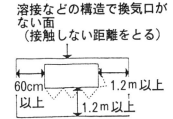

溶接などの構造で換気口が
ない面
（接触しない距離をとる）

手持型電燈等のガード 〈安衛則330条〉

手持型電燈等のガードの取付

● 手持型の電燈、架空つり下げ電燈等には、口金への接触、電球の破損による危険防止のため、ガードを取付ける

配線等の絶縁被覆 〈安衛則336条〉

● 作業中や通行中に接触するおそれのある配線で、絶縁被覆を有するもの、又は移動配線は、絶縁被覆が損傷又は老化で生じる感電を防止する措置をする
● 「接触するおそれのある範囲」: 右図
　安衛則336条　解釈例規より

接触するおそれのある範囲

2m以内

60cm以内

移動電線等の被覆又は外装 〈安衛則337条〉

● 水等で湿潤している場所に使用する場合
　移動電線…2種キャブタイヤケーブル以上
　接続器具…防水型、防滴型、屋外型等

仮設の配線等 〈安衛則338条〉

● 仮設の配線又は移動電線を通路面に使用してはならない
　ただし、その上を車両等が通過することにより絶縁被覆が損傷しないよう防護覆を装着したり、ダクト内等に収める方法等により損傷防護の装着又は通路面の側端に配置した場合は使用できる

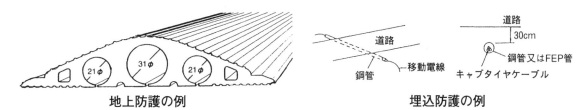

地上防護の例

埋込防護の例

電気機械器具等の点検

事業者

電気機械器具等の使用前点検 〈安衛則352条〉
● 使用する日の使用を開始する前に

点検者

点検の実施 → 異常箇所は補修

使用前テストボタン
による動作確認

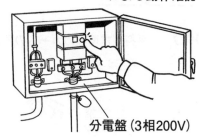

分電盤（3相200V）

作動よし！

テストボタン

電気機械器具等の種別	点検事項
溶接棒等のホルダー〈安衛則331条〉	絶縁防護部分及びホルダー用ケーブルの接続部の損傷の有無
交流アーク溶接機用自動電撃防止装置〈安衛則332条〉	作動状態
感電防止用漏電遮断器〈安衛則333条1項〉	作動状態
電動機器で、漏電遮断機が使用できず安衛則333条2項に定める方法で接地したもの〈安衛則333条〉	接地線の切断、接地極の浮上がり等の異常の有無
移動電線及びこれに附属する接続器具〈安衛則337条〉	被覆又は外装の損傷の有無
検電器具〈安衛則339条1項3号〉	検電性能
短絡接地器具〈安衛則339条1項3号〉	取付金具及び接地導線の損傷の有無
絶縁用保護具〈安衛則341～343条〉	ひび、割れ、破れその他の損傷の有無及び乾燥状態
絶縁用防具〈安衛則341～342条〉	〃
活線作業用装置〈安衛則341条及び343～345条〉	〃
活線作業用器具〈安衛則341条、343条及び344条〉	〃
絶縁用保護具及び活線作業用器具、347条の絶縁用防具〈安衛則346～347条〉	〃
絶縁用防護具〈安衛則349条及び570条〉	〃

電気機械器具の操作部分の照度 〈安衛則335条〉
● 感電や誤操作による危険を防止するため、操作部分に必要な照度を保持

自動電撃防止装置の点検
（厚生労働省「交流アーク溶接機用自動電撃装置の接続及び使用の安全基準に関する技術上の指針」公示第18号 平成23年6月1日付）
● 溶接作業者は、使用開始前に外箱の接地とふたの状態、溶接機との配線及び接続器具の損傷の有無、表示灯及び点検用スイッチの破損の有無、異音・異臭の発生の有無について点検を行う
● 電気取扱者等は、6月以内ごとに1回、外箱への取付けの状態、ヒューズの異常の有無、電磁接触器の接点の消耗の状態等の定期検査を行い、その結果を記録する

電気機械器具の囲い等の点検等 〈安衛則353条〉
● 安衛側329条の囲い及び絶縁覆いについて、毎月1回以上、取付部のゆるみ、はずれ、破損状態等について点検し、異常を認めたときは、直ちに補修する

漏電による感電の防止と接地工事

事業者

漏電による感電の防止〈安衛則333条1項〉
- 感電防止用漏電しゃ断装置の設置
  1. 対地電圧150Vをこえる移動式、可搬式のもの
  2. 水等で濡れている場所や鉄板上で使用する移動式、可搬式のもの

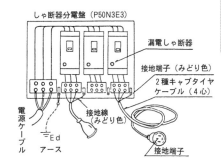

しゃ断器分電盤（P50N3E3）
漏電しゃ断器
接地端子（みどり色）
2種キャブタイヤケーブル（4心）
電源ケーブル
アース
Ed
接地線（みどり色）
接地端子

漏電しゃ断装置の設置ができないときは、電動機械器具の金属部分を接地して使用しなければならない
〈安衛則333条2項〉
- 二重絶縁構造の電動機械器具

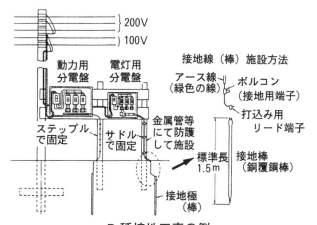

200V
100V
動力用分電盤　電灯用分電盤
接地線（棒）施設方法
アース線（緑色の線）
ボルコン（接地用端子）
打込み用リード端子
ステップルで固定
サドルで固定
金属管等にて防護して施設
標準長1.5m
接地棒（銅覆鋼棒）
接地極（棒）

D種接地工事の例

感電防止

漏電しゃ断装置を取り付けない場合の接地の省略
〈安衛則334条〉

感電防止用漏電しゃ断装置の接続及び使用の安全基準に関する技術上の指針
（労働省 技術上の指針 公示3号 昭和49年7月4日付）

二重絶縁構造記号

接地工事の種類と適用〈電気設備の技術基準（電技）17条〉

注文者の義務はP22を参照

接地工事の種類	接地抵抗値	接地線の太さ	機械器具の区分
A種接地工事	10Ω以下	直径2.6mm以上	高圧用又は特別高圧用のもの
D種接地工事	100Ω以下	直径1.6mm以上	300V以下の低圧用のもの
C種接地工事	10Ω以下	直径1.6mm以上	300Vを超える低圧用のもの

（注）1. B種接地工事は、電力会社の配電線に関するので省略
　　　2. D種及びC種接地工事の接地抵抗値は、低圧電路において当該電路に動作時間0.5秒以内の漏電遮断機を設置するときは、500Ω以下とすることができる（電技17条）

架空電線等に近接する作業

事業者

▶ **工作物の建設等の作業を行う場合の感電の防止 〈安衛則349条〉**

架空電線等の充電電路に近接する場所で建設等の作業をくい打機、くい抜機、移動式クレーン等を使用して行う場合、感電防止のために次の措置を講ずる
1. 当該充電電路を移設する
2. 感電防止の囲いを設ける
3. 当該充電電路に絶縁用防護具を装着する
4. 1～3の措置が困難なときは、監視人を置き、作業を監視させる

送配電線からの安全離隔距離

電路	送電電圧	最小離隔距離		碍子の個数
		労働基準局長通達※1	電力会社の目標値	
配電線	100V·200V	1.0m以上※2	2.0m以上	―
	6,600V以下	1.2m以上※2	2.0m以上	―
送電線	22,000V以下	2.0m以上	3.0m以上	2～4
	66,000V以下	2.2m以上	4.0m以上	5～9
	154,000V以下	4.0m以上	5.0m以上	7～21
	275,000V以下	6.4m以上	7.0m以上	16～30
	500,000V以下	10.8m以上	11.0m以上	20～41

(注)※1 昭和50年12月17日付 基発第759号
※2 絶縁防護された場合にはこの限りではない

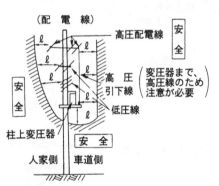

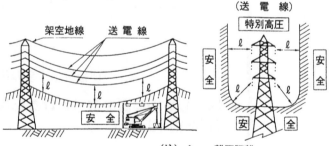

(注) ℓ……離隔距離

●電圧の種類

- ●低圧······直流は750V以下
  交流は600V以下
- ●高圧······低圧を超え7,000V以下
- ●特別高圧···7,000V超

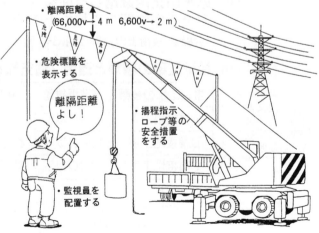

発電機の接地方法

●高感度、高速形漏電遮断器を具備した発電機を使用する
- ●定格感度電流　　30mA
- ●動作時間　　　　0.1sec

●エンジン掛アーク溶接機（ウエルダー）に動力（3相200V）、電灯（単相100V）の出力があるものは上記に準ずる

接地方法

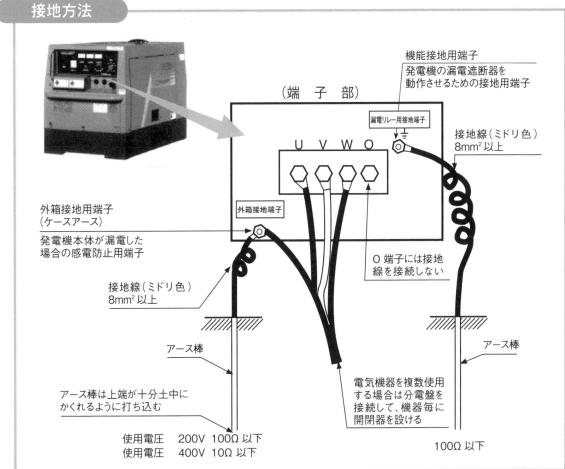

機能接地用端子
発電機の漏電遮断器を
動作させるための接地用端子

（端　子　部）

漏電リレー用接地端子

接地線（ミドリ色）
8mm² 以上

U V W O

外箱接地用端子
（ケースアース）
発電機本体が漏電した
場合の感電防止用端子

外箱接地端子

O 端子には接地
線を接続しない

接地線（ミドリ色）
8mm² 以上

アース棒

アース棒

アース棒は上端が十分土中に
かくれるように打ち込む

電気機器を複数使用
する場合は分電盤を
接続して、機器毎に
開閉器を設ける

使用電圧　200V　100Ω 以下
使用電圧　400V　10Ω 以下

100Ω 以下

●発電機の設置方法
- ●水平堅固な地盤に設置
- ●通風換気の良い場所に設置
- ●消火器の備え付け（青丸印の電気火災用）
- ●湿潤な場所、周囲に可燃物のある場所は避ける

電気事業法〈42、43条〉
発電設備（10kW以上）等の電気設備については、保安規程の届出並びに電気主任技術者の選任及び届出

湿潤

可燃物

通風換気

消火器設置

水平堅固

軌道装置の安全作業

軌道装置とは？〈安衛則195条〉

軌道及び車両、動力車、巻上機を含む一切の装置で、動力を用いて軌条により労働者又は荷物を運搬するもの（鉄道事業法等の適用を受けるものを除く）

事業者

→ **信号装置の表示方法**〈**安衛則219条**〉
- 表示方法を定め、周知させる

→ **作業員を輸送時は人車の使用**〈**安衛則221条**〉
- 少人数又は臨時に輸送する場合は囲い等を設け、荷と同乗させない措置をすればよい

→ **とう乗定員**〈**安衛則223条**〉
- 定員を定め周知させる

→ **車両の後押し運転時における措置**
〈**安衛則224条**〉
1. 誘導者を配置し、誘導させる
2. 先頭車両に前照燈を備える
3. 誘導者と運転者の連絡装置及び警報装置を備える

→ **誘導者を車両にとう乗させる場合の措置**〈**安衛則225条**〉
- 囲いを設けた場所にとう乗させる

→ **定期自主検査等**
1. 定期自主検査………… 3年以内ごとに1回〈**安衛則228条**〉
2. 定期自主検査（年次） 1年以内ごとに1回〈**安衛則229条**〉
3. 定期自主検査（月例） 1ヶ月以内ごとに1回〈**安衛則230条**〉
4. 定期自主検査の記録… 3年間保存〈**安衛則231条**〉
5. 作業開始前点検………その日の作業開始前〈**安衛則232条**〉
6. 異常時には直ちに補修〈**安衛則233条**〉

→ **手押し車両**〈**安衛則234条～236条**〉
- 軌道、手用ブレーキ、速度、車両間隔等を規制している

→ **運転資格**〈**安衛則36条13号**〉
- 動力車の運転……特別教育修了者（巻上げ装置は除く）

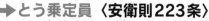

誘導者

前照灯（警報器付）

点検よし！

運 転 者

→ **合図**〈**安衛則220条**〉
- 合図方法を定め、周知させる

→ **制限速度**〈**安衛則222条**〉
- こう配、曲線半径等に応じて制限速度を定め、運転させる

→ **運転席から離れる場合の措置**〈**安衛則226条**〉
- ブレーキをかけ逸走防止の措置をさせる

→ **運転位置から離脱の禁止**〈**安衛則227条**〉
- 巻上機の運転位置から離れない

注文者の義務はP22を参照

軌道装置の基準

事業者

軌条の重量〈安衛則196条〉

車両重量	軌条重量
5t未満	9kg/m以上
5t以上10t未満	12kg/m以上
10t以上15t未満	15kg/m以上
15t以上	22kg/m以上

（参考）使用機関車、トロ別標準軌道構造（土木学会トンネル標準示方書）

使用機関車 (t)	使用トロ (m³)	軌間 (mm)	レール (kg/m)	まくらぎ寸法 (cm×cm×m)
12 ～ 15	8.0	914	30	17×14×1.5
10 ～ 12	6.0	762.914	30	〃
8 ～ 10	4.5	762.914	22 ～ 30	15×12×1.3
6 ～ 8	3.0	762	22	〃
6 以下	3.0 以下	610.762	15	〃

軌条の継目板〈安衛則197条〉

軌条の敷設〈安衛則198条〉

まくら木〈安衛則199条〉

- 配置及び間隔については、車両重量、道床の状態に応じたもの

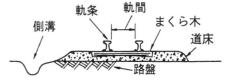

道床〈安衛則200条〉

- 車両重量5t以上の動力車の道床が砕石等で形成されているものは、十分つき固め、排水を良好にする

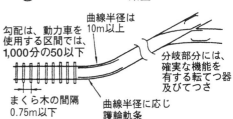

曲線部〈安衛則201条〉

1. 曲線半径は10m以上
2. 適当なカント及びスラック
3. 曲率半径に応じて護輪軌条を設ける

軌道のこう配〈安衛則202条〉

- 動力車を使用する区間のこう配は 50/1,000 以下

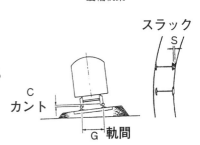

軌道の分岐点等〈安衛則203条〉

- 転てつ器、てっさ、車止め装置の使用

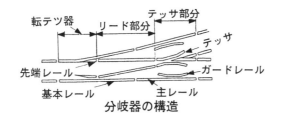

分岐器の構造

車止め

逸走防止装置の設置〈安衛則204条〉

逸走防止装置

車両、動力車等の設備上の管理

事業者

0.6m以上

車両と側壁等との間隔〈安衛則205条〉
1. 0.6m以上の間隔とする
2. 困難な場合は次のいずれかの措置をとる
   ● 回避所を適当な間隔に設置
   ● 信号装置の設置、監視人の配置

車両とう乗者の接触予防措置〈安衛則206条〉
● 車両と側壁等の間に必要な距離を保持

信号装置の設置〈安衛則207条〉

動力車の各設備〈安衛則209条〉
1. 警鈴等合図用装置
2. 前照燈等の照明設備
3. 内燃機関車には圧力計
4. 電気機関車には自動しや断器等

運転者席〈安衛則210条〉
1. 視界を有する構造
2. 転落防止の囲いを設ける

動力車のブレーキ〈安衛則208条〉
1. 手用ブレーキを備え、かつ10t以上の動力には動力ブレーキを備える
2. 圧力の割合
   動力…50/100以上 75/100以下
   手動…20/100以上

連結装置〈安衛則213条〉
確実な連結装置

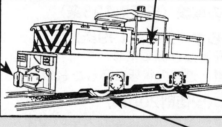

斜道における人車の連結〈安衛則214条〉
予備のチェーン又はワイヤロープの使用

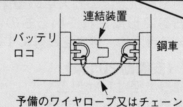
連結装置
バッテリロコ
鋼車
予備のワイヤロープ又はチェーン

車輪〈安衛則212条〉
タイヤの幅、フランジの厚さ及び高さに必要な寸法

人車の設備〈安衛則211条〉
1. 座席、握り棒
2. 囲い及び乗降口
3. 斜道で用いる巻上装置による人車は、巻上機の運転者ととう乗車間の連絡設備
4. 巻上装置には非常停止装置
5. 傾斜角30度以上の斜道については脱線予防装置

巻上げ装置にブレーキの設備〈安衛則215条〉

巻上装置のワイヤロープ〈安衛則216条〉
1. 安全係数6以上（人車は10以上）
2. リンク等を使用して確実に取付

不適格なワイヤロープの使用禁止〈安衛則217条〉
1. 素線が10%以上断線しているもの
2. 直径が7%以上減少しているもの
3. キンクしているもの
4. 形くずれ、腐食しているもの

斜坑の人車用巻上機に深度指示器の取付〈安衛則218条〉

第3章

通路と足場、構台

安全な通路等の管理

事業者

通路 〈**安衛則540条**〉
- 作業場に通ずる場所及び作業場内には、安全な通路を設け有効に保持する。通路であることを表示

通路の照明 〈**安衛則541条**〉
- 正常な通行ができる採光又は照明

P255 を参照

屋内に設ける通路 〈**安衛則542条**〉
1. 用途に応じた幅を有する
2. つまずき、すべり、踏抜等のない状態に保持
3. 高さ1.8m以内に障害物のないこと

機械間等の通路 〈**安衛則543条**〉
- 幅80cm以上

安全な通路の確保！

作業場の床面 〈**安衛則544条**〉
- つまずき、すべり等の危険のない状態に保持

作業踏台 〈**安衛則545条**〉
- 機械が高い場合は、安全で、かつ適当な高さの作業踏台を設置

危険物等の作業場等
1. 避難階には2ヶ所以上の出入口。戸は引戸又は外開戸 〈**安衛則546条**〉
2. 避難階以外の階は、2ヶ所以上の直通階段又は傾斜路 〈**安衛則547条**〉
3. 常時50人以上が就業する屋内作業場は、警報用の器具 〈**安衛則548条**〉

避難用の出入口等の表示等 〈**安衛則549条**〉
- 避難用出入口通路、器具はその旨を表示し、容易に利用できるよう保持

通路と交わる軌道 〈**安衛則550条**〉
- 監視人を配置し、又は警鈴を鳴らす

船舶と岸壁等の通行 〈**安衛則551条**〉
- 歩板、はしご等の適当な通行設備

軌道を設けた坑道等の回避所 〈**安衛則553条**〉
- 軌道を設けた坑道、ずい道、橋梁等の通路には回避所

作業員

軌道内等の作業における監視の措置 〈**安衛則554条**〉
- 監視装置を設置又は監視人を配置

保線作業等における照度 〈**安衛則555条**〉

安全靴等の使用 〈**安衛則558条**〉

はしご道の安全作業

事業者

はしご道 〈安衛則556条〉

1. 丈夫な構造
2. 踏さんを等間隔
3. 踏さんと壁との適当な間隔
4. 転位防止のためはしごの固定
5. **はしご上端は床から60cm以上突出**
6. 坑内はしご道で、長さ10m以上は5m以内ごとに踏みだなを設ける
7. 坑内はしご道の勾配は、80度以内
（注）5～7の規定は潜函内等のはしご道については、適用しない

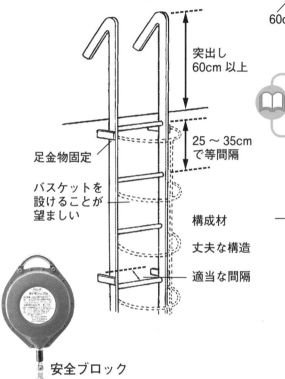

足金物固定

バスケットを設けることが望ましい

構成材
丈夫な構造

適当な間隔

突出し 60cm以上

25～35cm で等間隔

安全ブロック

●はしご道の設置例

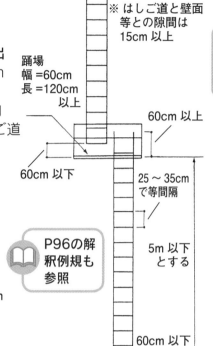

※ はしご道と壁面等との隙間は15cm以上

踊場
幅=60cm
長=120cm
以上

60cm以上

60cm以下

25～35cm で等間隔

5m以下とする

60cm以下

基準床

P96の解釈例規も参照

※ 50～60cm を標準とする

坑内に設けた通路等 〈安衛則557条〉

● 作業者と巻上げ装置との接触防止に、仕切板その他の隔壁を設置

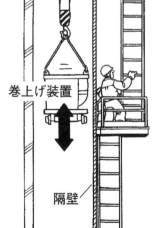

巻上げ装置

隔壁

移動はしごの安全作業

事業者

➡ **移動はしご〈安衛則527条〉**

1. 丈夫な構造
2. 材料に著しい損傷、腐食等がない
3. 幅は30cm以上
4. すべり止め装置の取付その他転位を防止するための必要な措置

解釈例規

昭和43年6月14日付 安発第100号

1. 「転位を防止するために必要な措置」には、はしごの上方を建築物等に取り付けること、他の労働者がはしごの下方を支えること等の措置が含まれる
2. 移動はしごは、原則として継いで用いることを禁止し、やむをえず継いで用いる場合には、次によること
   - 全体の長さは9m以下
   - 継手が重合せ継手のときは、接続部において1.5m以上を重ね合わせ2ヶ所以上で堅固に固定
   - 継手が突合せ継手のときは1.5m以上の添木を用いて4ヶ所以上で堅固に固定
3. 踏み桟は、25〜35cmの間隔で、かつ、等間隔に

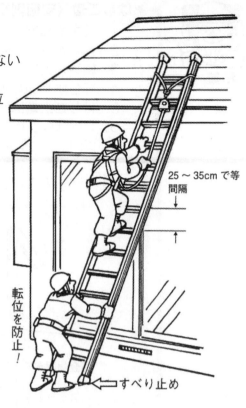

25〜35cmで等間隔

転位を防止！

すべり止め

アルミ製2連はしごを昇降設備にする場合（はしご道）

突出し60cm以上

建築物等に固定

路面が水平になる角度に設置する

伸縮用クリップ

ストッパー

下部はしごは外側に

脚端具

きまりは守るよ！

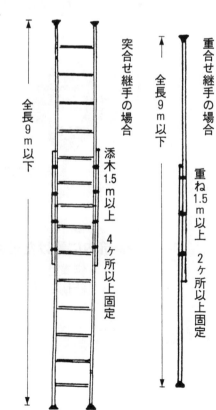

全長9m以下

突合せ継手の場合

添木1.5m以上 4ヶ所以上固定

全長9m以下

重合せ継手の場合

重ね1.5m以上 2ヶ所以上固定

脚立使用時の安全作業

事業者

▶脚立 〈**安衛則528条**〉
1. 丈夫な構造
2. 材料は、著しい損傷、腐食等がない
3. 脚と水平面との角度を75度以下、かつ、折りたたみ式のものは脚と水平面との角度を確実に保つ金具等を備える
4. 踏み面は、作業を安全に行うため必要な面積

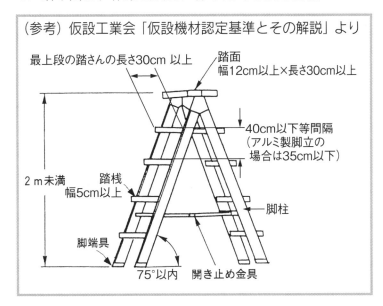

(参考)仮設工業会「仮設機材認定基準とその解説」より

最上段の踏さんの長さ30cm 以上
踏面 幅12cm以上×長さ30cm以上
40cm以下等間隔(アルミ製脚立の場合は35cm以下)
2 m未満
踏桟 幅5cm以上
脚柱
脚端具
75°以内
開き止め金具

脚立足場の構成例(高さ2.0m未満)
1. 標準足場板は3点支持とし、両端を脚立に固定する
2. 標準足場板を2枚重ねで使用する場合は、2点支持以上でも可とし、両端を脚立に固定する
3. 突出部上での作業は禁止する

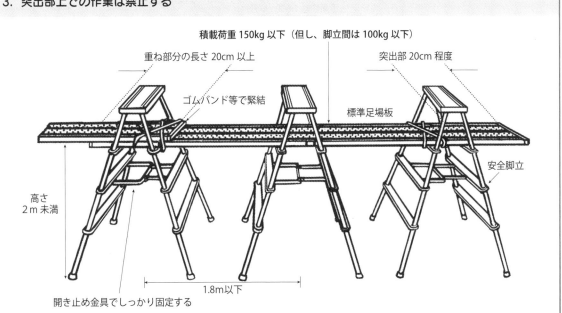

積載荷重 150kg 以下(但し、脚立間は 100kg 以下)
重ね部分の長さ 20cm 以上
突出部 20cm 程度
ゴムバンド等で緊結
標準足場板
安全脚立
高さ 2m 未満
開き止め金具でしっかり固定する
1.8m以下

●脚立足場の組立て・解体又は変更には特別教育が必要

架設通路の管理

事 業 者

→ 架設通路 〈安衛則552条〉

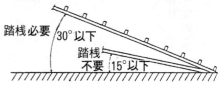
踏桟は35cm〜40cmの等間隔（標準）
踏桟必要 30°以下
踏桟不要 15°以下

1. 丈夫な構造
2. 勾配は30度以下、ただし、階段を設けたもの又は高さ2m未満で丈夫な手掛を設けたものは30度以上でもよい
3. 勾配が15度を超えるものには、踏桟その他滑止め
4. 次のイ、ロの設備（丈夫でたわみが生じるおそれがなく、著しい損傷・変形・腐食がないもの）
    イ　高さ85cm以上の手すり又は同等以上の機能を有する設備（85cm以上の防音パネル、ネットフレーム、金網）
    ロ　中桟等（高さ35cm以上50cm以下の桟、又はこれと同等以上の機能を有する設備）
        作業の必要上取り外す場合は下記の措置を講じる
        ・要求性能墜落制止用器具の取付設備等を設け、要求性能墜落制止用器具の使用を指示（労働者は使用義務）
        ・関係労働者以外を立入禁止
        作業後は直ちに原状に戻す

注文者の義務はP22を参照

5. たて坑内では長さが15m以上は、10m以内毎に踊場
6. 高さ8m以上の登り桟橋には、7m以内毎に踊場

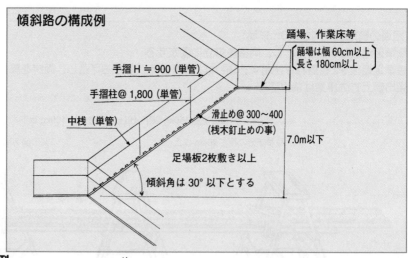

傾斜路の構成例

踊場、作業床等
踊場は幅60cm以上 長さ180cm以上
手摺 H ≒ 900（単管）
手摺柱@ 1,800（単管）
中桟（単管）
滑止め@ 300〜400（桟木釘止めの事）
足場板2枚敷き以上
傾斜角は30°以下とする
7.0m以下

階段の構成例

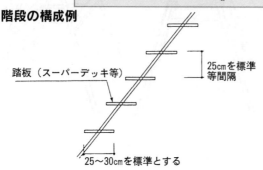
踏板（スーパーデッキ等）
25cmを標準等間隔
25〜30cmを標準とする

きまりは守る！

足場の組立て等の安全作業①

事 業 者

第3章　通路と足場、構台

〈安衛則565条〉

| 選 任 | 足場の組立等作業主任者の選任 |

足場の組立て等
作業主任者

職務〈安衛則566条〉
- 材料の欠点の有無を点検し不良品を取り除く
- 器具、工具、要求性能墜落制止用器具及び保護帽の機能を点検、不良品を取り除く
- 作業の方法及び作業者の配置を決定し、作業の進行状況を監視
- 要求性能墜落制止用器具及び保護帽の使用状況を監視

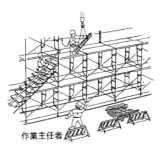

作業主任者

足場の組立て

作業主任者を選任すべき作業〈安衛令6条の15〉
- つり足場、張出し足場又は高さが5m以上の構造の足場の組立て・解体又は変更の作業

〈安衛則529条〉

| 指 名 | 高さ5m未満の足場の組立て・解体、変更の作業 |

作業指揮者

特別教育〈安衛則36条〉
- 足場の組立て、解体又は変更の作業（地上又は堅固な床上の補助作業除く）

足場の組立て等の安全作業②

事業者

▶ **足場の組立て等の作業 〈安衛則564条〉**
- つり足場、張出足場又は高さが2m以上の構造の足場の組立て、解体又は変更の作業
  1. 組立、解体又は変更の時期、範囲及び順序を作業員に周知
  2. 作業区域内には、関係者以外の立入禁止
  3. 悪天候時の作業中止
  4. **作業員** 足場材の緊結、取り外し、受渡し等の作業時には、次の措置を講じる
     - 幅40cm以上の作業床設置（設置が困難な場合除く）
     - 要求性能墜落制止用器具の取付設備等を設け、要求性能墜落制止用器具の使用を指示（労働者は使用義務）
  5. 材料、器具、工具等のつり上げ下ろし時には、つり綱、つり袋等の使用（労働者に危険を及ぼすおそれのないとき除く）

▶ **点検 〈安衛則567条〉**
- 作業開始前に、次の設備（足場用墜落防止設備）の取りはずし・脱落の有無を点検。異常発見時は直ちに補修
  - イ わく組足場（妻面除く）
  - （1）交差筋かい及び高さ15cm以上40cm以下の桟、もしくは高さ15cm以上の幅木等
  - （2）手すりわく
  - ロ わく組足場以外（一側足場除く）
    高さ85cm以上の手すり（これと同等以上の機能を有する設備）及び中桟等
- 悪天候若しくは中震以上の地震又は足場の組立て、一部解体若しくは変更後に、足場で作業を開始する前に次の事項を点検し、異常は直ちに補修
  1. 床材の損傷、取付及び掛渡しの状態
  2. 建地、布、腕木等の緊結部、接続部及び取付部の緩みの状態
  3. 緊結金具等の損傷及び腐食の状態
  4. 上記足場用墜落防止設備等の取り外し及び脱落の有無
  5. 幅木等の取付状態及び取り外しの有無
  6. 脚部の沈下、滑動の状態
  7. 筋かい、控え、壁つなぎ等の補強材の取付状態及び脱落の有無
  8. 建地、布、腕木の損傷の有無
  9. 突りょうとつり索との取付部の状態及びつり装置の歯止めの機能
- 作業開始前及び悪天候後等の点検を行うにあたっては、点検者をあらかじめ指名
- 悪天候後等の点検を行ったときは、点検者、結果、措置内容（講じたとき）を記録し、保存（仕事が終了するまで）

注文者の
義務は
P22を
参照

▶ **つり足場の点検 〈安衛則568条〉**
- 作業開始前に上記の 1 ～ 5、7、9の事項を点検。異常発見時は直ちに補修

足場の作業床の管理

事業者

▶**作業床 〈安衛則563条〉**

高さが2m以上の作業場所には、次の定めるところにより作業床を設ける

1. 標準足場板を使用する場合
   - 足場板は3点支持、又は両端を支持物に緊結する

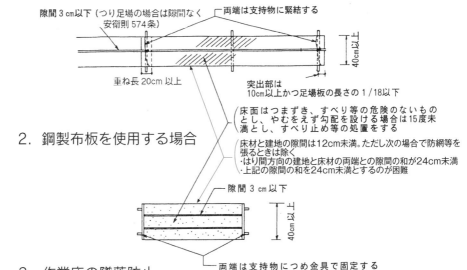

隙間3cm以下（つり足場の場合は隙間なく 安衛則574条）

両端は支持物に緊結する

40cm以上

重ね長20cm以上

突出部は 10cm以上かつ足場板の長さの1/18以下

2. 鋼製布板を使用する場合

床面はつまずき、すべり等の危険のないものとし、やむをえず勾配を設ける場合は15度未満とし、すべり止め等の処置をする

床材と建地の隙間は12cm未満。ただし次の場合で防網等を張るときは除く
・はり間方向の建地と床材の両端との隙間の和が24cm未満
・上記の隙間の和を24cm未満とするのが困難

隙間3cm以下

40cm以上

両端は支持物につめ金具で固定する

3. 作業床の墜落防止
   次の設備（丈夫でたわみが生じるおそれがなく、著しい損傷・変形・腐食がないもの）を設置
   イ　わく組足場（妻面除く）
   （1）交差筋かい及び高さ15cm以上40cm以下の桟、もしくは高さ15cm以上の幅木等
   （2）手すりわく
   ロ　わく組足場以外（一側足場除く）
   高さ85cm以上の手すり（これと同等以上の機能を有する設備）及び中桟等（高さ35cm以上50cm以下の桟、又はこれと同等以上の機能を有する設備）
   作業の必要上足場用墜落防止設備を取り外す場合は下記の措置を講じる
   ・要求性能墜落制止用器具の取付設備等を設け、要求性能墜落制止用器具の使用を指示（労働者は使用義務）
   ・関係労働者以外を立入禁止
   作業終了後は直ちに原状に戻す  設置例は P113 参照

4. 物体の落下防止
   高さ10cm以上の幅木、メッシュシート又は防網等を設置

▶**最大積載荷重・表示 〈安衛則562条〉**

- 最大積載荷重を定め、かつ、これを超えて積載しない。また、周知するために表示する

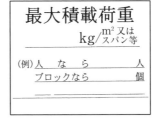

最大積載荷重

kg/㎡ 又は スパン等

（例）人　なら　　　　　人
　　　ブロックなら　　　個

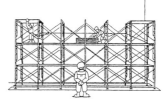

確実に固定しよう！

第3章 通路と足場、構台

単管本足場の構成

単管足場とは？

鋼管を継手金具及び緊結金具を使用して組む足場をいう

事 業 者

▶ **鋼管足場の構造 〈安衛則570条、571条〉**
- 安衛令別表8第1号に掲げる部材又は単管足場用鋼管規格（日本工業規格A8951）に適合する鋼管を用いる足場が対象

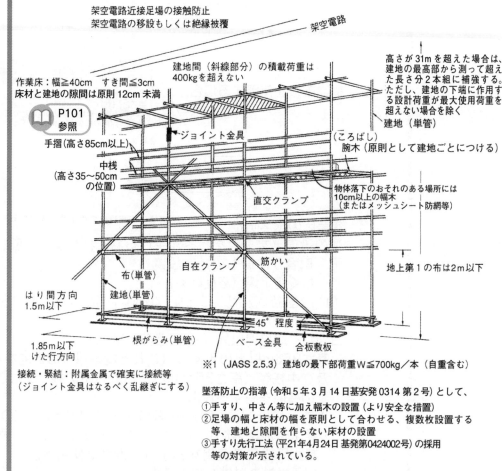

架空電路近接足場の接触防止
架空電路の移設もしくは絶縁被覆

架空電路

作業床：幅≧40cm　すき間≦3cm
床材と建地の隙間は原則12cm 未満

建地間（斜線部分）の積載荷重は400kgを超えない

高さが31mを超えた場合は、建地の最高部から測って超えた長さ分2本組に補強する。ただし、建地の下端に作用する設計荷重が最大使用荷重を超えない場合を除く

P101 参照

建地（単管）

手摺(高さ85cm以上)

ジョイント金具

（ころばし）
腕木（原則として建地ごとにつける）

中桟
（高さ35〜50cm の位置）

直交クランプ

物体落下のおそれのある場所には10cm以上の幅木（またはメッシュシート防網等）

布（単管）＝建地（単管）

自在クランプ　筋かい

地上第1の布は2m以下

はり間方向
1.5m以下

45°程度

根がらみ（単管）

ベース金具　合板敷板

1.85m以下
けた行方向

接続・緊結：附属金属で確実に接続等
（ジョイント金具はなるべく乱継ぎにする）

※1（JASS 2.5.3）建地の最下部荷重W≦700kg／本（自重含む）

墜落防止の指導（令和5年3月14日基安発0314第2号）として、
①手すり、中さん等に加え幅木の設置（より安全な措置）
②足場の幅と床材の幅を原則として合わせる、複数枚設置する等、建地と隙間を作らない床材の設置
③手すり先行工法（平21年4月24日基発第0424002号）の採用等の対策が示されている。

▶ **壁つなぎ間隔 〈安衛則570条1項5号〉** 表記法 V(垂直) ／ H(水平)

足場の種類	安衛則570条1項5号
枠組足場 （高さ5m 未満を除く）	V／H 9／8m 以下
単管本足場	5／5.5m 以下
単管一側足場 ※2	5／5.5m 以下

きまりは沢山あるよ！

※1 JASS…日本建築学会建築工事標準仕様書の略。2.5.3、2.5.4 参照のこと
※2 ブラケット付足場の場合は3.6／3.6m以下（推奨値）

枠組足場の構成

枠組足場とは？

あらかじめ鋼管を主材として一定の形に製作した枠を、現場において特殊な附属金具や附属品を使用して組み立てる足場をいう

事業者

▶ 鋼管足場の構造 〈安衛則570条、571条〉

墜落防止の指導
（令和5年3月14日基安発0314第2号）として、
① 上さんの設置、手すり先行専用型足場の設置（より安全な措置）
② たて地と隙間を作らない床材の設置（102ページ参照）
等の対策が示されている。

わく組足場妻面は「わく組足場以外の足場」に該当することとされているため、単管足場などの対策と同様の措置が必要

架空電路近接足場の接触防止
架空電路の移設もしくは絶縁被覆

手摺柱
中桟
手摺

壁つなぎ金具

妻面手摺

鋼製布板

さん（高さ15〜40cmの位置）
または
幅木（高さ15cm以上）

原則45m以下
（推奨値）

建枠

筋かい

主枠H≦2m

※物体落下のおそれのある場所には10cm以上の幅木（またはメッシュシート防網等）

脚部の滑動・沈下防止
合板敷板
根がらみ
ジャッキベース

はり間方向
W≦1.5m

けた行方向
L≦1.85m

▶ 建枠の許容荷重（通常最下段枠）〈JASS 2.5〉

- 標準枠の場合 4350kgf/1枠、簡易枠の場合 3500kgf/1枠

▶ 1スパンあたりの最大積載荷重の設定 〈JASS 2.5〉

- 標準枠 W1200 の場合 500kgf 以下、標準枠 W900 の場合 400kgf 以下
簡易枠 250kgf 以下、小規模工事用簡易枠の場合 200kgf 以下
（注）1スパンあたりの最大積載荷重と床材の許容積載荷重の小さい値を採用

▶ 最大積載荷重の労働者への周知 〈安衛則562条〉

▶ 水平材 〈安衛則571条1項5号〉

- 最上層及び5層以内ごとに水平材を設置
- 作業床にする場合は全枠幅に敷込み

きまりは守るよ！

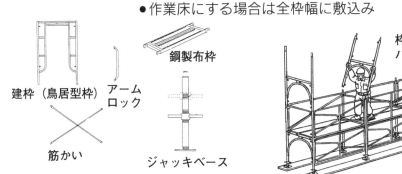

建枠（鳥居型枠）
アームロック
鋼製布枠
筋かい
ジャッキベース

枠組足場用手摺枠
ハイシティ（筋かいの改良品）

103

ブラケット付一側・単管抱足場の構成

事業者

幅が1m以上の場所においては、原則として本足場の設置が必要〈安衛則561条の2〉
（令和6年4月より）

ブラケット付一側足場 〈安衛則570条、571条〉

● 積載荷重制限
1層1スパンでW≦150kg
かつ、建地1本W≦100kg
よって、各スパンに積載する場合の積載荷重
W≦100kg

高さが31m（推奨値15m）を超えた場合は、建地を下から超えた長さ分2本組に補強する。ただし、建地の下端に作用する設計荷重が最大使用荷重を超えない場合除く

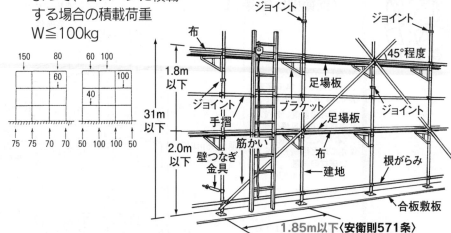

● 足場板は各ブラケットに緊結、またはブラケット上で重ね継ぎ
● メッシュシート等を張る場合強度計算により建地、壁つなぎを補強

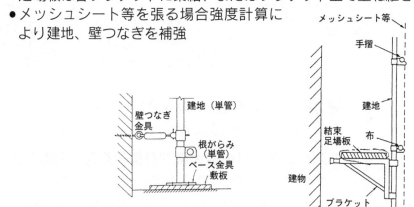

単管抱足場 〈安衛則570条、571条〉

高さが31mを超えた場合は、建地を下から超えた長さ分2本組に補強する。ただし、建地の下端に作用する設計荷重が最大使用荷重を超えない場合除く

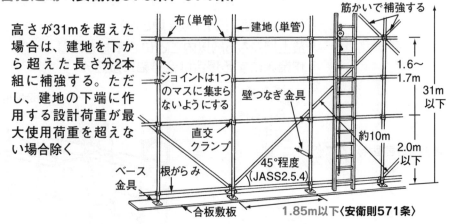

つり足場の構成

事業者

▶ **つり足場〈安衛則574条〉**
1. 不良品のつりワイヤロープ、つり鎖、つり鋼線、つり繊維索の使用禁止
2. つりワイヤロープ等は、その一端を足場桁、スターラップ等に、他端を突りょう、アンカーボルト、建築物のはり等にそれぞれ確実に取付
3. **作業床は、幅40cm以上とし、隙間のないこと**
4. 床材は、転位し、又は脱落しないよう足場桁、スターラップ等に取付
5. 足場桁、スターラップ、作業床等に控えを設けて動揺又は転位を防止
6. 棚足場の桁の接続部及び交差部は、継手金具又は緊結金具等で確実に接続又は緊結

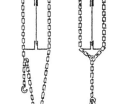

つり棚足場のつり方

ループ づり　　1本づり

▶ **作業禁止〈安衛則575条〉**
● つり足場の上で脚立、はしご等の使用禁止

▶ **つり足場の安全係数**
〈安衛則562条2項〉

つり足場の部材		安全係数
つりワイヤロープ・つり鋼線		10以上
つり鎖・つりフック		5以上
つり鋼帯・つり足場の下部及び上部の支点	鋼材	2.5以上
	木材	5以上

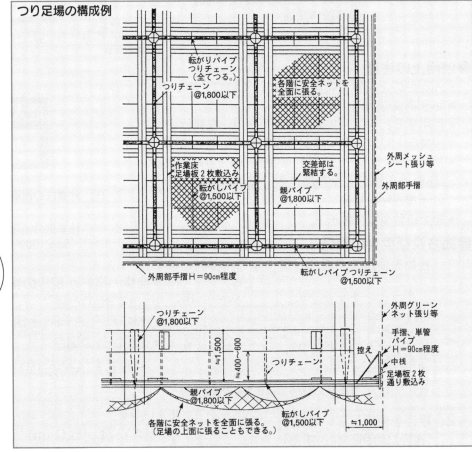

つり足場の構成例

転がりパイプ
つりチェーン
（全てつる。）

つりチェーン
@1,800以下

各階に安全ネットを全面に張る。

作業床
足場板2枚敷込み
転がしパイプ
@1,500以下

交差部は緊結する。

親パイプ
@1,800以下

外周メッシュシート張り等

外周部手摺

外周部手摺H＝90cm程度

転がしパイプつりチェーン
@1,500以下

つりチェーン
@1,800以下

≒1,500
400～600

つりチェーン

控え

外周グリーンネット張り等

手摺、単管パイプ
H＝90cm程度

中桟

足場板2枚通り敷込み

親パイプ
@1,800以下

転がしパイプ
@1,500以下

≒1,000

各階に安全ネットを全面に張る。
（足場の上面に張ることもできる。）

確実に取付けるよ！

ローリングタワー（移動式足場）の安全作業

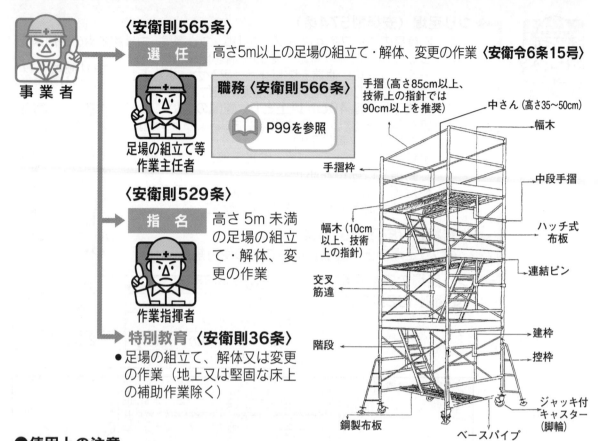

事業者

〈安衛則565条〉

| 選任 | 高さ5m以上の足場の組立て・解体、変更の作業 〈安衛令6条15号〉 |

職務〈安衛則566条〉

P99を参照

足場の組立て等
作業主任者

〈安衛則529条〉

| 指名 | 高さ5m未満の足場の組立て・解体、変更の作業 |

作業指揮者

特別教育〈安衛則36条〉
- 足場の組立て、解体又は変更の作業（地上又は堅固な床上の補助作業除く）

手摺（高さ85cm以上、技術上の指針では90cm以上を推奨）
中さん（高さ35〜50cm）
幅木
手摺枠
中段手摺
幅木（10cm以上、技術上の指針）
ハッチ式布板
交叉筋違
連結ピン
建枠
控枠
階段
ジャッキ付キャスター（脚輪）
鋼製布板
ベースパイプ

●使用上の注意
- 人を台の上に乗せたまま移動してはならない
- 必ず昇降設備を設ける
- 使用するときは必ず車輪のストッパーを掛ける
- 作業床上では脚立・ハシゴ等を使用しない
- 材料・安全性については、昭和50年10月18日付「移動式足場の安全基準に関する技術上の指針」公示第6号を参照
- 最大積載荷重の標示

最大積載荷重

kg

（注）作業床の面積（m²）≧2の場合……
　　　250kg以下
　　　作業床の面積（m²）＜2の場合……
　　　（50＋100×作業床の面積）kg以下

●高さ及び控枠の関係

1. 控枠を使用する場合（建枠は専用部材とする）

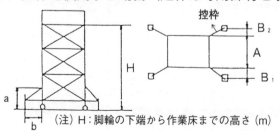

（注）H：脚輪の下端から作業床までの高さ（m）

- 控枠の高さが控枠の幅の3倍以上の場合（$a \geqq 3b$のとき）
  $$H \leqq 7.7(A+B1+B2)-5.0(\text{m})$$
- 上記以外の場合
  $$H \leqq 7.7\left\{A+\frac{1}{2}(B1+B2)\right\}-5.0(\text{m})$$

2. 控枠を使用しない場合（建枠は専用部材とする）

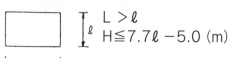

$L > \ell$
$H \leqq 7.7\ell - 5.0$ (m)

作業構台の安全作業①

作業構台とは？

仮設の支柱及び作業床等により構成され、材料若しくは仮設機材の集積又は建設機械等の設置・移動を目的とする高さ2m以上の設備で建設工事に使用するものをいう

事業者

材料等〈安衛則575条の2〉

1. 材料については、著しい損傷、変形又は腐食のあるものを使用しない
2. 使用する木材については、割れ、虫食い、節、繊維の傾斜等がないものを使用
3. 作業構台に使用する主要な部分の鋼材についてはJISに定める規格に適合するもの又はこれと同等以上の引張強さ及びこれに応じた伸びを有するものを使用

構造〈安衛則575条の3〉

- 著しいねじれ、たわみ等が生ずるおそれのない丈夫な構造のものを使用

最大積載荷重〈安衛則575条の4、655条の2〉

- 作業構台の構造及び材料に応じ作業床の最大積載量を定め、見やすい場所に表示し関係者に周知

組立図〈安衛則575条の5〉

組立図の作成（支柱、作業床、はり、大引き、昇降設備等の部材の配置・寸法を記入）　→　組立図により組立

第3章

通路と足場、構台

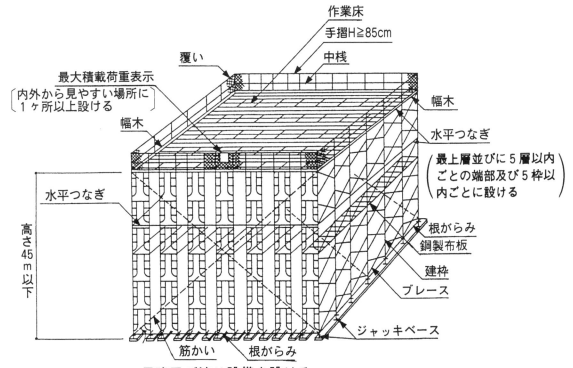

● 昇降及び渡り設備を設ける

作業構台の安全作業②

事業者

作業構台についての措置 〈安衛則575条の6〉

1. 支柱は滑動又は沈下防止のため、設置場所の地質等の状態に応じた根入れを行い、脚部に根がらみを設け、敷板、敷角を使用

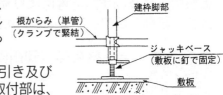

2. 支柱、はり、筋かい、作業床、大引き及び水平つなぎの緊結部、接続部又は取付部は、変位、脱落等が生じないよう直交クランプ、ボルト等で固定
3. 高さ2m以上の作業床の床材の隙間は、3cm以下

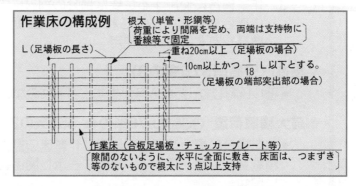

作業床の構成例

4. 高さ2m以上の作業床の端で、墜落危険箇所は、高さ85cm以上の手摺（これと同等以上の機能を有する設備）及び中桟等（高さ35cm以上50cm以下の桟、又はこれと同等以上の機能を有する設備）
  作業の必要上足場用墜落防止設備を取り外す場合は下記の措置を講じる
  ・要求性能墜落制止用器具の取付設備等を設け、要求性能墜落制止用器具の使用を指示（労働者は使用義務）
  ・関係労働者以外を立入禁止
  作業終了後は直ちに原状に戻す

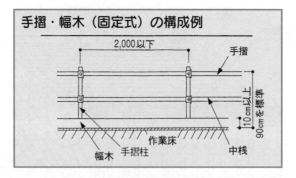

手摺・幅木（固定式）の構成例

組立て等の作業 〈安衛則575条の7〉

1. 組立て、解体又は変更の時期、範囲及び順序を関係者に周知
2. 作業区域内に関係者以外は立入禁止
3. 悪天候のため、危険が予想されるときは作業中止
4. 材料、器具、工具等を上げ下げするときは、つり綱、つり袋の使用

作業構台の安全作業③

事業者

▶**点検**〈安衛則575条の8、655条の2〉

- 作業開始前に、手摺等及び中桟等の取り外し及び脱落の有無を点検。異常発見時は直ちに補修
- 強風（10分間の平均風速10m以上）、大雨（1回の降雨量50mm以上）、大雪（1回の降雪量25cm以上）の悪天候若しくは中震（震度4）以上の地震又は組立て、一部解体若しくは変更後に作業構台で作業を行うときは作業開始前に次の事項を点検し、異常があれば直ちに補修
  1. 支柱の滑動及び沈下の状態
  2. 支柱、はり等の損傷の有無
  3. 床材の損傷、取付け及び掛渡しの状態
  4. 支柱、はり、筋かい等の緊結部、接続部及び取付部の緩みの状態
  5. 緊結材及び緊結金具の損傷及び腐食の状態
  6. 水平つなぎ、筋かい等の補強材の取付状態及び取外しの有無
  7. 手摺等及び中桟等の取外し及び脱落の有無
- 悪天候後等の点検を行ったときは、結果、措置内容（講じたとき）を記録し、保存（仕事が終了するまで）

> 注文者の義務はP22を参照

第3章　通路と足場、構台

移動式室内足場・可搬式作業台の安全作業

●移動式室内足場

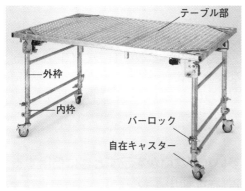

テーブル部
外枠
内枠
バーロック
自在キャスター

移動式室内足場の例

取扱説明書を確認するよ！

●可搬式作業台

可搬式作業台の例

COLUMN 1

基本的な法令用語①

【1】 又は・若しくは

接続語で、法令では大変重要な役割をもっている

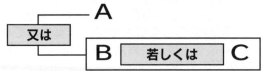

『**又は**』は、AかBのどちらかひとつを意味し、一番大きな選択的接続に使用する。AかBか2つに1つを意味する場合は「A又はB」と表記し、AかBかCのどれか1つを意味する場合は「A、B又はC」と表記する

『**若しくは**』は、「A又はB」というグループがあり、これとCを対比する場合に「A若しくはB又はC」と表記し、大きい接続に「又は」、小さい接続に「若しくは」を使う

> **条文例** 当該場所において行われる特定作業に係る仕事の全部を請負人に請け負わせている建設業に属する事業の<u>元方事業者</u> 又は <u>第30条第2項</u> 若しくは <u>第3項</u>の規定により指名された事業者で…
> 　　　　　　　　　　　　　　　　　　　A　　　　　　　B　　　　　　　C

【2】 及び・並びに

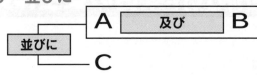

『**及　び**』は、AとBの両方を指す場合には「A及びB」と表記し、一番小さな接続に使われる。AとBとCを指すときは「A、B及びC」となる

『**並びに**』は、A・BのグループとCをつなぐ場合に使用し、「A及びB並びにC」となる。つまり、小さい方の接続に「及び」を使い、大きい方の接続に「並びに」を使う

【3】 以上・以下・超える・未満

一定の数量を基準として、それより数量が多いか少ないかを示すときに使用する

『**以上・以下**』は、基準となる数量を**含む**ときに使用する

『**超える・未満**』は、基準となる数量を**含まない**ときに使用する

> **条文例** 厚生労働省令で定める規模の事業場は、常時 <u>10人以上</u> <u>50人未満</u>の労働者を使用する事業場とする

【4】 以前・前・以後・後・以内・内

一定の時日を基準として、それより前や後を示すときに使用する

『**以前**』・『**以後**』は、基準となる日を**含む**ときに使用する

『**前・後**』は、基準となる日を**含まない**ときに使用する

『**以内・内**』は、期間を表す用語で、以内と内ではそれほど明確な区別はない

 つづきは P126 へ

第4章

墜落・飛来落下災害の防止

墜落等による危険の防止

事業者

→ **建築物等の組立て、解体又は変更の作業** 〈安衛則529条〉

| 指 名 | 建築物（H≧5m）、橋梁（H≧5m、L≧30m）、足場等（H≧5m）で作業主任者を選任する作業を除く |

職務
● 作業方法、順序を作業員に周知

作業指揮者

直接指揮 →

作業員

→ **作業床の設置等** 〈安衛則518条〉
● 高さ2m以上で墜落の危険のあるときは作業床を設置

→ **作業床の端部等の囲いの設置** 〈安衛則519条〉
● 高さ2m以上の作業床の端部、開口部等には、囲い、手摺、覆い等を設置。設置困難な場合や臨時に囲い等を取外すときは、防網を張り、要求性能墜落制止用器具を使用

→ **要求性能墜落制止用器具等の取付設備等** 〈安衛則521条〉
● 高さ2m以上の場所での作業には要求性能墜落制止用器具の取付け設備を設置し、異常の有無を随時点検

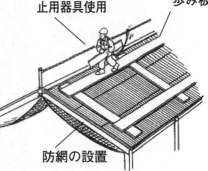

親綱設置
要求性能墜落制止用器具使用
幅30cm以上の歩み板
防網の設置

→ **悪天候時の作業禁止** 〈安衛則522条〉

→ **照度の保持** 〈安衛則523条〉

→ **スレート等の屋根上の危険の防止** 〈安衛則524条〉
● スレート屋根上の作業を行うときは、歩み板を設け、防網を張る

→ **不用のたて坑等における危険の防止** 〈安衛則525条〉

→ **関係者以外立入禁止** 〈安衛則530条〉

→ **船舶により労働者を輸送する場合の危険の防止** 〈安衛則531条〉

→ **救命具等** 〈安衛則532条〉
● 水上作業には浮袋等の救命具を備える

→ **ホッパー等の内部における作業の制限** 〈安衛則532条の2〉

→ **ホッパー等への転落による危険の防止** 〈安衛則533条〉

作業員

→ **要求性能墜落制止用器具の使用** 〈安衛則520条〉
● 要求性能墜落制止用器具の使用を命ぜられた時は、使用しなければならない

昇降階段

高さ≧1.5m

→ **昇降するための設備の設置等** 〈安衛則526条〉
● 高さ又は深さが1.5mを超えるときは、昇降設備を設置

墜落防止設備等に関する技術基準の解説

墜落防止設備等に関する技術基準とは？
仮設工業会が墜落災害防止のために作成した手摺、安全ネット、親綱、支柱等についての技術基準

●適用範囲
本基準は、通路、作業床等の縁及び開口部等で墜落のおそれのある箇所に設ける仮設的な手摺等について適用する

きまりは守るよ！

●種類
手摺等とは、設置箇所等により、次の2種に分類される
第1種…荷上げ用の開口部、荷上げ構台、仮設階段の踊場、乗り入れ構台、土止壁上部等に設ける手摺等
第2種…第1種に掲げる以外の手摺等

第4章

墜落・飛来落下災害の防止

これなら安心！

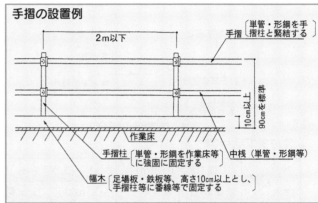

手摺の設置例

手摺 〔単管・形鋼を手摺柱と緊結する〕
2m以下
90cmを標準 / 10cm以上
作業床
手摺柱〔単管・形鋼を作業床等に強固に固定する〕
中桟（単管・形鋼等）
幅木〔足場板・鉄板等、高さ10cm以上とし、手摺柱等に番線等で固定する〕

手摺の基準比較 （単位 cm）	安衛則552条	仮設工業会
手摺の高さ	85cm以上（架設通路） 中桟（35cm～50cm）	95cm以上（第2種90cm以上）
手摺柱の中心間隔	－	2m以下（建築物利用は10m以下）
幅木の高さ	－	10cm以上

●使用上の注意事項
1. 手摺等は、みだりに取り外さない。ただし、作業の都合でやむをえず取り外すときは、その必要がなくなった後、直ちに原状に復す
2. 手摺等を要求性能墜落制止用器具のランヤード、親綱、控え、壁つなぎ、足場板等の支持点又は資材荷上げのつり元としてはならないものとする
   なお、要求性能墜落制止用器具のランヤードを固定する場合、又は資材荷上げのつり元として使用する場合等は、必要な強度を有していることを確認する
3. 手摺等に材料等を立てかけてはならないものとする
4. 手摺又は中桟を踏み桟がわりに昇降してはならないものとする

●点検・保守
手摺等は、使用する前又は定期に次の状態を点検し、異常を認めたときは直ちに補修するものとする
1. 手摺等各部材の変形、破損、腐食等の状態
2. 手摺等各部材の取付部の変形、破損、腐食、ゆるみ等の状態

安全ネットの使用基準

☆「墜落による危険を防止するためのネット構造等の安全基準に関する技術上の指針」昭和51年8月6日付 技術上の指針公示第8号
☆墜落防止設備等に関する技術基準（仮設工業会）

事業者

▶ **墜落危険箇所における防網の設置** 〈**安衛則518条2項**〉
 ● 高さ2m以上の場所で作業床の設置が困難なときは安全ネットを設置

▶ **作業床の端部等の囲いの設置** 〈**安衛則519条2項**〉
 ● 高さ2m以上の場所で囲い等の設置が困難なときや作業上、囲いを取り外すときは安全ネットを設置

▶ **物体の落下による危険の防止** 〈**安衛則537条**〉

▶ **物体の飛来による危険の防止** 〈**安衛則538条**〉

●安全ネットの取付け等

● 安全ネットの取付け位置（取付けは、ネット周辺の隙間を少なく）

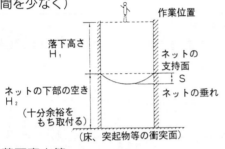

作業位置
落下高さ H₁
ネットの支持面
S
ネットの下部の空き H₂
（十分余裕をもち取付る）
ネットの垂れ
（床、突起物等の衝突面）

● 網糸、縁綱及びつり綱の強度
（次に示す強度以上のものを使用）

網目の大きさ (cm)	網糸の使用時の強度(kg)			縁綱及び吊り綱の新品時の強度 (kg)
	かえるまた結節網地	無結節網地	ラッセル網地	
10	120	120	120	1,500
5	50	−	50	
3	−	−	35	
1.5	−	−	17	

● 許容落下高さ等

ネットの種類 / 条件	落下高さ(H_1)(m)		ネット下部の空き(H_2)(m)		ネットの垂れ (S)
	単体ネット	複合ネット	10cm網目	5cm網目	
L<A	0.25(L+2A)以下	0.20(L+2A)以下	0.85(L+3A)÷4以上	0.95(L+3A)÷4以上	0.25(L+2A)÷3以下(注1)
L≧A	0.75L以下	0.6L以下	0.85L以上	0.95L以上	0.75L÷3以下(注2)

L（m）＝ネットが架設されたときにおけるネットの短辺方向の長さ
A（m）＝ネットが架設されたときにおけるネットの長辺方向のネットの支持間隔
注1　仮設工業会の基準では 0.2（L＋2A）÷3 以下
注2　同 0.2L 以下

（単体ネット）

（複合ネット）

● 定期試験等
　ネットは、使用開始後1年以内及びその後6ヶ月以内ごとに1回、定期に試験用糸について等速引張試験を行うこと
● 安全ネットと安全ネットを継ぐ場合

シャックル

ネット相互の継ぎは専用ロープで行う。また、継手部のピッチは仮設工業会基準の30cm以下とする

● 表示
ネットには、見やすい箇所に次の事項が表示されていること
1．製造者名
2．製造年月
3．仕立寸法
4．網目
5．新品時の網糸の強度

● 使用制限
溶接作業時で火花を受ける場所では使用してはならない
次のネットは使用しないこと
1．網糸が上記に規定する強度を有しないネット
2．人体又はこれと同等以上の重さを有する落下物による衝撃を受けたネット
3．破損した部分が補修されていないネット
4．強度が明らかでないネット

安全ネットの引止め方法と形状

●安全ネットの引止め方法
結着（取付点への結着）

● つり綱を取付金具に2重巻をして結ぶ

固定は確実に！

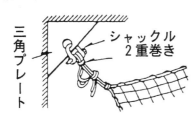
三角プレート／シャックル2重巻き

● 中綱があれば、つり綱と同じ要領で取付ける

● 鋭角部のある建家部材には、ハチマキをして取付ける

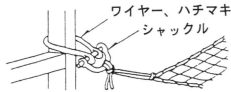
ワイヤー、ハチマキ／シャックル

● 横手材のない場合は、最低3重巻きをして結ぶ

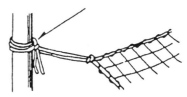

● 建家部材（ただし鋭角部のない）には、2重巻きして結ぶ

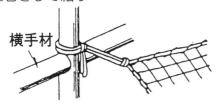
横手材

● 中綱がなければ枠綱と同等以上の品質・構造の別のロープで中綱と同様に結ぶか、専用金物を利用して取付ける

別ロープ

●安全ネットの形状
網目の1辺の長さは10cm以下とする

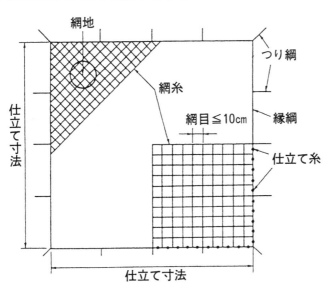
網地
網糸
仕立て寸法
網目≦10cm
つり綱
中綱
縁綱
仕立て糸
仕立て寸法

かえるまた網地

無結節網地

ラッセル網地

飛来落下・崩壊災害の防止

事業者

地山の崩壊等による危険の防止 〈安衛則534条〉

1. 地山を安全なこう配とし、落下のおそれのある土石を取り除き、又は擁壁、土止め支保工等を設置
2. 原因となる雨水、地下水等を排除

— ウェルポイント等による地下水の排除
— 適切な法こう配
— 浮石の除去
— 土止め支保工の設置

落盤等による危険の防止 〈安衛則535条〉

● 坑内における落盤、肌落ち又は側壁の崩壊による危険防止に支保工を設け、浮石を取り除く等、危険防止の措置

落盤防止支保工

浮石の除去

高所からの物体投下による危険の防止 〈安衛則536条〉

● 3m以上の高所から物を投下するときは、適当な投下設備を設け、監視人を置く

1. 投下設備を設ける
2. 監視人を置く

物体の落下による危険の防止 〈安衛則537条〉

● 物が落下することにより危険な場合は、防網設備を設け、立入区域を設定する等危険防止の措置

注意 落下物

落下物防止適用区域 〈建築基準法施行令136条の5〉

5メートル以内

適用区域

鉄網又は帆布
枠組足場

7メートル以上

仮囲い

一般供用区域 ← 作業区域　立 面 図

物体の飛来による危険の防止 〈安衛則538条〉

● 物が飛来することにより作業者が危険な場合は、飛来防止設備を設け、保護帽を使用

保護帽の着用 〈安衛則539条〉

● 物体の飛来又は落下の危険を防止のため保護帽を着用させる

建築工事における落下物防止

●落下物に対する防護〈建築基準法施行令136条の5〉

工事現場の境界線から水平距離5m以内で、かつ地盤面から高さ7m以上の場所で工事を
行うときは、落下物による危害を防止するため必要な部分を鉄網や帆布でおおう

1. 工事現場の周囲その他落下物による危険防止上必要な部分は、鉄網又は帆布でおおう
   こと（昭和39年建設省告示第91号）
2. 鉄網等を取り付ける骨組は、十分な耐久力を有する構造と
   すること（昭和39年建設省告示第91号）
3. 防護棚は骨組みの外側から水平距離で2m以上突出させ、水
   平面となす角度を20度以上とすること（建設工事公衆災害防
   止対策要綱）

第4章 墜落・飛来落下災害の防止

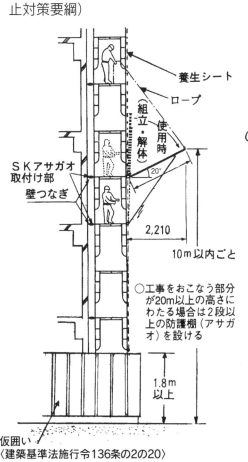

- 養生シート
- ロープ
- 組立・解体
- 使用時
- ＳＫアサガオ取付け部
- 壁つなぎ
- 20°
- 2,210
- 10m以内ごと
- ○工事をおこなう部分が20m以上の高さにわたる場合は2段以上の防護棚（アサガオ）を設ける
- 1.8m以上
- 仮囲い〈建築基準法施行令136条の2の20〉

防護対策は
確実に
するよ！

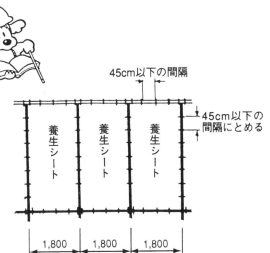

- 45cm以下の間隔
- 45cm以下の間隔にとめる
- 養生シート
- 養生シート
- 養生シート
- 1,800
- 1,800
- 1,800

- 建設工事用メッシュシート
  （財）日本建築センターにおいて「建
  築工事現場における落下物による危害
  を防止する帆布と同程度の性能を有す
  るもの」と評定する制度がある

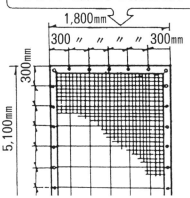

- 1,800mm
- 300mm　〃　〃　〃　300mm
- 300mm
- 300mm
- 5,100mm

SK アサガオ

117

ロープ高所作業（のり面保護工事作業等）の危険の防止

ロープ高所作業とは？

高さが2m以上で作業床を設けることが困難なところで、いわゆるブランコ ※ などの昇降器具を用いて労働者が身体を保持しつつ行う作業をいう（勾配が40度未満の斜面除く）
※ ロープに身体保持器具（ブランコ台、傾斜面用ハーネスのバックサイドベルト）を取り付け、労働者自らの操作により上昇・下降するもの

事業者

〈安衛則539条の6〉

指名

作業指揮者

職務
● 作業計画に基づく指揮
● ロープ等の状態確認
● 要求性能墜落制止用器具・保護帽の使用状況監視

ライフライン　メインロープ

▶**ライフラインの設置**〈安衛則539条の2〉
● メインロープ以外に要求性能墜落制止用器具を取り付けるためのライフラインを設置（リトラクタ式墜落阻止器具の利用も可）
ただし、当面、本条が適用されるのは、のり面工事作業、ビルクリーニング作業に限定 ※。
※ 上記以外の作業では、次の措置が必要
　　1. メインロープを2以上の堅固な支持物と連結
　　2. メインロープと切断するおそれのある箇所との接触防止

▶**メインロープの強度保持等**〈安衛則539条の3〉
　1. 十分な強度があり、著しい損傷・摩耗・変形・腐食がないもの
　2. ロープの確実な緊結、安全な長さのロープの使用、切断防止措置、身体保持器具のロープへの確実な取付

▶**調査・記録**〈安衛則539条の4〉
　1. 作業箇所・下方の状況　　2. ロープの緊結・支持物の状態
　3. 通路の状況　　　　　　　4. 切断危険箇所

▶**作業計画の作成・周知**〈安衛則539条の5〉
　1. 作業の方法・順序　　　　　2. 労働者数
　3. ロープの支持物の位置　　　4. メインロープの種類・強度
　5. ロープの長さ　　　　　　　6. 切断危険箇所・防止措置
　7. ロープ緊結時の墜落防止措置　8. 物体の落下危険の防止措置
　9. 災害発生時の応急措置

▶**要求性能墜落制止用器具の使用**〈安衛則539条の7〉

▶**保護帽の着用**〈安衛則539条の8〉

▶**作業開始前点検**〈安衛則539条の9〉

▶**特別教育**〈安衛則36条〉

作業員

第5章

型枠支保工

型枠支保工の安全作業

事業者

→ **材料 〈安衛則237条〉**
- 著しい損傷、変形、腐食がないこと

→ **支柱、はりの鋼材 〈安衛則238条〉**
- JIS適合品を使用

→ **型枠支保工の構造 〈安衛則239条〉**
- 型枠の形状、コンクリート打設方法に応じた堅固な構造のものを使用

→ **組立図の作成 〈安衛則240条〉**
- 届出の要否に関係なく作成
- 支柱・はり・つなぎ・筋かい等、部材の配置・接合部・寸法を明記

→ **許容応力の値 〈安衛則241条〉**
- 設計荷重と許容応力度の確認

> 型枠支保工の設計は P121、123、124を参照

→ **正しく整備された機械等の貸与**
〈安衛法42条、安衛令13条3項10号、安衛則27条〉
- （機械等を使用させる場合）規格に合った物を使用

→ **型枠支保工についての措置等 〈安衛則242条〉**

→ **段状の型枠支保工 〈安衛則243条〉**
- 敷板、敷角を2段以上はさまない
- 敷板、敷角を緊結 ● 支柱は敷板、敷角に固定

> P121～124を参照

→ **コンクリートの打設作業 〈安衛則244条〉**
- 型枠支保工を点検・補修させる
- 異状を認めたら作業を中止させる

→ **型枠支保工の組立て等の作業 〈安衛則245条〉**
- 関係者以外の立入禁止措置
- 悪天候時の作業中止 ● 荷揚げにはつり鋼、つり袋等を使用

〈安衛則246条〉

→ 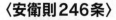 **選任** 作業グループ毎に配置

型枠支保工の組立て等作業主任者

職務 〈安衛則247条〉
- 作業方法を決定
- 材料の欠陥の有無、器具・工具を点検し、不用品を排除
- 要求性能墜落制止用器具・保護帽の使用状況を監視

直接指揮 →

作業員

注文者

→ **型枠支保工についての措置 〈安衛則646条〉**
- 作業員に型枠支保工を使用させるときは、正しく整備された機械等を貸与〈安衛法42条〉し、上記安衛則237条～239条、242条～243条の基準に適合する型枠支保工を使用

型枠支保工の構成（鋼管枠）

事業者

▶ **組立図 〈安衛則240条3項3号〉**
- 上端に、設計荷重の2.5%に相当する水平力を負担させる

▶ **型枠支保工についての措置等 〈安衛則242条〉**
- 脚部の固定、根がらみ等滑動を防止
- 敷板の使用、コンクリートの打設等沈下を防止
- 支柱の継手は、専用のジョイント金物を使用
- 鋼材と鋼材の取り合いは、クランプ等の金具を使用

立面図（枠面）

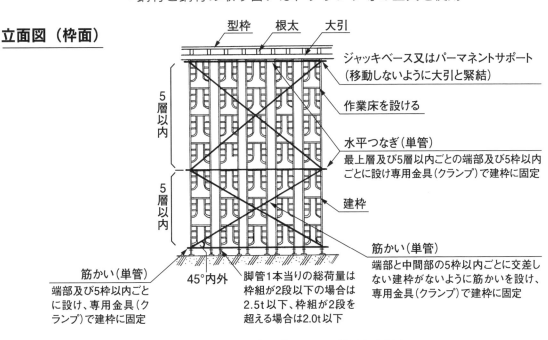

型枠　根太　大引

ジャッキベース又はパーマネントサポート
（移動しないように大引と緊結）

作業床を設ける

水平つなぎ（単管）
最上層及び5層以内ごとの端部及び5枠以内
ごとに設け専用金具（クランプ）で建枠に固定

建枠

5層以内

5層以内

筋かい（単管）
端部と中間部の5枠以内ごとに交差し
ない建枠がないように筋かいを設け、
専用金具（クランプ）で建枠に固定

筋かい（単管）
端部及び5枠以内ごと
に設け、専用金具（ク
ランプ）で建枠に固定

45°内外

脚管1本当りの総荷重は
枠組が2段以下の場合は
2.5t以下、枠組が2段を
超える場合は2.0t以下

作業床に通じる階段又は通路を設け、その場所を表示する

平面図

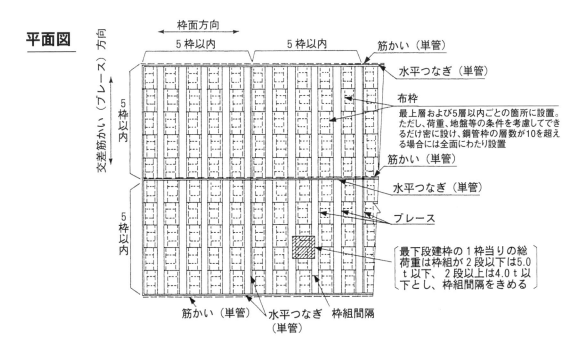

枠面方向

5枠以内　5枠以内

交差筋かい（ブレース）方向

5枠以内

5枠以内

筋かい（単管）

水平つなぎ（単管）

布枠
最上層および5層以内ごとの箇所に設置。
ただし、荷重、地盤等の条件を考慮してでき
るだけ密に設け、鋼管枠の層数が10を超え
る場合には全面にわたり設置

筋かい（単管）

水平つなぎ（単管）

ブレース

最下段建枠の1枠当りの総
荷重は枠組が2段以下は5.0
t以下、2段以上は4.0t以
下とし、枠組間隔をきめる

筋かい（単管）　水平つなぎ　枠組間隔
（単管）

121

事業者

〈安衛則246条〉

| 選 任 | 図面どおり組立て |

型枠支保工の
組立て等
作業主任者

職務〈安衛則247条〉

P120を参照

選任すべき作業〈安衛令6条14号〉
- 支柱、はり、つなぎ、筋かい等の部材により構成され、建設物におけるスラブ、けた等のコンクリートの打設に用いる型枠を支持する仮設の設備の組立て・解体作業

▶ パイプサポート 〈安衛則242条7号〉
- 3本以上継がない
- H ≦ 3.5m でも、水平つなぎを設けることが望ましい

水平つなぎ・変位防止
単管等を専用金具で
サポートに固定

筋かい
水平つなぎの変位を防止
できない場合に連続した
水平つなぎの両端部に設ける

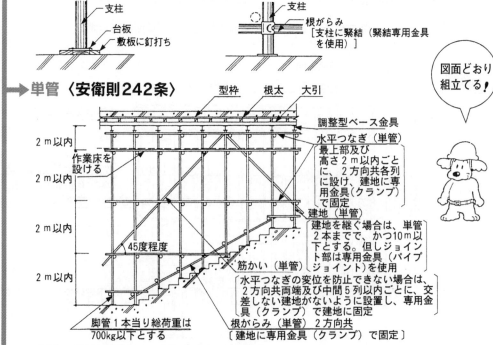

d≦20cm

根太　大引

床、梁の重量＋型枠の重量
＋150kg/m²水平力の負担
はチェーン等で行う

補助サポート

2m以内

（注）3.5m≦h<7.0:標準サポート2段の場合
3.5m≦h<4.7m

2m以内

2m以内

標準型
サポート

根がらみ

大引と支柱を固定すること
・大引が木材の場合は釘
にて固定
・大引が鋼製の場合は専用
金具にて固定

**継手は差込み継手
又は突合せ継手**
（ボルト4本止め）

▶ 敷板 〈安衛則242条1号〉、根がらみ 〈安衛則242条2号〉

支柱
台板
敷板に釘打ち

支柱
根がらみ
〔支柱に緊結（緊結専用金具
を使用）〕

図面どおり
組立てる！

▶ 単管 〈安衛則242条〉

型枠　根太　大引

2m以内
作業床を
設ける
2m以内

2m以内

45度程度

2m以内

筋かい（単管）

脚管1本当り総荷重は
700kg以下とする

調整型ベース金具

水平つなぎ（単管）
最上部及び
高さ2m以内ごと
に、2方向共各列
に設け、建地に専
用金具（クランプ）
で固定

建地（単管）

建地を継ぐ場合は、単管
2本までで、かつ10m以
下とする。但しジョイン
ト部は専用金具（パイプ
ジョイント）を使用

水平つなぎの変位を防止できない場合は、
2方向共両端及び中間5列以内ごとに、交
差しない建地がないように設置し、専用金
具（クランプ）で建地に固定

根がらみ（単管）2方向共
〔建地に専用金具（クランプ）で固定〕

▶ 段状の型枠支保工 〈安衛則243条〉

型枠支保工の構成（組立て鋼柱）

組立て鋼柱とは？

鋼管、形鋼等を主材として、あらかじめ一定の形に製作され、現場で継足して支柱として用いるものをいう（昭和38年6月3日付 基発第635号）

事 業 者

➤ **組立図**〈**安衛則240条3項4号**〉
- 上端に設計荷重の5%に相当する水平力を負担させる

➤ **型枠支保工についての措置等**〈**安衛則242条9号**〉
- はり又は大引を上端に載せるときは、上端に鋼製の端板を取り付け、これをはり又は大引に固定
- H型鋼等を大引、敷角等の水平材として用いる場合であって、その接続箇所に集中荷重が作用し断面が変形するおそれのある場合は補強材を取り付け
- H型鋼を支柱として用いて、はり又は大引を上端に載せるときは、上端に鋼製の端板を取り付け、これをはり又は大引に固定

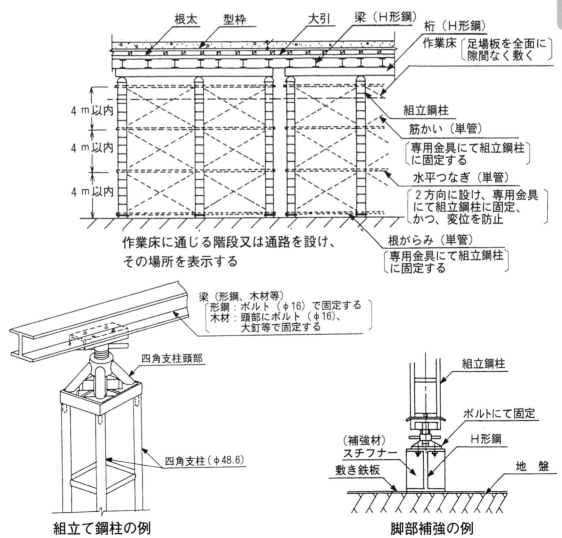

根太　型枠　大引　梁（H形鋼）
桁（H形鋼）
作業床〔足場板を全面に隙間なく敷く〕

4m以内
4m以内
4m以内

組立鋼柱
筋かい（単管）
〔専用金具にて組立鋼柱に固定する〕
水平つなぎ（単管）
〔2方向に設け、専用金具にて組立鋼柱に固定し、かつ、変位を防止〕
根がらみ（単管）
〔専用金具にて組立鋼柱に固定する〕

作業床に通じる階段又は通路を設け、その場所を表示する

梁（形鋼、木材等）
〔形鋼：ボルト（φ16）で固定する
木材：頭部にボルト（φ16）、大釘等で固定する〕

四角支柱頭部

四角支柱（φ48.6）

組立て鋼柱の例

組立鋼柱
ボルトにて固定
H形鋼
（補強材）スチフナー
敷き鉄板
地　盤

脚部補強の例

型枠支保工の構成（はり）

事　業　者

▶ **組立図** 〈安衛則240条3項4号〉
- 上端に設計荷重の5％に相当する水平力を負担させる

▶ **型枠支保工についての措置等** 〈安衛則242条〉
- はりの両端を支持物に固定することにより、はりの滑動及び脱落を防止
- はりとはりとの間につなぎを設けることにより、はりの横倒れを防止
- パイプサポートの高さが3.5mを超えるときは、高さ2m以内ごとに水平つなぎを2方向に設ける

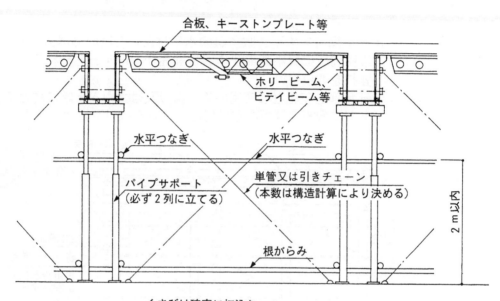

合板、キーストンプレート等

ホリービーム、ビテイビーム等

水平つなぎ　　　水平つなぎ

パイプサポート
（必ず2列に立てる）

単管又は引きチェーン
（本数は構造計算により決める）

根がらみ

2m以内

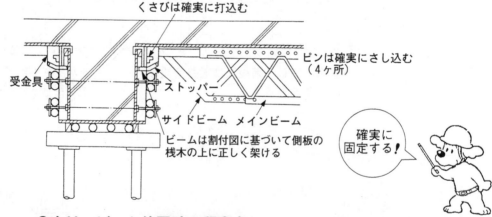

くさびは確実に打込む

受金具

ストッパー

サイドビーム　メインビーム

ピンは確実にさし込む
（4ヶ所）

ビームは割付図に基づいて側板の桟木の上に正しく架ける

確実に
固定する！

●ホリービーム使用時の留意点

- 梁側の型枠及び梁底の型枠支保工が完全に固定された後に、ホリービームを梁側型枠にセットする
- ホリービームの中間部を絶対支えてはならない
- 梁側板の高さが75cm以上の場合、必ず縦桟を入れる
- ホリービームの架設後、できるだけ型枠材等を仮置きしない（仮置きする場合は、最大積載荷重を守り、必要に応じ補強する）
- その他、ホリービームの作業手順書・技術資料等による

型枠支保工の構成例 （RC・SRC 造＋フラットデッキ）

- 構造計算により安全を確認する
- スパンが3mを超える場合は、リブ部に座屈を生じさせない範囲で中間にサポートを設ける
- 水平荷重（設計荷重の 5％、鋼管枠支柱時は 2.5％）に対しては、チェーン等で対処する
- 梁側型枠の縦桟木の間隔は構造計算による数値、かつ 60cm 以内としその直下に根太を通す
- セパレーターの垂直方向間隔は構造計算による数値、かつ 40cm 以内とする他、最上段位置はスラブ底より 30cm 以内とする（梁せいが 50cm 以上の場合は 2 段以上設ける）
- デッキの両端は梁側型枠の横桟木に釘止め（＠ 200 〜 210）し、かつ 10mm 躯体にのみ込ませる

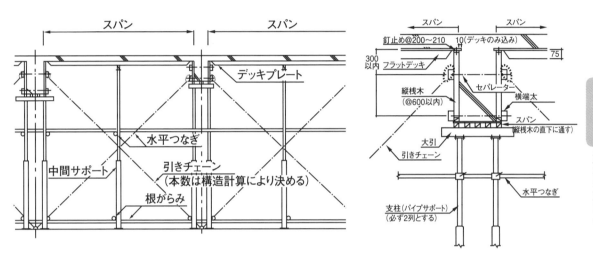

デッキ上に材料を置く場合の注意事項

A 梁型枠組立完了の場合（図A参照）

B 梁型枠組立未了の場合：梁筋落とし込み前等でセパレーター取付け未了の場合（図B参照）

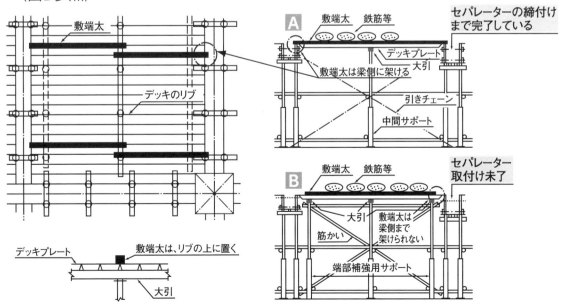

COLUMN 2
基本的な法令用語②

【5】 期日・期限・期間
時日に関する法令用語で、それぞれ大変重要な役割をもっている
『**期日**』は、一定の日を示すときに使用する
『**期限**』は、将来発生することが確実な事柄について使用される
『**期間**』は、「○○日間」「○○ヶ月」といったときに使用される

【6】 直ちに・遅滞なく・速やかに
時間的な即時性を表わす法令用語である。このうち、「直ちに」と「遅滞なく」は対応が遅れた場合には、罰せられる可能性が高いので注意が必要である
『**直ちに**』　は、何を置いてもすぐにという意味に使用される用語で、時間的即時性が非常に強い場合に使用される

『**遅滞なく**』は、法令ではよく使用される用語で、時間的な即時性は強いが、正当な、又は合理的な理由があればすぐでなくても仕方がないという解釈から、「できるだけ早く」という意味に使用される

『**速やかに**』は、訓示的な意味に使用されることが多い用語である。義務を怠り、延ばし延ばしにしてもすぐには違法とはならない場合に使用される

【7】 その他の・その他
『**その他の**』は、「△△その他の○○」は、○○の一つの例として△△をあげるときに使用される

> **条文例**　機械、器具 その他の 設備又は原材料に係る危険の防止に関すること

『**その他**』は、「△△その他○○○」は、○○○と△△は一応別のものとして並列して使用される

> **条文例**　アセチレン溶接装置又はガス集合溶接装置に異常を認めたときは、補修 その他 必要な措置を講じた後でなければ、これらを使用してはならない

【8】 みなす・推定する
『**みなす**』は、「○○○とみなす」は、○○○として取扱うことをいい、反対の主張は認められない

『**推定する**』は、「○○と推定する」は、○○と推定することをいい、そうではないという主張をして、推定を破ることは認められる

> **条文例**　事業者が、当該建築物又は工作物について石綿等が使用されているものとみなして労働安全衛生法及びこれに基づく命令に規定する措置を講ずるときは、この限りではない

【9】 準用する
『**準用**』は、ある法令を、それが本来「適用」されることを予定している場合以外にも多少法令を読みかえたうえで、あてはめようということである

> **条文例**　第11条第2項の規定は、元方安全衛生管理者について 準用する

P110 も参照

第6章

掘削と土止め支保工

明り掘削の安全作業

事業者

作業箇所等の調査 〈安衛則355条〉

1. 形状、地質、地層の状態
2. き裂、含水、湧水及び凍結の有無の状態
3. 埋設物等の有無及び状態
4. 高温のガス及び蒸気の有無及び状態

→ 十分調査して掘削の時期、順序を決定

氏名と職務を掲示

〈安衛則359条〉

選　任　掘削面の高さ2m以上の場合

地山の掘削作業主任者

職務 〈安衛則360条〉
- 作業方法を決定し、直接指揮をとる
- 器具工具の点検、不良品の除去
- 要求性能墜落制止用器具、保護帽の使用状況の監視

●ガイドライン
「斜面崩壊による労働災害防止対策に関するガイドライン(平27・6・29 基安安発0629第1号)」、「斜面の点検者に対する安全教育実施要項(平27・6・29基安安発0629第4号)」にも留意。

地山の崩壊等による危険の防止 〈安衛則361条〉
- 崩壊、落下による危害防止のため支保工、防護網を設け立入禁止措置を講じる

埋設物等による危険の防止 〈安衛則362条〉
- 埋設物等による危険の防止の措置を講じる

掘削機械の使用禁止 〈安衛則363条〉
- ガス導管、地中電線路等、地下工作物の損壊のおそれがあるときは、掘削機の使用禁止

機械の運行経路等の周知 〈安衛則364条〉
- 運搬機械、掘削機械、積込機械の運行の経路、土砂の積卸し場所への出入の方法を定め関係者に周知

照度の保持
〈安衛則367条〉
- 必要な照明を保持する

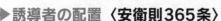

矢板　腹おこし　監視人　誘導者　切りばり

点検
〈安衛則358条〉
- 点検者を指名し、その日の作業開始前、大雨、中震(震度4)以上の地震後、作業箇所及びその周辺の地山について浮石・き裂の有無、含水・湧水・凍結の状態を点検させる

作業員

誘導者の配置 〈安衛則365条〉
- 機械が後進して労働者の作業箇所に接近、又は転落するおそれがあるときは、誘導者を配置する

保護帽の着用 〈安衛則366条〉

掘削面のこう配の基準

事業者

▶ **掘削面のこう配の基準 〈安衛則356条〉**
- 手掘り掘削（掘削面に、奥行きが2m以上の水平な段がある時は、段毎の掘削面について適用）の場合

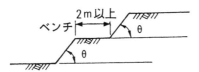

ベンチ　2m以上　θ

θ

こう配40°以上で高さ2m以上では
墜落・転落防止措置が必要
〈安衛則518条解釈例規〉

▶ **砂からなる地山等の手掘り掘削作業の危険の防止 〈安衛則357条〉**

	地山の種類	掘削面の高さ	掘削面のこう配	
安衛則356条	岩盤又は堅い粘土からなる地山	5m未満	90度以下	5m未満の場合 90°以下 ／ 5m以上の場合 75°以下
		5m以上	75度以下	
	その他の地山	2m未満	90度以下	2m未満の場合 90°以下 ／ 2m以上5m未満の場合 奥行2m以上 75°以下 ／ 5m以上の場合 60°以下
		2m以上5m未満	75度以下	
		5m以上	60度以下	
安衛則357条	砂からなる地山〈1項1号〉	5m未満又は35度以下		35°以下 又は 5m未満
	発破等により崩壊しやすい状態の地山〈1項2号〉	2m未満又は45度以下		45°以下 又は 2m未満
	掘削面に傾斜の異なる部分がある場合〈2項〉			一般表示のこう配と角度の換算表 ※A、B各部分がそれぞれ1及び2の基準を満たすこと

一般表示のこう配と角度の換算表

こう配		傾斜角	こう配		傾斜角
0	直	90°	0.8	8分	51°20′
0.1	1分	84°10′	0.9	9分	48°
0.2	2分	78°40′	1.0	1割	45°
0.3	3分	73°23′	1.2	1割2分	39°50′
0.4	4分	68°10′	1.5	1割5分	33°40′
0.5	5分	63°30′	1.8	1割8分	29°
0.6	6分	59°	2.0	2割	26°30′
0.7	7分	55°			

（参考）
こう配1割5分又は1.5とは

掘削面の高さ

A
B

33°40′
1.5
1

第6章 掘削と土止め支保工

土止め支保工の安全作業

事業者

切りばり等の作業 〈安衛則372条〉

土止め支保工の切りばり、腹起こしの取付・取り外し作業 〈安衛令6条10号〉
1. 関係者以外の立入禁止の措置
2. 材料等の上げおろしの際のつり綱、つり袋を使用させる

〈安衛則374条〉

| 選 任 |

切りばり又は腹起こしの取付け又は取り外し作業

**土止め支保工
作業主任者**

職務 〈安衛則375条〉
- 作業方法を決定し、作業を直接指揮する
- 材料の欠陥の有無、器具・工具を点検し、不良品を取り除く
- 要求性能墜落制止用器具・保護帽の使用状況を監視

直接指揮

作 業 員

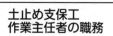

**土止め支保工
作業主任者の職務**
1. 作業の方法を決定し、作業を直接指揮すること。
2. 材料の欠点の有無並びに器具及び工具を点検し、不良品を取り除くこと。
3. 要求性能墜落制止用器具及び保護帽の使用状況を監視すること。

| 作業主任者 | |
| 氏　　名 | |

**作業主任者の
氏名と職務を周知**

組立図 〈安衛則370条〉
- 部材の配置、寸法及び材質並びに取付けの時期及び順序を示す

点検 〈安衛則373条〉

- 点検の時期
  1. 支保工設置後7日を超えない期間ごとに
  2. 中震（震度4）以上の地震の後
  3. 大雨等により地山が急激に軟弱化のおそれのある時

- 点検項目
  1. 部材の損傷、変形、腐食、変位及び脱落の有無及び状態
  2. 切りばり緊圧の度合
  3. 部材の接続部、取付け部及び交差部の状態

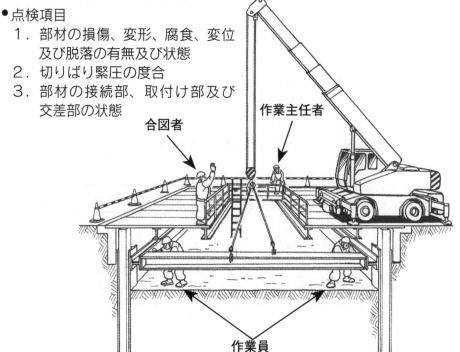

合図者

作業主任者

作業員

土止め支保工の構造等

事業者

→ **材料〈安衛則368条〉**
- 著しい損傷、変形又は腐食があるものを使用しない

→ **構造〈安衛則369条〉**
- 土止め支保工を設ける箇所の地山の形状、地質、地層、き裂、含水、湧水、凍結及び埋設物等の状態に応じた堅固なものとする

土止め支保工は厳重に！

取付け例

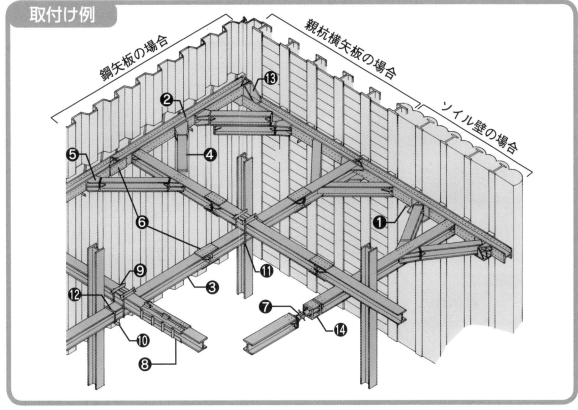

鋼矢板の場合
親杭横矢板の場合
ソイル壁の場合

❶ 腹起こしブラケット ‥‥ 親杭に溶接、腹起しを載せる
❷ 腹起こし‥‥‥‥‥‥‥ 最小部材H-200以上（重要な仮設工事はH-300以上）でボルト穴両面配置
❸ 切りばり‥‥‥‥‥‥‥ ボルト穴上下配置
❹ 火打ばり‥‥‥‥‥‥‥ 45°に取付
❺ 火打受けピース
❻ カバープレート‥‥‥‥ 継手部の接続補強
❼ ジャッキ‥‥‥‥‥‥‥ 伸縮にて寸法調整
❽ ジャッキカバー‥‥‥‥ ジャッキ補強
❾ 交叉部ピース‥‥‥‥‥ 切りばり交叉部上下連結
❿ 切りばりブラケット‥‥ 中間支持柱に溶接して切りばりを受ける
⓫ 交叉部ロングボルト‥‥ 切りばり交叉部上下締付
⓬ 押えブラケット‥‥‥‥ 切りばりの浮かび上がりを固定する
⓭ 隅部ピース‥‥‥‥‥‥ コーナー部腹起こしを上下連結
⓮ 補助ピース‥‥‥‥‥‥ 入替にて寸法調整

確実に組立てる！

第6章 掘削と土止め支保工

131

土止め支保工の部材の取付け等

事 業 者

→ **部材の取付け等 〈安衛則371条〉**

1. 切りばり、腹起こしは脱落しないように矢板、くい等に確実に取り付ける
2. 圧縮材（火打ちを除く）の継手は突合わせ継手とする
3. 切りばりの接続部及び交差部は当て板をあて、ボルトにより緊結し、溶接により接合する等、堅固なものとする
4. 中間支持柱のあるものは、切りばりを中間支持柱に確実に取つける
5. 切りばりを建築物の柱等部材以外の物により支持する場合にあっては、当該支持物はこれにかかる荷重に耐えうるものとする

取付け例

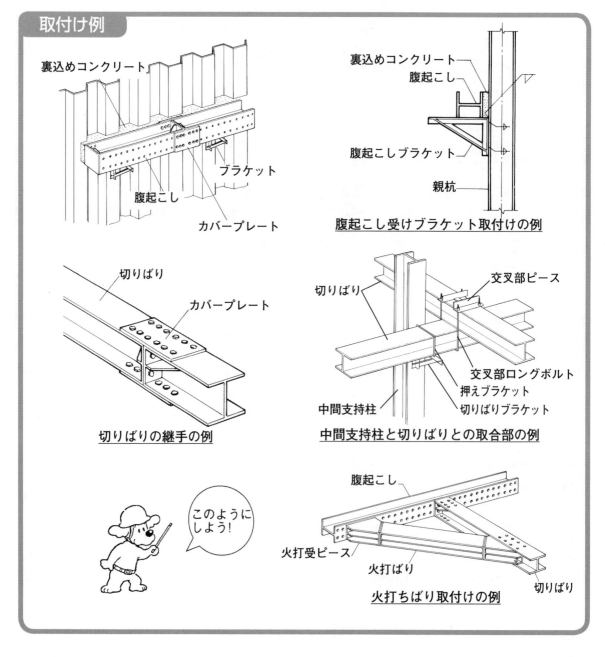

裏込めコンクリート
ブラケット
腹起こし
カバープレート

裏込めコンクリート
腹起こし
腹起こしブラケット
親杭

腹起こし受けブラケット取付けの例

切りばり
カバープレート

切りばりの継手の例

切りばり
交叉部ピース
交叉部ロングボルト
押えブラケット
切りばりブラケット
中間支持柱

中間支持柱と切りばりとの取合部の例

このようにしよう！

腹起こし
火打受ピース
火打ばり
切りばり

火打ちばり取付けの例

第7章

解体作業

コンクリート造の工作物の解体等の安全作業

事業者

調査〈安衛則517条の14　1項〉
- 工作物の形状
- き裂の有無
- 周囲の状況（ガス管、上下水道、地下埋設物等）

〈安衛則517条の17〉

選任　高さ5m以上のコンクリート造工作物の解体、破壊
〈安衛令6条15号の5〉

作業主任者

職務〈安衛則517条の18〉
- 作業方法、配置の決定
- 器具、工具、要求性能墜落制止用器具、保護帽の点検
- 要求性能墜落制止用器具、保護帽の使用状況の監視

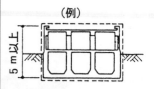
（例）
5m以上

作業計画〈安衛則517条の14　2項〉　→ 周知
- 作業の方法、順序
- 使用機械の種類、能力
- 控えの設置
- 立入禁止区域の設定
- 外壁、柱、はり等の危険防止の方法

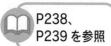
作業員

計画届〈安衛則90条〉
- 31mを超える建築物の解体は工事開始14日前までに計画届を所轄労基署長へ提出

P238、P239を参照

解体等の作業
〈安衛則517条の15〉
- 関係者以外の立入禁止措置
- 強風、大雨、大雪等は作業中止
- つり綱、つり袋等の使用

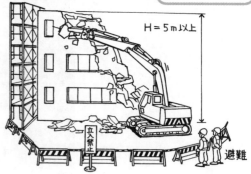
H＝5m以上
立入禁止
避難
解体等の作業

作業員

引倒し等の合図
〈安衛則517条の16〉
- 合図を定め関係者に周知徹底
- 避難したことの確認

保護帽の着用
〈安衛則517条の19〉

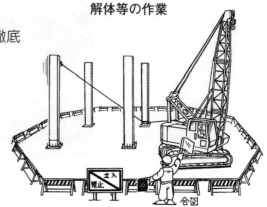
立入禁止
合図

外壁等の崩落による公衆災害の防止

「建築物の解体工事における外壁の崩落等による公衆災害防止対策に関するガイドライン」
(国土交通省・平成15年7月3日付　国住防第4号)

1 事前情報の提供・収集と調査の実施による施工計画の作成

発注者 **施工者** 解体対象建築物の構造等を事前に調査、把握し、工法を選択、施工計画を作成

発注者 解体対象建築物の設計図書、増改築記録等を施工者に提供

施工者 提示された設計図書等を把握し、各構造部分等を十分に目視確認

施工者 大スパン等の特殊な構造物の解体の場合、必要に応じて専門家に相談

2 想定外の状況への対応と技術者等の適正な配置

施工者 解体途中で想定外の構造、設備等が判明した際は、工事を一時停止し施工計画の修正を検討

施工者 撤去中に想定外の構造であることが判明したり、鉄骨の腐食、溶接不良等、施工計画において想定外のことが判明した場合は、工事を一時中断し、必要な調査等を行い、それを踏まえた工法の変更や安全措置の追加等、施工計画の修正を検討

施工者 技術者等の選任にあたっては、解体工事の知識、経験の十分な者を選任する。施工計画の修正の検討にあたっては、その内容、工期等について十分に協議する

3 建築物外周の張り出し部、カーテンウォール等の外壁への配慮

施工者 特に建築物の外周部が張り出している構造の建築物、カーテンウォール等、外壁が構造的に自立していない建築物の場合、構造的な安定性を保つよう、工法の選択、計画の作成、施工を適切に行う

施工者 外壁の転倒工法等を用いる場合、同時に解体する部分の一体性を確保し、過度な力を加えず内側に安全に転倒させる

施工者 プレキャスト板等のカーテンウォールは、それ自体で自立しないことを十分認識し、落下、転倒等を防止するような支持の方法について配慮

4 増改築部等への配慮

施工者 異なる構造の接合部、増改築部分と従前部分の接合部等の解体は、特に接合部の強度等に十分配慮して、計画の作成、実施を行う

5 大規模な建築物への配慮

発注者 **施工者** 大規模な建築物の解体工事における事故の影響、責任、技術の必要性等を十分認識し、関係法令を遵守し、適切な契約、施工計画の作成、工事の実施を行う

6 建築物の設計図書等の保存

建築物の所有者及び管理者 設計図書等や竣工図の保存

COLUMN ❸
次世代足場

●**次世代足場とは**

現在足場の中でも主流である「枠組足場」や「くさび緊結式足場」、「単管足場」などの規格を、安全面・施工面・管理面から見直して新しくなった足場のことを総称

●**背景**

枠組足場が導入された半世紀前に比べて、成人男性の平均身長は 160cm から 170cm へと 10cm 近く高くなっている。それに加えて工事に必要な装備として、安全靴やヘルメットを着用すると更に 10cm 程度身長が高くなるため、現在の規格では作業員が常に腰をかがめて作業をしなければならない状況である

●**安全性の高さが特徴**

メーカーごとに異なるが、大まかなものとして
・足場内の空間が広い
・緊結部には抜け防止などの処置がある
・先行手すりが標準装備
などの特徴が挙げられる
また、足場からの墜落・転落災害防止対策として改正（平成 27 年）された安衛則に対応しているため、別途安全部材を取り付ける必要がほとんど無くなっていため、コスト削減にもなる

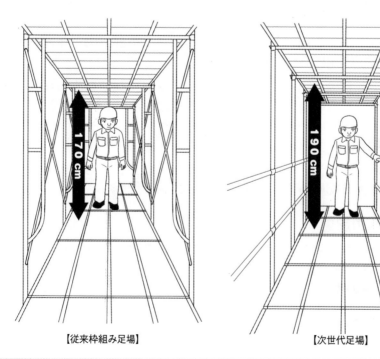

【従来枠組み足場】　　　　　【次世代足場】

第8章

ガス・アーク溶接、ガス導管

ガス溶接の安全作業

●服装・装備を整える

手袋
消火器
保護帽
しゃ光用保護メガネ
足カバー
安全靴

〈安衛則314条〉

保護メガネのしゃ光度 （JIS T8141 しゃ光保護具）

遮光番号	ガス溶接・切断作業		
	溶接およびろう付け		酸素切断
	重金属の溶接およびろう付け	放射フラックスによる溶接（軽金属）	
4	70以下	70以下（4d）	－
5	70〜200	70〜200（5d）	900〜2000
6	200〜800	200〜800（6d）	2000〜4000
7	800を超えた場合	800を超えた場合（7d）	4000〜6000

事業者

選任　資格…ガス溶接作業主任者免許
ガス集合溶接装置を使用する場合は、免許を有する者のうちからガス溶接作業主任者を選任する

ガス溶接作業主任者

職務 〈安衛則315条、316条〉
●作業方法を決定し、指揮する　●保護具の使用状況を監視する
●安全器を1日1回以上点検する

アセチレン溶接装置又はガス集合溶接装置を用いて行う金属の溶接、溶断、加熱の作業 〈安衛令6条2号〉

➤ **定期自主検査 〈安衛則317条〉**
●1年以内ごとに1回　●検査記録は3年間保存する

➤ **ガス等の容器の取扱い 〈安衛則263条〉**
●換気が不十分、火気を使用する、危険物等を取扱う場所には設置、貯蔵、放置しない
●容器の温度を40℃以下に保つ
●転倒防止
●衝撃を与えない
●運搬するときは、キャップをする
●使用するときは、容器の口金に付着している油及びじんあいを除去する
●バルブの開閉は静かに
●溶解アセチレンの容器は、立てておく
●使用前又は使用中の容器とこれら以外の容器との区別を明らかにする

5m 以内火気使用禁止！
〈一般高圧ガス保安規則60条1項10号〉

圧縮アセチレンガスの貯蔵が40kg以上の場合、開始時と廃止時に所轄消防署長への届け出が必要
〈消防法9条の3〉〈危政令1条の10〉

➤ **有害物が発生する場合は保護マスク等の保護具の使用 〈安衛則593条〉**

➤ **通風が不十分な場所での作業 〈安衛則262条〉**
●ホース及び吹管は損傷、摩耗等のないものを使用
●ホースと吹管、ホース相互の接続箇所は、ホースバンド、ホースクリップ等で確実に締付ける
●ホースにガスを供給する場合、吹管のバルブ等を閉止した後に行う
●使用する者の名札をバルブ等に表示する
●溶断時に過剰酸素の放出による火傷防止のため十分な換気を行う
●作業の中断又は終了時に作業箇所を離れる時は、ガス等の供給口のバルブ等を閉止し、ホースを外す

作業員

➤ **ガス溶接の作業は技能講習修了者（またはガス溶接作業主任者免許保持者）**
●**一般のガス溶接等の作業**
●**ガス容器には逆火防止装置を使用する**
〈一般高圧ガス保安規則60条の13〉
●作業場所近くの可燃物、引火物を取り除く
●石鹸水を常備し、ガス漏れの無いホース等を使用する
●ガスホース等の接続部はホースバンド等で確実に締め付ける

逆火防止装置
（乾式安全器）の例

アーク溶接の安全作業

事業者

▶ **電気機械器具の囲い等 〈安衛則329条〉**
- 充電部分に接触し感電のおそれのあるものは、絶縁覆いをする

▶ **溶接棒等のホルダー 〈安衛則331条〉**
- JIS規格（C9300-11）に適合するもの又は同等以上のものを使用

▶ **交流アーク溶接機用自動電撃防止装置 〈安衛則332条〉**
- 高さ2m以上の箇所で作業を行うときは、自動電撃防止装置を使用

▶ **漏電による感電の防止 〈安衛則333条〉**
- 漏電しゃ断装置の使用

▶ **配線等の絶縁被覆 〈安衛則336条〉**
- 絶縁被覆が損傷し、又は老化している部分を補修

▶ **使用前点検 〈安衛則352条〉**
- 溶接棒ホルダー、自動電撃防止装置、漏電遮断器、移動電線等その日の使用開始前点検を行う

▶ **強烈な光線を発散する場所 〈安衛則325条〉**
- その場所を区画し、適当な保護具を備える

▶ **アーク溶接等の作業は特別教育修了者 〈安衛則36条3号〉**

▶ **金属のアーク溶接作業は粉じん作業に該当 〈粉じん則2条、別表第1第20号の2〉**
- 呼吸用保護具（防じんマスク）を使用する＜粉じん則27条＞
- 作業場以外の場所に休憩設備を設置する＜粉じん則23条＞
- 常時粉じん作業に従事する場合、じん肺健康診断の実施＜じん肺法＞

▶ **金属アーク溶接作業は溶接ヒュームを発生する作業として特化則も適用**
- 特定化学物質作業主任者又は金属アーク溶接等作業主任者（技能講習修了者）を選任〈安衛令6条18号、特化則27条、28条、28条の2〉
- 呼吸用保護具（防じんマスク）を使用する〈特化則38条の21〉 ※ 粉じん則の規制内容と同様
- 上記作業に常時従事する場合、特殊健康診断の実施〈特化則39条〉

溶接棒ホルダー

ケーブルコネクター

保護メガネのしゃ光度
(JIS T8141 しゃ光保護具の使用基準より抜粋)

しゃ光度番号	アーク溶接作業
5・6	30A以下
7・8	30〜75A
9・◎10・11	75〜200A
12・13	200〜400A
14	400A以上

◎は一般に使用されるもの

二次側配線の太さ
（長さ25mの時）

電源	太さ
100A	38mm²
200A	38mm²
300A	50mm²
400A	50mm²

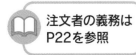

注文者の義務はP22を参照

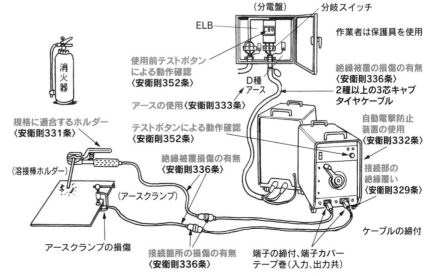

（分電盤）　分岐スイッチ

ELB

作業者は保護具を使用

使用前テストボタンによる動作確認〈安衛則352条〉

D種アース

アースの使用〈安衛則333条〉

絶縁被覆の損傷の有無〈安衛則336条〉
2種以上の3芯キャブタイヤケーブル

自動電撃防止装置の使用〈安衛則332条〉

接続部の絶縁覆い〈安衛則329条〉

消火器

規格に適合するホルダー〈安衛則331条〉

テストボタンによる動作確認〈安衛則352条〉

（溶接棒ホルダー）

絶縁被覆損傷の有無〈安衛則336条〉

ケーブルの締付

（アースクランプ）

アースクランプの損傷

接続箇所の損傷の有無〈安衛則336条〉

端子の締付、端子カバーテープ巻（入力、出力共）

屋内作業場でのアーク溶接

金属アーク溶接等作業を継続して行う屋内作業場では、以下の措置が必要

●溶接ヒュームの濃度の測定

- ・個人ばく露測定により、空気中の溶接ヒュームの濃度を測定（第1種作業環境測定士、作業環境測定機関など十分な知識・経験を有する者が実施）
- ・測定結果がマンガンとして 0.05mg/m³ 以上等の場合は換気装置の風量の増加、その他必要な措置

●呼吸用保護具の選択

- ・測定の結果得られたマンガン濃度の最大値（C）を使用し、以下の計算式により要求防護係数を算定（要求防護係数 $PFr = C/0.05$）
- ・要求防護係数を上回る指定防護係数を有する呼吸用保護具を選択

指定防護係数一覧（一部抜粋）

呼吸用保護具の種類				指定防護係数
防じんマスク	取替え式	全面形面体	ＲＳ３又はＲＬ３	50
			ＲＳ２又はＲＬ２	14
			ＲＳ１又はＲＬ１	4
		半面形面体	ＲＳ３又はＲＬ３	10
			ＲＳ２又はＲＬ２	10
			ＲＳ１又はＲＬ１	4
	使い捨て式		ＤＳ３又はＤＬ３	10
			ＤＳ２又はＤＬ２	10
			ＤＳ１又はＤＬ１	4
電動ファン付き呼吸用保護具	全面形面体	Ｓ級	ＰＳ３又はＰＬ３	1,000
		Ａ級	ＰＳ２又はＰＬ２	90
		Ａ級又はＢ級	ＰＳ１又はＰＬ１	19
	半面形面体	Ｓ級	ＰＳ３又はＰＬ３	50
		Ａ級	ＰＳ２又はＰＬ２	33
		Ａ級又はＢ級	ＰＳ１又はＰＬ１	14
	フード形式又はフェイスシールド形	Ｓ級	ＰＳ３又はＰＬ３	25
		Ａ級		20
		Ｓ級又はＡ級	ＰＳ２又はＰＬ２	20
		Ｓ級、Ａ級又はＢ級	ＰＳ１又はＰＬ１	11

※ 電動ファン付き呼吸用保護具とエアラインマスクのうち、実際の作業時の測定等により得られた防護係数が、この表に掲げる指定防護係数を上回ることを製造者が証明する特定の型式については、別に定める指定防護係数をしようすることができる

●フィットテストの実施

- ・面体を有する呼吸用保護具を使用させる場合、1年以内ごとに1回
- ・JIS T 8150（呼吸用保護具の選択、使用及び保守管理方法）に定める方法又はこれと同等の方法により、呼吸用保護具の外側、内側それぞれの測定対象物質の濃度を測定し、以下の計算式によりフィットファクタを求める

$$\left(フィットファクタ = \frac{呼吸用保護具の外側の測定対象物質の濃度}{呼吸用保護具の内側の測定対象物質の濃度}\right)$$

- ・フィットファクタが以下の要求フィットファクタを上回っているかどうかを確認

呼吸用保護具の種類	要求フィットファクタ
全面形面体	500
半面形面体	100

- ・確認を受けた者の氏名、確認の日時、装着の良否、外部委託して確認した場合は、受託者の名称を記録

ガス導管による災害防止

●事前協議

- 着工に先立ち、まず工事の概要（工期、工程、工法等）をもとに、立会い、見回り、**保安措置等について十分協議を行うこと**

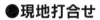

ガスは危険だよ!

●現地打合せ

- ガス導管の位置を試験掘り等により確認すること
- ガス導管の防護方法の確認をすること
- 作業に先立ち、ガス導管及びバルブ、マンホールの位置を、図面に照らして**全作業員に周知徹底させること**

「マンホール」

●試験掘り

- **試験掘りは手掘りで行い**、やむをえず、ピックやツルハシ等を使用する場合は、ガス導管を傷つけないように注意すること
- 試験掘りにより、ガス導管の正確な位置を確認すること（確認位置に杭や旗などの目印をたてるか、あるいは路面上に**ペンキなどで記入すること**）

注意して

ガス管

●防護又は移設

事業者

→ **埋設物等による危険の防止**
〈安衛則362条〉

露出したガス導管の損傷による危害防止のためガス管の防護・移設を行う

→ | 指 名 | 作業指揮者を配置

作業指揮者

→ **掘削機械等の使用禁止**
〈安衛則363条〉

ガス導管を損壊等により労働者に危険をおよぼすおそれのあるときは**機械の使用を禁止する**

新設構造物

既設配管

防護又は移設する

地下埋設物に注意して作業しよう

電線　電話線　ガス管
下水道　水道管

第8章　ガス・アーク溶接、ガス導管

141

ガス導管の点検表

（東京ガス株式会社作成）

点 検 項 目		点検方法
抜け出し防止装置	1. 固定用部材の変形の有無 2. 抜け出し量測定具の異常の有無 3. 抜け出し量の測定 4. ボルト及びナットのゆるみの有無	目　視 － －
伸縮継手	1. ボルトの変形の有無 2. ボルト及びナットのゆるみの有無 3. 伸縮量（測定間の距離）の測定	目　視 － －
固定装置	1. 固定杭の変形の有無 2. 部材の変形の有無 3. 溶接部の異常の有無 4. 管体とのすきま 5. ゴム板及び保護板の移動の有無 6. 調整ボルトの変形の有無 7. ボルト及びナットのゆるみの有無	目　視 点検ハンマー又は トルクレンチ
つり防護 （養　生）	1. つり支持具のゆるみ等変形の有無 2. つり支持具の腐食の有無 3. ゴム板あて木の移動の有無 4. つり桁の変形の有無 5. 溶接部の異常の有無 6. ボルト及びナットのゆるみの有無 7. 振　動	目　視 点検ハンマー又は トルクレンチ、手の感覚
受け防護 （養　生）	1. 受支持具の傾きの有無 2. 受支持具の損傷の有無 3. ゴム板、止め具等の変形の有無 4. 受支持具と管のすきまの有無	目　視
横揺れ防止装置	1. 部材の変形の有無 2. 管材との接触の有無 3. ボルト及びナットのゆるみの有無	目　視 点検ハンマー又はトルクレンチ
緊急遮断装置	1. ピット上の積載物の有無 2. バルブ、玉穴の位置の明示 3. 作動状況	目　視 －
地盤変動測定その他	1. 影響範囲内のガス供給施設の沈下量の測定 2. 観測棒の変形の有無 3. 路面変動の有無 4. 山止め、覆工板の状態 5. 点検通路の良否 6. 緊急用材料の確保の有無 7. 材料投入口の良否	レベル及び箱尺 目　視

点検
よし！

ガス導管の防護具と使用方法①

「ガス工作物の技術上の指針」（昭和45年10月9日付 通産省令98）

●つり支持具
1. 導管が露出した時点でただちにつり支持すること
2. 各つり支持具の張力は、均一になるように調整すること
3. つり支持具と導管の接合部（溶接によって接合されているものを除く）とは接合部を補修できる間隔をとること
4. 取出管との接合部及びプラグ箇所は、直接つり支持しないこと

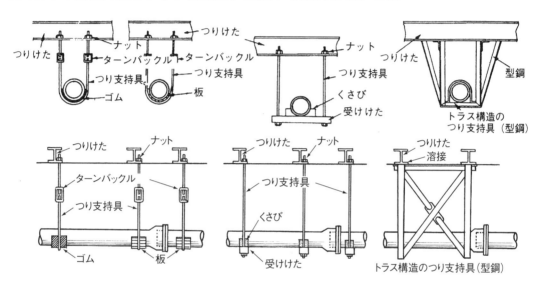

●受け支持具
1. 受け支持具は、つり支持具をとりはずす前に設置すること
2. 受け支持具は、堅固に基礎に固定すること
3. 受け支持具の、支持部と導管の接合部（溶接によって接合されているものを除く）とは接合部を補修できる間隔をとること
4. 取出管との接合部及びプラグ箇所は、直接受け支持しないこと

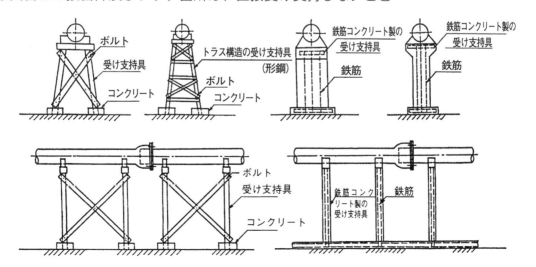

ガス導管の防護具と使用方法②

●受けばり

1. 受けばりの幅は、導管の外径以上であること
2. 受けばりは、受け支持具またはつり支持具に堅固に取り付けること

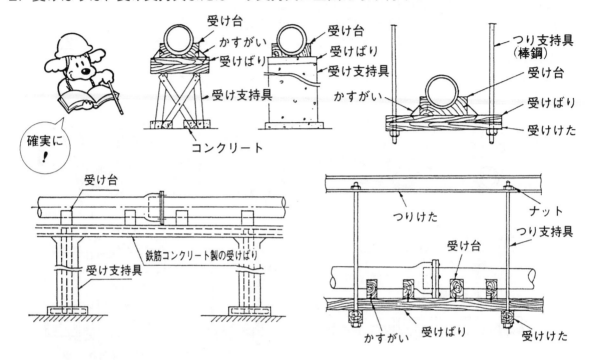

●受け台及び受けけた

1. 受け台又は受けけたの中心線は、導管の中心線と一致させること
2. 受け台及び受けけたは、受けばり又は、つり支持具に堅固に取り付けること
3. 受け台の幅は、導管の外径以上であること

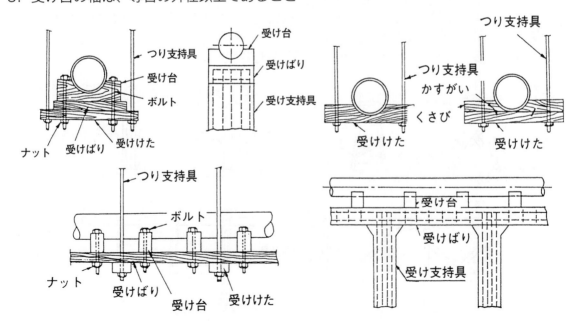

第9章

火気・危険物・火薬

危険物等の取扱い①

事業者

〈安衛則257条〉

| 選 任 | 危険物を製造し、取扱う作業 |

作業指揮者

職務
- 危険物を製造し、又は取扱う設備（付属設備含む）を随時点検し、異常を認めたときは、直ちに必要な措置をとる
- 危険物を製造し、又は取扱う設備（付属設備含む）がある場所の温度、湿度、遮光及び換気の状態等を随時点検し、異常を認めたときは、直ちに必要な措置をとる
- 上記のほか、危険物の取扱いの状況を随時点検し、異常を認めたときは、直ちに必要な措置をとる
- 上記によりとった措置について、記録しておく

危険物を製造する場合の措置〈安衛則256条〉
- 爆発性の物は、みだりに、火気その他点火源となるおそれがあるものに接近させ加熱し、摩擦し、又は衝撃を与えない
- 発火性の物は、それぞれの種類に応じ、みだりに火気その他点火源となるおそれのあるものに接近させ、加熱し、又は衝撃を与えない
- 酸化性の物は、みだりに、その分解がうながされるおそれのある物に接触させ、加熱し、摩擦し、又は衝撃を与えない
- 引火性の物は、みだりに、火気その他点火源となるおそれのあるものに接近させ、若しくは注ぎ、蒸発させ、又は加熱しない
- 製造、又は取扱う設備のある場所を常に整理整頓し、みだりに可燃性の物又は酸化性の物を置かない

通風等による爆発又は火災の防止〈安衛則261条〉
- 可燃性ガス等による爆発又は火災を防止するため、通風、換気等の措置

異種の物の接触による発火等の防止〈安衛則264条〉

火災のおそれのある作業の場所等〈安衛則265条〉

油等の浸染したボロ等の処理〈安衛則267条〉

作業員

ホースを用いる引火性の物等の注入〈安衛則258条〉
- 引火性の物、可燃性ガスで液状のものを、ホースでドラム缶等（配管を除く）に注入する作業では、ホースの結合部を確実に締めつけ、はめ合わせたことを確認して作業する

接合部の
締付け確認

ガソリンが残存している設備への燈油等の注入〈安衛則259条〉
- ガソリンが残存しているドラム缶等（配管を除く）に燈油又は軽油を注入するときは、あらかじめ内部を洗浄等により安全な状態にしたことを確認して作業する

危険物等の取扱い②

「危険物」とは？
消防法第2条7項で第1類〜6類まで掲げられた物品
現場内の主な「危険物」は第4類の「引火性液体」で、次のとおり分類される

品名	代表的物品	定義	指定数量
特殊引火物	ジエチルエーテル　二硫化炭素　アセトアルデヒド　ペンタンなど	発火点：100℃以下又は引火点：-20℃以下沸点：40℃以下	50ℓ
第一石油類	ガソリン　トルエン　ベンゼン	引火点：21℃未満	200ℓ（非水溶性のもの）
	アセトン　アセトニトリル　ジエチルアミン		400ℓ（水溶性のもの）
アルコール類	メチルアルコールエチルアルコールイソプロピルアルコール	炭素数が1〜3個の飽和1価のもの	400ℓ
第二石油類	軽油　灯油	引火点：21℃以上70℃未満	1000ℓ（非水溶性のもの）
	アリルアルコールアクリル酸		2000ℓ（水溶性のもの）
第三石油類	重油　クレオソート油ニトロベンゼン	引火点：70℃以上200℃未満	2000ℓ（非水溶性のもの）
	エチレングリコール　グリセリン		4000ℓ（水溶性のもの）
第四石油類	ギヤー油　シリンダー油潤滑油 など	引火点：200℃以上	6000ℓ
動植物油類	ヤシ油　オリーブ油 など	引火点：250℃未満	10000ℓ

●貯蔵量と許可・届出

貯蔵量	規制の区分と書類	宛先	法令
指定数量以上	許可危険物 製造所・貯蔵所・取扱所 設置許可申請書	市町村長	危険物の規制に関する規則 第4条
指定数量の1/5以上〜指定数量未満	届出少量危険物 貯蔵・取扱 届出書	消防長又は消防署長	市町村火災予防条例

●危険物の貯蔵・取扱いの制限〈危険物の規制に関する政令24〜27条〉より抜粋
- 許可・届出した数量以上を貯蔵・取扱いしない
- みだりに火気を使用しない
- 係員以外の者の出入りをさせない
- 不要物を置かず、常に整理整頓
- 危険物のくず、カスは一日一回以上廃棄する
- 貯蔵所には危険物以外のものを貯蔵しない

●アセチレンガスのボンベ等とは一緒に貯蔵しない
〈安衛則263条〉

火気等の管理

事業者

→ **静電気の除去** 〈安衛則287条〉

→ **立入禁止等** 〈安衛則288条〉
- 火災又は爆発のある危険な場所には、火気使用禁止、必要でない者の立入を禁止し、その旨表示

→ **消火設備** 〈安衛則289条〉
- 危険物、引火性の油類等爆発又は火災の原因となるものを取り扱う場所には、適当な箇所に消火設備

→ **防火措置** 〈安衛則290条〉
- 建築物等と可燃性物体との間に防火のため間隔を設ける

→ **灰捨場** 〈安衛則292条〉
- 延焼の危険のない場所に、不燃性の材料で造る

作業員

→ **火気使用場所の火災の防止**
〈安衛則291条〉
- 喫煙所等の火気使用場所に消火設備
- みだりに喫煙、採だん等の禁止
- 火気を使用した者は残火の始末

燃料、オイルに火を近づけない

→ **危険物等がある場所では火気等の
使用禁止** 〈安衛則279条〉
- 危険物又は火薬類、多量の易燃性の物（注）が存在して爆発又は火災のおそれのある場所では、電気器具、アーク溶接機等又は火気の使用禁止

→ **油類等の存在する配管又は容器の溶接等の禁止** 〈安衛則285条〉
- 危険物以外の引火性の油類や可燃性の粉じん等が存在する配管、ドラム缶等の容器は、あらかじめこれらを除去して、火気使用等の作業を行う

→ **通風等の不十分な場所での溶接等** 〈安衛則286条〉
- 換気が不十分な場所で溶接・溶断等火気を使用する作業を行うときは、通風・換気のための酸素の使用禁止

(注) 易燃性の物…火花により引火すると着火後の燃焼速度の早い、綿や紙等を指す

防火管理と消火設備

事業者

→ **防火管理者の選任〈消防法8条〉**
　作業場（事務所等）・勤務者50人以上
　寄宿舎 ‥‥‥‥‥ 居住者50人以上

→ **消防計画の作成〈消防則3条〉**

→ **消火設備〈消防法17条の3の2〉**
　消火機器の数量・設置場所

→ **警報設備〈消防令21、22、24条〉**
　自動火災報知器
　漏電火災報知器
　非常用警報

→ **避難設備〈消防令25条〉**
　避難はしご、避難ロープ等

責　務
- 消防、消火設備の点検・整備
- 火気使用、取扱の監督・指示
- 消防計画の作成、消火・通報・避難の訓練を定期的に実施

届　出
（条件に応じて）→

●火災の種類と消火器

A火災（普通火災）	B火災（油火災）	C火災（電気火災）
木材、紙、繊維など〈白丸〉	石油類、可燃性液体など〈黄丸〉	変圧器、配電盤など〈青丸〉

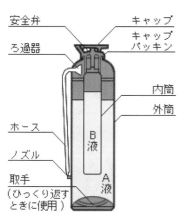

泡消火器…
普通火災、油火災用

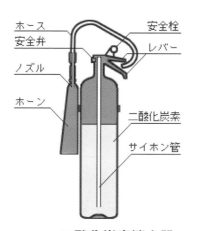

二酸化炭素消火器
…電気火災用

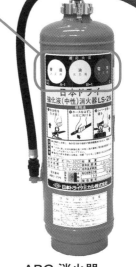

ABC消火器…
粉末消火器。最も普及しているタイプ

- 標準使用期限は10年。ただし、設置環境の悪い場合はそれ未満

●**消火器は、防火対象物から歩行距離20m以内に設置〈消防則6条6〉**

●**床面から高さ1.5m以下のところに設置し、「消火器」の標識を付ける〈消防則9条〉**

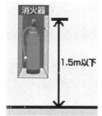

第9章　火気・危険物・火薬

発破の安全作業

事業者

導火線発破の作業 〈安衛則319条〉

選 任	職務

●点火作業に従事する者以外の退避の指示

作業指揮者

① 退避の場所
　経路の指示
　退避の合図

② 一人の点火数が五以上の場合、これらの退避時期を知らせる物を使用する
　発破時計又は捨て導火線

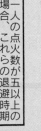

③ 点火の順序、区分

点火の合図

⑤ 導火線発破の作業労働者は、指揮者の合図に従わねばならない

④ 不発の装薬、残薬の有無の点検

電気発破の作業 〈安衛則320条〉

選 任	職務

作業指揮者

● 退避の場所、経路を指示
● 点火前に危険区域内から作業員が退避したことを確認
● 点火者を定める
● 点火場所について指示

避難 〈安衛則321条〉

● 避難所を設ける

作業員

発破作業の基準 〈安衛則318条〉

● 凍結したダイナマイトの融解は、火気に近づけて行わない
● 装てんするときは、その付近で裸火の使用又は喫煙の禁止
● 装てん具は摩擦等による爆発の生ずるおそれのない安全なものを使用
● 込物は、粘土等の発火又は引火の危険のないものを使用
● 点火後、爆発しないとき、爆発したことの確認が困難であるときは、定められた措置を行わなければ接近しないこと

導火線発破の作業 〈安衛則319条〉

● 点火作業に従事する者は指揮者の指示、合図に従う

火薬類管理体制と標示等

●消費現場の組織図（1日に25kgを超える火薬類を消費する場合）

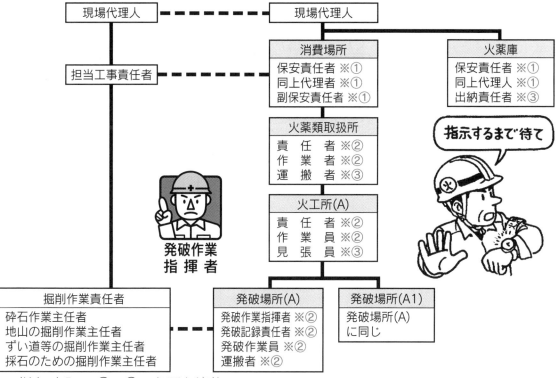

（注）上記 ※①〜③に必要な資格

※①火薬類取扱保安責任者免状を有する者
（年間20t以上貯蔵する場合、また月間1t以上消費する場合、正、代理とも甲種）
※②発破技士免許を有する者
※③発破技士免許を持たない者で従事者手帖（黄）を保有する者

●標示等

	場所＼種別	火薬庫 庫外貯蔵庫	取扱所	火工所	事務所 詰所	
標示・掲示	保安管理組織表	○	○	○	○	1. 保安管理組織表は整備されているか 2. 緊急連絡系統が定められ(特に夜間・休日の)連絡先及びその電話番号が記入されているか 3. 標示物の内容は変更の都度、訂正されているか
	緊急連絡表				○	
	施設の名称	○	○	○		
	責任者等の氏名	○	○	○		
	法規及び取扱心得	○	○	○		
	立入禁止・火気厳禁等	○	○	○		
	最大貯蔵量・最大存置量	貯蔵量	存置量			
	自動警報装置管理点検責任者（正・副）	○			○	警報部及び警鳴部に表示
	定員		○	○		
	発破の期間・時間・合図の方法・通行止等の注意事項	危険箇所に通ずる道路等必要箇所				

火薬類の管理（伝票・帳簿）

●伝票及び火薬類の流れ

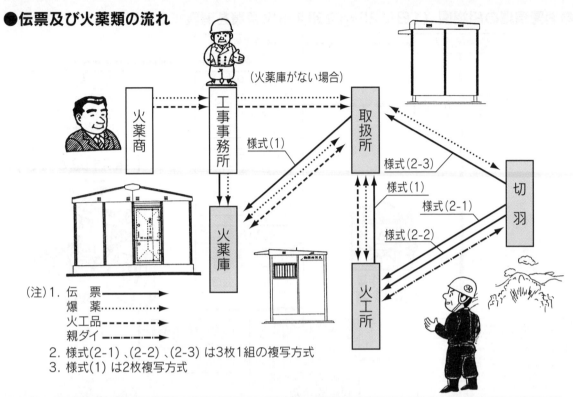

（火薬庫がない場合）

様式(1)　様式(2-3)　様式(1)　様式(2-1)　様式(2-2)

火薬商　工事事務所　火薬庫　取扱所　火工所　切羽

（注）1. 伝　票　　　━━━▶
　　　　　爆　薬　　　‥‥‥‥▶
　　　　　火工品　　━━━▶
　　　　　親ダイ　　　━━━▶
　　　2. 様式(2-1)、(2-2)、(2-3) は3枚1組の複写方式
　　　3. 様式(1) は2枚複写方式

名称・様式	切　羽	火工所	取扱所	火薬庫
火薬類 請求 返納 伝票(1)		□	△	
〃			□	△
火薬類請求伝票(2-1)	○	×	△	
火薬類返納伝票(2-2)	○	×	△	
発破記録(2-3)	○		△	
火薬類取扱所帳簿(3)			◎	
火工所帳簿(4)		◎		
火薬類取扱所・火工所 帳簿（多段式）(5)		◎	◎	
火薬庫受払帳簿(6-1) （多段式）(6-2)				◎
火薬類消費帳簿 （多段式）(7)			◎	

（伝票・帳簿）

備考

帳票類については
1. 記録者を定めているか、記録内容が正確か
2. 火薬類と伝票の流れは一致しているか
3. 発破記録、火工所帳簿及び取扱所帳簿と現品の総合的な照合が行われているか
4. 記載方法は正確か（鉛筆書きはないか、訂正印はあるか）
5. 伝票の整理・保管方法は適切か

◎ 記載・備付　　○ 記載
□ 記録・控保管　△ 保管
× 経由

（注）　1. 火薬類の出納にあたっては、種類及び数量を正確に把握するため、その都度伝票を使用すること。ただし、取扱所、火工所の出納責任者が同一人である場合には、取扱所、火工所間における伝票の使用を省略することができる
　　　　2. 帳簿の保管期間（記載の日から）
　　　　　火薬庫受払帳簿……2年
　　　　　火薬類消費帳簿……1年
　　　　　取扱所、火工所の帳簿及び発破記録……1年

コンクリート破砕器作業の管理

コンクリート破砕器とは？

クロム酸鉛等を主成分とする火薬を充てんした薬筒と点火具からなる火工器で、コンクリート建設物、岩盤等の破砕に使用されるもの

〈安衛則321条の3〉

事 業 者

| 選 任 | コンクリート破砕器を用いて行う破砕の作業**〈安衛令6条8の2号〉** |

コンクリート破砕器
作業主任者

職務 **〈安衛則321条の4〉**
- 作業の方法を決定し、作業を直接指揮
- 作業の従事者に対し、退避の場所及び経路を指示
- 点火前に危険区域内から作業員が退避したことを確認
- 点火者を定める
- 点火の合図
- 不発の装薬又は残薬の有無について点検

▶ 作業の基準 **〈安衛則321条の2〉**
- 装てんするときは、その付近で裸火の使用又は喫煙を禁止
- 装てん具は、摩擦、衝撃、静電気等により発火するおそれのない安全なものを使用
- 込め物は、セメントモルタル、砂その他の発火又は引火の危険のないものを使用
- 破砕された物等の飛散を防止するための措置
- 点火後、発火しないとき、又は確認が困難であるときは、母線を点火器から取り外し、その端を短絡させ、再点火できないような処置を講じた後5分以上経過するまで作業員を装てん箇所に接近させない

●作業の基準

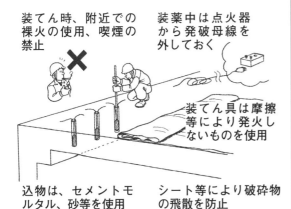

装てん時、附近での裸火の使用、喫煙の禁止

装薬中は点火器から発破母線を外しておく

装てん具は摩擦等により発火しないものを使用

込物は、セメントモルタル、砂等を使用

シート等により破砕物の飛散を防止

コンクリート破砕器使用にかかわる届出書等一覧表

		使用（消費量）		備　考
		150個/日以下	151個/日以上	
届出書類	火薬類譲渡許可申請書	○	○	1.実際に火薬類を取扱う事業者より、各都道府県知事宛提出
	〃 譲受許可 〃	○	○	
	〃 消費許可 〃		○	2.計画書には、消費方法、製造業者名、作業従事者名、消費場所付近の見取図等を記載
	火薬類消費計画書		○	
資格者選任	作業主任者	○	○	
場所貯蔵	火工所	○	○	貯蔵基準は、都道府県毎指導内容が異なる。事前に所轄の監督官庁と打合せる
その他の事項	発破記録	○	○	
	標示掲示	○	○	
	監視人		○	
	立入り禁止措置	○	○	

Column 4

危険ガスの種類と性質

物質名	分子式	分子量	比重 (空気 =1)	爆発限界（%）		許容濃度 (ppm)
				下限	上限	
アセチレン	C_2H_2	26	0.91	2.5	100	―
アンモニア	NH_3	17	0.597	15	28	25
メタン	CH_4	16	0.6	5.3	14	―
水素	H_2	2	0.07	4	75	―
一酸化炭素	CO	28	0.97	12.5	74	50
硫化水素	H_2S	34	1.19	4.3	45	10
ガソリン	$CnHm$	―	3.5	1.4	7.6	100
トルエン	$C_6H_5CH_3$	92	3.18	1.4	6.7	100
プロパン	C_3H_8	44	1.562	2.2	9.5	―
亜硫酸ガス	SO_2	64	2.2	―	―	5
二酸化炭素	CO_2	44	1.522	―	―	5,000
二酸化窒素	NO_2	46	1.58	―	―	検討中

（注）ガス濃度の測定は、適切な測定器具で行う

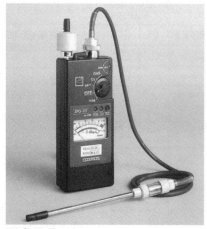

測定器具の例

注意しよう！

第10章

ずい道等

ずい道等の調査等の管理

事 業 者

調査及び記録 〈安衛則379条〉
● 掘削の作業を行うときは、ボーリング等の方法で次の事項を調査し記録する
1. 地山の形状 　 2. 地質及び地層の状態

含水

湧水

施工計画 〈安衛則380条〉
1. 掘削の方法
2. ずい道支保工の施工、覆工の施工、湧水若しくは可燃性ガスの処理、換気又は照明の方法

観察及び記録 〈安衛則381条〉
● 掘削の作業を行うときは、毎日、掘削箇所及び周辺の地山について、次の事項を観察し記録する
1. 地質及び地層の状態
2. 含水及び湧水・可燃性ガス・高温のガス・蒸気の有無及び状態

毎日及び中震以上

地山を
点検確認

施工計画の変更 〈安衛則383条〉
● 施工計画が、観察、点検、測定等により知り得た地山の状態に適応しなくなったときは、遅滞なく、計画を地山の状態に適応するよう変更し、それによって作業を行う

点検 〈安衛則382条〉

指 名	職務
点 検 者	● 毎日及び中震（震度4）以上の地震後　● 発破後 1. 浮石及びき裂の有無及び状態　　1. 発破を行った箇所と周辺 2. 含水及び湧水の状態の変化　　　2. 浮石及びき裂の有無及び状態

可燃性ガスの濃度の測定等 〈安衛則382条の2〉

指 名	職務
点 検 者	● 発生・停滞のおそれがある場所で濃度の測定・記録 1. 毎日の作業開始前　　3. 可燃性ガスの異常を認めたとき 2. 中震（震度4）以上の地震後

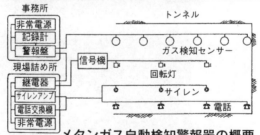

メタンガス自動検知警報器の概要

事務所
非常電源
記録計
警報盤

現場詰め所
継電器
サイレンアンプ
電話交換機
非常電源

信号機

トンネル

ガス検知センサー

回転灯

サイレン

電話

ガス検知器

自動警報機の設置等 〈安衛則382条の3〉
1. 測定の結果、可燃性ガスが存在しているとき、必要な場所に設置する
2. 作業開始前に、計器、検知部の異常の有無、警報装置の作動の状態を点検し、異常を認めたときは、直ちに補修

ずい道等の作業の管理

ずい道等とは？　①ずい道
　　　　　　　　　②作業坑、地下発電所・物品貯蔵・大発破のための坑等（たて坑以外の坑）

掘削の作業とは？　掘削用機械を用いて行う掘削の作業のうち労働者が切羽に近接することなく行うものを除く。切羽付近以外の箇所で行われる排水溝設置、薬液注入、ボーリング作業等は含まれない

覆工とは？　　　ずい道型わく支保工の組立て、移動若しくは解体又は当該組立て若しくは移動に伴うコンクリートの打設をいう

事業者

ずい道等の掘削等 〈安衛則383条の2〉

選任

ずい道等の掘削等
作業主任者

職務 〈安衛則383条の3〉
- 作業の方法及び労働者の配置を決定し、作業を直接指揮
- 換気方法の決定、呼吸用保護具の選定
- 器具、工具、要求性能墜落制止用器具等、保護帽及び呼吸用保護具の機能を点検し、不良品を取り除く
- 要求性能墜落制止用器具等、保護帽及び呼吸用保護具の使用状況を監視する

特別教育修了者 〈安衛則36条30号〉
掘削の作業又はこれに伴うずり、資材等の運搬の作業
（当該ずい道等の内部で行われるものに限る）

ずい道等救護技術管理者研修の修了者 〈安衛法25条の2〉 P162を参照

ずい道等の覆工 〈安衛則383条の4〉

選任

ずい道等の覆工
作業主任者

職務 〈安衛則383条の5〉
- 作業の方法及び労働者の配置を決定し、作業を直接指揮
- 器具、工具、要求性能墜落制止用器具等及び保護帽の機能を点検し、不良品を取り除く
- 要求性能墜落制止用器具等及び保護帽の使用状況を監視する

特別教育修了者 〈安衛則36条30号〉
覆工のコンクリート打設等の作業
（当該ずい道等の内部で行われるものに限る）

●作業主任者を選任する作業 〈安衛令6条10号の2、10号の3〉

名　称	作業区分	必要な資格
ずい道等の掘削等作業主任者	ずい道等の掘削、ずり積込、ずい道支保工の組立て（セグメント組立て）、ロックボルトの取付け、コンクリート等の吹付け	ずい道等の掘削等作業主任者技能講習を修了した者
ずい道等の覆工作業主任者	ずい道等の覆工（ずい道型枠支保工の組立て、移動若しくは解体又はそれに伴うコンクリート打設）	ずい道等の覆工作業主任者技能講習を修了した者

落盤、地山の崩壊等による危険の防止

事 業 者

●ガイドライン
「山岳トンネル工事の切羽における肌落ち災害防止対策に係るガイドライン（平28・12・26 基発1226第1号、平成30・1・18付で一部改正）」、「シールドトンネル工事に係る安全対策ガイドライン（平29・3・21 基 発 0321 第4号）」にも留意。

落盤等による危険の防止 〈安衛則384条〉
1. ずい道支保工を設ける
2. ロックボルトを施す
3. 浮石を落し、モルタルを吹き付ける

地山を点検確認

出入口附近の危険の防止 〈安衛則385条〉
1. 土止め支保工を設ける
2. 防護網を張る
3. 浮石を落し、モルタルを吹き付ける

立入禁止 〈安衛則386条〉
1. 浮石落しが行われている箇所又は当該箇所の下方で浮石が落下するおそれのあるところ
2. ずい道支保工の補強・補修作業が行われている箇所で、危険を及ぼすおそれのあるところ

立入禁止だ!!

視界の保持 〈安衛則387条〉
- 視界が排気ガス、粉じん等により著しく制限される状態にあるときは、換気を行い、水をまく等、必要な視界を保持するための措置

明り掘削の規定の準用 〈安衛則388条〉
明り掘削の規定は、ずい道等の建設作業について準用する
1. 運搬機械等の運行の経路等 〈安衛則364条〉
2. 誘導者の配置 〈安衛則365条〉
3. 保護帽の着用 〈安衛則366条〉
4. 照度の保持 〈安衛則367条〉

注 文 者

ずい道等についての措置 〈安衛則651条〉
ずい道型枠支保工についての措置 〈安衛則652条〉

地山の点検は確実にしてるよ!

地山の変化に注意

浮石　含水

湧水

亀裂

点検者

ずい道等の爆発、火災等の防止

事業者

→ **発火具の携帯禁止等〈安衛則389条〉**
1. 火気又はマッチ、ライター等の持込禁止
2. 出入口付近の見やすい場所に掲示

→ **自動警報装置が作動した場合の措置〈安衛則389条の2〉**
● 可燃性ガスによる爆発又は火災を防止するために講ずべき措置を定め、関係者に周知

→ **ガス抜き等の措置〈安衛則389条の2の2〉**
● ガス突出のおそれのあるとき、ボーリングによるガス抜き等の措置

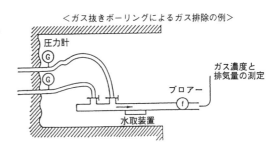

＜ガス抜きボーリングによるガス排除の例＞

圧力計

ガス濃度と排気量の測定

ブロアー

水取装置

→ **ガス溶接等の作業を行う場合の火災防止措置〈安衛則389条の3〉**
1. 付近にあるぼろ、木くず、紙くず等の可燃物の除去、又は不燃性の物で覆いをし、若しくは飛散防止の隔壁を設ける
2. 危険物取扱等作業指揮者〈安衛則257条〉に同条各号の事項のほか、次の事項を行わせる

作業指揮者

職務
● 労働者に対し、消火設備の設置場所、使用方法の周知
● 作業状況を監視し、異常時には直ちに必要な措置
● 作業終了後に火災のおそれのないことを確認

〈安衛則389条の4〉

→ | 指 名 | 火気、アークの使用場所についての防火担当者

防火担当者

職務
● 使用状況を監視、異常時には直ちに必要な措置
● 残火の始末の状況について確認

→ **消火設備〈安衛則389条の5〉**
● 火気、アーク使用場所、配電盤、しゃ断器を設置する場所には消火器を設け、使用方法を周知

→ **安衛則389条の3〜5は、たて坑の建設作業にも準用する〈安衛則389条の6〉**

第10章 ずい道等

159

ずい道等の退避等

事業者

→ **警報設備等** 〈安衛則389条の9〉

1. 落盤、出水、ガス爆発、火災その他非常の場合に、速やかに知らせるため、次の設備を設け、周知させる
   - イ．切羽までの距離が100mに達したとき
     - ● 警報設備（サイレン、非常ベル等）
   - ロ．切羽までの距離が500mに達したとき
     - ● 警報設備　● 通話装置（電話機等）
2. 常時有効に作動するように保持する
3. 設備等に予備電源を備える

→ **退避**

1. 落盤、出水等で災害発生の危険があるときは、直ちに作業を中止し、安全な場所に避難 〈安衛則389条の7〉
2. 可燃性ガスの濃度が爆発下限界の値の30％以上の場合、直ちに安全な場所に退避 〈安衛則389条の8〉
   - ● 通風、換気の措置
   - ● 30％未満になったことを確認するまでは立入禁止の措置、その旨表示

→ **避難用器具** 〈安衛則389条の10〉

1. 避難のため避難用器具を備え、備え付け場所、使用方法の周知
   - イ．可燃性ガス、火災のおそれのないとき、切羽までの距離が100mに達したとき、懐中電燈等の携帯用照明器具、避難用はしご、ロープなど
   - ロ．可燃性ガス、火災のおそれのあるずい道等では、切羽までの距離100mに達した場合、呼吸用保護具、携帯用照明器具、避難用はしご、ロープなど
   - ハ．切羽までの距離500mに達した場合、呼吸用保護具、携帯用照明器具、避難用はしご、ロープなど
2. 呼吸用保護具（一酸化炭素用自己救命器等）は、就労人数と同数以上を備え、有効かつ清潔に保持
3. 携帯用照明器具は、就労人数と同数以上、ただし集団で避難するために必要な照明がされている場合はこの限りでない

空気呼吸器

→ **避難等の訓練** 〈安衛則389条の11〉

1. 切羽までの距離が100m（可燃性ガスが存在して爆発又は火災のおそれのあるずい道等以外では500m）以上となるずい道等では切羽までの距離が100mに達するまでに1回、その後6ヶ月以内ごとに1回避難及び消火の訓練を行う
2. 記録を3年間保存（実施年月日、氏名、内容）

特定元方事業者

→ **避難等の訓練の実施方法の統一等** 〈安衛則642条の2〉

- ● 実施時期及び方法を統一的に定め、周知し、実施

ずい道支保工等の構造等

事業者

→ **材料 〈安衛則390条〉**
- 著しい損傷、変化又は腐食のあるものを使用しない

→ **ずい道支保工の構造 〈安衛則391条〉**
- 地質、地層、含水、湧水、き裂及び浮石の状態並びに掘削の方法に応じた堅固なもの

→ **標準図 〈安衛則392条〉**
- あらかじめ、標準図を作成し、それにより組み立てる

→ **組立て又は変更 〈安衛則393条〉**
- 主材を構成する1組の部材は、同一平面内に設置

→ **ずい道支保工の危険の防止 〈安衛則394条〉**

<鋼アーチ支保工の例> （部材の配置）

主材がアーチ作用を十分に行うようにするためくさびを打ち込む等する

肌落ちなどのおそれのあるときは、矢板、矢木、ライナープレートなどを設ける

出入口の部分や両端部など、転倒又はねじれを防止するために、やらずを設ける

つなぎボルト及びつなぎばり、筋かい等を用いて主材相互を強固に連結する

皿板を入れる

建込間隔は1.5m以下

→ **部材の取り外し 〈安衛則395条〉**
- 荷重がかかっている支保工の部材を取り外すときは、荷重を型枠支保工等に移してから取りはずす

十分強度はあるよ！

→ **点検 〈安衛則396条〉**
- 毎日及び中震（震度4）以上の地震の後、点検（部材の損傷等、緊圧の度合、接続部の状態、脚部の沈下の有無等）

→ **ずい道型枠支保工の材料、構造 〈安衛則397条、398条〉**
- 損傷等がなく、荷重に応じた堅固なもの

ずい道等の救護に関する措置

該当する仕事の範囲とは？〈**安衛令9条の2**〉

- 出入口からの距離：1,000m以上
- たて坑の深さ：50m以上
- 0.1Mpa以上の圧気作業

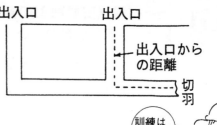

出入口　　　　出入口

出入口からの距離

切羽

事業者
（請負によるときは
元方事業者）

〈**安衛則24条の7**〉

選任　事業場に専属の者

救護技術管理者

訓練は全員で！

資格〈**安衛則24条の8**〉
- 3年以上ずい道等の建設の仕事に従事した経験
　　　＋
- 建設業労働災害防止協会で一定の研修を受けた者

救護に関する技術的事項の管理

→ 必要な機械、器具その他の設備〈**安衛則24条の3**〉

出入口からの距離が1,000mの場所において作業を行うこととなる時又はたて坑（通路として用いられるものに限る）の深さが50mとなる時又はゲージ圧力が0.1Mpaとなる時に備え付け、常時有効に保持する

空気呼吸器

1. 空気呼吸器又は酸素呼吸器
2. メタン又は硫化水素（発生するおそれのある場合のみ）、一酸化炭素及び酸素の測定器
3. 携帯用照明器具
4. はしご、ロープなど

避難用器具
点検・確認
忘れずに！

→ 救護に関する訓練〈**安衛則24条の4**〉

1. 上記1〜4の機械等の使用方法に関すること
2. 救急そ生の方法その他の救急処置に関すること
3. その他安全な救護の方法に関すること
4. 1〜3の訓練は一定期間が終わるまでに1回、及びその後1年以内ごとに1回行い、年月日、氏名、内容を記録し、3年間保存する

→ 救護の安全に関する規定〈**安衛則24条の5**〉

- 組織、機械等の点検及び整備、訓練の実施・安全に関することを定める

→ 人員の確認〈**安衛則24条の6**〉

- 内部作業に従事する労働者の人数及び氏名を常時確認できる措置をする

→ 権限の付与〈**安衛則24条の9**〉

- 救護技術管理者に労働者の救護の安全に必要な権限を付与する

坑内特有の通路及び作業環境の管理

事 業 者

はしご道 〈**安衛則556条**〉
1. 坑内のはしご道で長さが10m以上のものは、5m以内ごとに踏みだなを設ける
2. 坑内はしご道のこう配は、80度以内

 詳しくはP95「はしご道の安全作業」を参照のこと

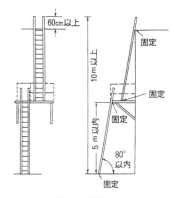

はしご道

坑内に設けた通路等 〈**安衛則557条**〉
● 通路又ははしご道で、巻上げ装置と労働者との接触の危険がある場所には、板仕切等の隔壁を設ける

内燃機関の使用禁止 〈**安衛則578条**〉
● 換気が十分できない坑内で、エンジン付の機械の使用禁止

粉じんの飛散の防止 〈**安衛則582条**〉
● 注水等の飛散防止の措置をする

測定するよ!

坑内の炭酸ガス濃度の基準 〈**安衛則583条**〉
● 坑内における炭酸ガス濃度は1.5%以下

炭酸ガス濃度の測定等 〈**安衛則592条**〉

| 1ヶ月以内毎に測定 | → | **記 録**
● 日時 ● 条件
● 方法 ● 結果
● 箇所 ● 実施者名
● 改善措置の概要 | → | 3年間保存 |

坑内の通気設備 〈**安衛則602条**〉
● 自然換気が不十分なところでは、通気設備を設ける

坑内の通気量の測定 〈**安衛則603条**〉
● 通気設備は半月以内ごとに1回、定期に測定し、安衛則590条に準じて記録し、3年間保存

坑内の気温等 〈**安衛則611条、612条**〉
● 37度以下とし、半月以内ごとに1回、定期に測定し、上記に準じた措置

作 業 員

立入禁止等 〈**安衛則585条**〉
● 炭酸ガス濃度1.5%を超える
● 酸素濃度18%未満の } 場所 →
● 硫化水素濃度10ppmを超える

● 関係者以外立入禁止
● 見やすい箇所に表示

採石作業の管理

採石作業とは？　岩石の採取のための掘削の作業、採石場において行う岩石の小割、加工及び運搬の作業、その他これらに伴う作業をいう

事 業 者

〈安衛則399条〉　　〈安衛則400条〉　〈安衛則402条〉

調査及び記録 ━━▶ 作業計画 ━━━▶ 変 更 ━━▶ 作 業
- ●地山の形状
- ●地質及び地層の状態

●掘削の区別	●湧水等の処理方法	●高さ、こう配
●発破の方法	●段の位置及び奥行	●小割の方法、加工場所
●坑内の落盤等防止方法	●積込及び運搬方法等	●機械の種類、能力

〈安衛則401条〉

指 名

点 検 者

点検の時期
- ●大雨
- ●中震（震度4）以上
- ●発破後

点検事項
- ●浮石及びき裂の有無及び状態
- ●含水、湧水及び凍結の状態

〈安衛則403条〉

選 任

**採石のための掘削
作業主任者**

職務 〈安衛則404条〉
- ●作業の方法を決定し、直接指揮
- ●材料の欠点の有無と工具等を点検し、不良品を取除く
- ●要求性能墜落制止用器具、保護帽の使用状況を監視
- ●退避方法をあらかじめ指示

➤ **隣接採石場との連絡の保持 〈安衛則405条〉**
- ●発破の時期、浮石落しの方法等を連絡

➤ **照度の保持 〈安衛則406条〉**

➤ **掘削面のこう配の基準 〈安衛則407条〉**

地山の種類	掘削面の高さ	掘削面のこう配
崩壊又は落下の原因となるき裂がない岩盤からなる地山	20m未満 20m以上	90度 75度
上記の岩盤以外の岩盤からなる地山	5m未満 5m以上	90度 60度
上記以外の地山	2m未満 2m以上	90度 45度

➤ **崩壊等による危険の防止 〈安衛則408条〉**

➤ **落盤等による危険の防止 〈安衛則409条〉**

➤ **掘削箇所付近での作業禁止 〈安衛則410条〉**

➤ **立入禁止 〈安衛則411条〉**

➤ **運搬機械等の運行の経路等 〈安衛則413条〉**

➤ **運行の経路上での作業の禁止 〈安衛則414条〉**

➤ **機械の危険箇所への立入禁止 〈安衛則415条〉**

作 業 員

➤ **保護帽の着用 〈安衛則412条〉**

➤ **誘導者の配置等 〈安衛則416条〉**

誘導者は！　点検者は！

第11章

潜函・潜水作業

潜函工事の安全作業

事業者

沈下関係図等 〈安衛則376条〉

1. 沈下関係図に基づき、掘削の方法、載荷の量等を定める
2. 刃口から天井までの高さ1.8m以上

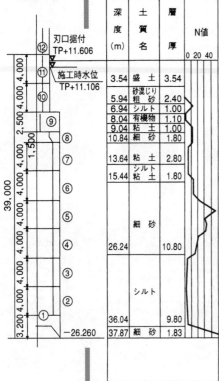

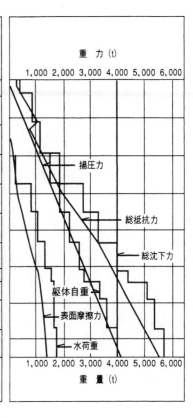

沈下関係図の例

潜函等の内部における作業 〈安衛則377条〉

1. 指名した者に酸素濃度の測定を行わせる
2. 安全な昇降設備を設ける
3. 掘り下げ深さ20mを超えるとき、外部との連絡設備を設ける

作業の禁止 〈安衛則378条〉

1. 昇降設備、連絡設備、送気設備が故障しているとき
2. 多量の水が浸入するおそれがあるとき

高圧室内作業の設備基準

高圧室内業務とは？〈高圧則1条の2第2号〉
圧気工法により、大気圧を超える気圧下の作業室又はシャフトの内部において行う作業に係る業務をいう

事業者

→ **作業室の気積〈高圧則2条〉**
- 1人について 4m³ 以上

→ **気こう室の床面積、気積〈高圧則3条〉**
- 床面積は1人について0.3m² 以上、気積は1人について0.6m³ 以上

→ **送気管の配管等〈高圧則4条〉**
- シャフトの中を通さず作業室等に配管、作業室に近接する部分に逆止弁

→ **空気清浄装置〈高圧則5条〉**
- 空気圧縮機と作業室又は気こう室との間に空気清浄装置を設ける

→ **排気管〈高圧則6条〉**
- 作業室、気こう室に専用の排気管、気こう室用の排気管は内径53mm 以下

→ **圧力計〈高圧則7条〉**
- 作業室、気こう室等に圧力計を設ける。又、送気調節係員には携帯圧力計を携帯させる
- 1目盛0.02Mpa 以下の圧力計

→ **異常温度の自動警報装置〈高圧則7条の2〉**
- 冷却装置を通過した空気が異常に上昇したことを知らせる自動警報装置、温度計を設ける

注文者の義務はP22を参照

→ **のぞき窓等〈高圧則7条の3〉**
- 気こう室の内部を観察できる窓を設ける

→ **避難用具等〈高圧則7条の4〉**
- 呼吸用保護具、繊維ロープ等の避難救出用具を備え付ける

高圧室内作業の業務管理①

事業者

→ **作業計画** 〈高圧則12条の2〉 ● 減圧を停止する圧力・時間等を示した作業計画を作成し、労働者に周知

→ **立入禁止** 〈高圧則13条〉 ● 関係者以外立入禁止し、その旨を外部の見やすい場所に掲示

→ **加圧の速度** 〈高圧則14条〉 ● 毎分 0.08Mpa 以下

→ **ガス分圧の制限** 〈高圧則15条〉 ● 酸素、窒素、炭酸ガスの分圧の制限（酸素 18kPa ～ 160kPa、窒素 400kPa 以下、炭酸ガス 0.5kPa 以下となるよう送気、換気）を実施

→ **酸素ばく露量の制限** 〈高圧則16条〉 ● 酸素ばく露量が一定値（平26厚労省告示457号）を超えないよう作業室・気こう室へ送気

→ **有害ガスの抑制** 〈高圧則17条〉 ● 換気、測定、その他の必要な措置

→ **減圧の速度** 〈高圧則18条〉 ● 毎分0.08Mpa 以下。減圧を停止する時間は所定の計算式（平26厚労省告示457号）により求める。業務間・終了後の14時間は重激な業務への従事禁止

→ **設備の設置等に関する義務および配慮義務** 〈高圧則14条、15条、16条、17条、18条〉 ● 業務の一部を請負人に請け負わせるとき、加圧の速度（14条）、減圧の速度（18条）は請負人も措置の対象としなければならない。ガス分圧の制限（15条）、酸素ばく露量の制限（16条）、有害ガスの抑制（17条）の措置を講ずること等について配慮しなければならない

→ **減圧の特例等** 〈高圧則19条〉 ● 減圧の停止時間を短縮した場合は、退避又は救出後すみやかに再圧室又は気こう室で再加圧する

→ **減圧時の措置** 〈高圧則20条〉 ● 減圧に要する時間の周知。床面の照度は 20 ルクス以上。1 時間以上に亘る場合には椅子等の休息用具を設ける

→ **作業の状況の記録** 〈高圧則20条の2〉 ● 減圧を停止する圧力・時間等の計画に定めた事項を記録。5年間保存

→ **連絡** 〈高圧則21条〉 ● 故障した場合でも連絡可能な方法を定め、掲示しておく（点打等）

→ **点検及び修理** 〈高圧則22条〉 点検結果等は、そのつど記録し、3年間保存

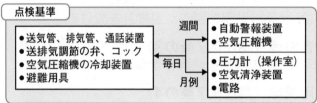

点検基準

毎日	週間
● 送気管、排気管、通話装置 ● 送排気調節の弁、コック ● 空気圧縮機の冷却装置 ● 避難用具	● 自動警報装置 ● 空気圧縮機
	月例 ● 圧力計（操作室） ● 空気清浄装置 ● 電路

→ **送気設備の使用開始前の点検** 〈高圧則22条の2〉 ● 初めて使用する時
● 改造若しくは修理を行った時
● 1ヶ月以上使用しなかった設備を再び使用する時

→ **火傷等の防止** 〈高圧則25条の2〉 ● 0.1Mpa 以上の場合、マッチ、ライター等の持込禁止。溶接、溶断作業の禁止（内部気体の酸素分圧が一定基準以下の酸素・窒素・ヘリウムである場合を除く）
● 溶接、溶断作業の禁止時は、請負人に周知
● **大気圧以上の場合**、電灯はガード付電灯を使用する暖房は可燃物の点火源とならないものを使用する電路開閉器は火花、アークの出ないものを使用

持込禁止

作業禁止

→ **刃口下掘下げの制限** 〈高圧則25条の3〉 ● 潜函の刃口の下方を50cm以上掘り下げない

→ **室内業務従事者への措置** 〈高圧則23条、24条、25条〉 ● 送気設備の故障、出水その他の事故の場合は退避させる
● 排気して潜函を沈下させる場合は退避させる
● 発破時は、高圧室内の空気が前の状態に復するまで入室を禁止し、その旨を見やすい箇所に表示

高圧室内作業の業務管理②

事業者

〈高圧則10条〉

選任

高圧室内作業主任者

職務
- 作業の方法を決定し、高圧室内作業者を直接指揮する
- 酸素・炭酸ガス・有害ガス濃度測定器具を点検
- 高圧室内作業者（請負人を含む）を作業室へ入退出させる時に、当該高圧室内作業者の人数を点検
- 作業室への送気の調節を行うためのバルブ又はコックを操作する業務に従事する者と連絡し、作業室内の圧力を適正な状態に保つ
- 気こう室の送排気用バルブ又はコックを操作する業務従事者と連絡し、高圧室作業者に対する加減圧が14条又は18条の規程に適合して行われるよう措置
- 作業室・気こう室の高圧室内作業者（請負人を含む）が健康に異常を生じたとき、必要な措置を講ずる

▶ **特別の教育 〈高圧則11条〉**
- 空気圧縮機運転業務（空気圧縮機係員）
- 作業室への送気調節のバルブ、コック操作業務（送気調節係員）
- 気こう室への送排気調節のバルブ、コック操作業務（加減圧係員）
- 再圧室の操作業務（再圧室係員）
- 高圧室内業務

▶ **圧力0.1Mpa以上の作業には救護技術管理者を選任〈安衛則24条の8〉**

▶ **高圧室内作業主任者の携行器具 〈高圧則26条〉**
- 携帯式の圧力計　●酸素・炭酸ガス・有害ガスの濃度測定器具
- 懐中電燈　　　　●非常の場合の信号用器具

▶ **健康診断 〈高圧則38条〉** ⟶ **健康診断の結果〈高圧則39条〉**
- 6ヶ月以内ごとに1回
  1. 既往症、高気圧業務歴の調査
  2. 関節、腰、下肢の痛み、耳鳴り等の自覚症状
  3. 四肢の運動機能
  4. 鼓膜、聴力の調査
  5. 血圧、尿中の糖、蛋白
  6. 肺活量

- 本人への通知
- 高気圧業務健康診断個人票の作成
- 5年間保存

結果報告書 〈高圧則40条〉
- 労働基準監督署長に提出

▶ **病者の就業禁止（請負人へ周知） 〈高圧則41条〉**
1. 減圧症（ケーソン病、潜水病）その他高気圧による障害又はその後遺症
2. 肺結核その他呼吸器の結核又は急性上気道感染、じん肺、肺気腫その他呼吸器系の疾病
3. 貧血症、心臓弁膜症、冠状動脈硬化症、高血圧症その他血液又は循環器系の疾病
4. 精神神経症、アルコール中毒、神経痛その他精神神経系の疾病
5. メニエル氏病、又は中耳炎その他耳管狭さくを伴う耳の疾病
6. 関節炎、リウマチスその他運動器の疾病
7. ぜんそく、肥満症、バセドー氏病その他アレルギー性、内分泌系、物質代謝又は栄養の疾病

潜水作業の安全①

潜水業務とは？ 〈高圧則1条の2第3号、安衛令20条9号〉
潜水器を用い、空気圧縮機もしくは手押ポンプによる送気又はボンベから給気を受けて、水中において行う作業

事業者

▶ **空気槽** 〈高圧則8条〉
1. 空気圧縮機の送気を受ける潜水業務従事者ごとに、空気槽及び予備空気槽を設ける
2. 予備空気槽内の圧力は、最高潜水深度圧力の1.5倍以上
3. 予備空気槽内の内容積は潜水方式により2種類（平26厚労省告示457号）
4. 潜水業務従事者が予備ボンベを携行する場合は、予備空気槽は不要

▶ **空気清浄装置等** 〈高圧則9条〉
1. 潜水業務従事者に空気圧縮機により送気する場合には空気清浄装置を設ける
2. 圧力調整器を使用させる時は圧力計を設け、それ以外の時は流量計を設ける

▶ **就業制限**
1. **潜水士免許**を受けた者でなければ、潜水業務につかせてはならない
〈高圧則12条、安衛法61条；高圧則52条〜55条〉
2. 潜水作業者への送気の調節を行うためのバルブ又はコックを操作する業務は、**特別教育修了者**でなければならない 〈高圧則11条〉
（参考）港湾潜水技士（1〜3級）は、国土交通省による認定試験

▶ **作業計画の準用** 〈高圧則27条〉
高圧室内業務の管理の規定を潜水業務（10m以上）の管理に準用
● 減圧を停止する圧力・時間等を示した作業計画を作成し、労働者（請負人を含む）に周知 〈高圧則12条の2〉
● 酸素、窒素、炭酸ガスの分圧の制限（酸素18kPa〜160kPa、窒素400kPa以下、炭酸ガス0.5kPa以下となるよう送気、換気）を実施 〈高圧則15条〉
● 酸素ばく露量が一定値（平26厚労省告示457号）を超えないよう作業室・気こう室へ送気 〈高圧則16条〉
● 毎分0.08MPa以下。減圧を停止する時間は所定の計算式（平26厚労省告示457号）により求める。業務間・終了後の14時間は重激な業務への従事禁止 〈高圧則18条〉
● 減圧を停止する圧力・時間等の計画に定めた事項を記録 〈高圧則20条の2〉

▶ **設備の設置等に関する義務および配慮義務** 〈高圧則15条、16条、18条〉
● 業務の一部を請負人に請け負わせるとき、業務間・終了時の重激な業務への従事禁止（18条）は請負人も措置の対象としなければならない
● ガスの分圧の制限（15条）、送気（16条）の措置を講ずること等について配慮しなければならない

▶ **送気量** 〈高圧則28条〉
1. 空気圧縮機または手押ポンプによる送気は、潜水業務従事者毎に、その水深の圧力で60ℓ/分以上
2. 圧力調整器を使用する場合は、その水深の圧力に0.7Mpaを加えた圧力で40ℓ/分以上

▶ **ボンベからの給気** 〈高圧則29条〉
1. 潜水業務従事者にボンベの給気能力を知らせる
2. 潜水業務の監視員を配置

▶ **圧力調整器** 〈高圧則30条〉
● 1Mpa以上の圧力の送気は、二段以上の減圧方式によること

▶ **浮上の特例** 〈高圧則32条〉
1. 事故のために浮上速度を速め、停止時間を短縮することができる
2. 浮上後、再圧室に入れる等の処置を行う

事業者

さがり綱 〈高圧則33条〉
1. 潜降及び浮上のためのさがり綱を設け、使用させる
2. さがり綱には、3mごとに水深を表示

始業点検及び修理 〈高圧則34条1項〉
1. 空気圧縮又は手押ポンプにより送気して行う潜水業務：潜水器、送気管、信号索及びさがり綱
2. ボンベ（潜水作業者に携行させたボンベを除く）から給気を受けて行う潜水業務：潜水器、送気管、信号索、さがり綱及び圧力調整器
3. 潜水業務従事者に携行させたボンベからの給気を受けて行う潜水業務：潜水器及び圧力調整器

定期点検 〈高圧則34条2項〉
1. 空気圧縮機又は手押ポンプにより送気して行う潜水業務
    - イ．空気圧縮機又は手押しポンプ…1週間
    - ロ．空気を清浄にするための装置…1ヶ月
    - ハ．水深計……………………………1ヶ月
    - ニ．水中時計……………………………3ヶ月
    - ホ．流量計………………………………6ヶ月
2. ボンベからの給気を受けて行う潜水業務
    - イ．水深計……1ヶ月　　ハ．ボンベ…6ヶ月
    - ロ．水中時計…3ヶ月

点検・修理の記録 〈高圧則34条3項〉
- ●点検や修理の概要を記録し、3年間保存
（参考）設備等の点検事項については、「昭和36年4月22日付 基発第368号」及び「昭和52年4月25日付 基発第246号」による

連絡員 〈高圧則36条〉
- ●潜水業務従事者2人以下毎に1人の連絡員を置き、以下の事項を行わせる
1. 潜水業務従事者と連絡して、潜降及び浮上を適正に行わせること
2. バルブ等操作者と連絡して、潜水業務従事者に必要量の送気を行わせること
3. 送気設備の故障等の場合、速やかに潜水業務従事者に連絡すること
4. 潜降直前に、ヘルメット式潜水器のヘルメットがかぶと台に結合されているか確認すること

潜水業務従事者の携行物等（請負人へ周知）〈高圧則37条〉
1. 空気圧縮機もしくは手押しポンプからの給気による潜水業務では、信号索、水中時計、水深計及び鋭利な刃物を携行
2. ボンベ給気式潜水業務では、水中時計、水深計及び鋭利な刃物を携行し、救命胴衣を着用する

健康診断 〈高圧則38条〉
1. 潜水業務に常時従事する労働者は、6ヶ月以内毎に1回、定期に健康診断を行わなければならない
2. 医師が必要と認めた者については、項目を追加して健康診断を行わなければならない

健康診断の結果 〈高圧則39条、39条の2、3〉
- ●健康診断結果を本人に通知するとともに、健康診断から3ヶ月以内に医師の意見を聴取して高気圧業務健康診断個人票を作成し、5年間保存

COLUMN ⑤

SI単位のあらまし

平成11年10月1日から、計量法がSI単位系へ全面的に移行しました

建設工事においても、SI単位系が使われ、SI単位では、「質量」と「力」を明確に区分します

建設工事で使用する主なSI組立単位

区　　分	SI組立単位及び関連して併用できる単位	従来単位との比較
力（重量、荷重、重さ）	N、kN、MN	1kgf＝9.8N
応力（引張、圧縮等）	N/m²、N/cm²、N/mm²	1kgf/cm²＝98kN/m²
圧　　力	Pa、kPa、MPa	1kgf/cm²＝98kPa
単位体積重量	N/m³	1kgf/m³＝9.8N/m³
面積、体積、密度、速度の表示は、従来と変わりません		

- ある物体の標準重量は、その物体の質量と標準重力加速度（9.80665m/s²）の積で表します
- SI単位への換算方法は、原則として、重力加速度を g ＝ 9.80665m/s² として換算し、換算後の有効数字の桁数が換算前の桁数となるように四捨五入します
- つり上げ荷重、積載荷重のように「質量」の趣旨で使用されている単位については、従来のとおり「kg」が使用されます
- 「国際単位系」という名称は、フランス語の Le Systéme International d'Unités の略称です

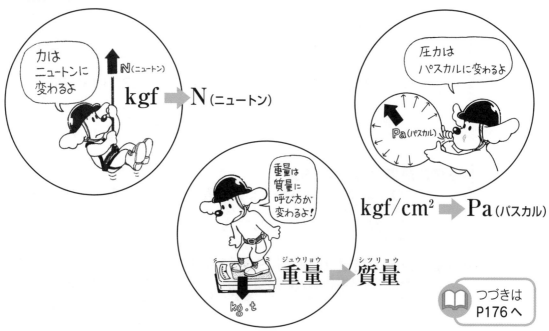

つづきは P176へ

第12章

橋梁架設

橋梁架設等の安全作業

事 業 者

鋼　橋		コンクリート橋
〈安衛則517条の8〉		〈安衛則517条の22〉

選任の要件

鋼　橋	コンクリート橋
橋梁の上部構造であって、金属製の部材により構成されるものの架設、解体又は変更の業務	橋梁の上部構造であって、コンクリート造のものの架設又は変更の業務

高さ5m以上又は上部構造のうち橋梁部分の支間が30m以上である部分に限る

〈安衛則517条の9〉　　　　　　　　　　　　〈安衛則517条の23〉

選　任　　　　　　　　　　　　　　　　　　**選　任**

職務
- 作業の方法及び労働者の配置を決定し、作業を直接指揮する
- 器具、工具、要求性能墜落制止用器具及び保護帽の機能を点検し、不良品を取り除く
- 要求性能墜落制止用器具等及び保護帽の使用状況を監視する

鋼橋架設等作業主任者　　　　　　　　　　　コンクリート橋架設等作業主任者

作業計画を定めて作業

〈安衛則517条の6〉　　　　　　　　　　　　〈安衛則517条の20〉

1. 作業の方法及び順序
2. 部材の落下又は部材により構成されているものの倒壊を防止するための方法
3. 作業に従事する作業員の墜落による危険を防止するための設備の設置の方法
4. 使用する機械等の種類及び能力

架設等の作業

〈安衛則517条の7〉　　　　　　　　　　　　〈安衛則517条の21〉

1. 作業を行う区域には、関係者以外の立入り禁止
2. 強風、大雨、大雪等の悪天候で、危険が予想される時には作業中止
3. 材料、器具、工具等の上げ、下ろしは、つり綱、つり袋等を使用
4. 部材、架設設備の落下、倒壊のおそれのある時、控えの設置、部材、架設設備の座屈、変形防止のための補強材の取付け措置など

- 保護帽の着用
  〈安衛則517条の10〉

- 保護帽の着用
  〈安衛則517条の24〉

作業主任者

安全に！

橋梁架設等に係る解釈例規

平成4年8月24日付 基発480号

 鋼　橋

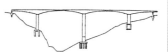 コンクリート橋

作業主任者を選任すべき作業

鋼橋架設等
作業主任者

〈安衛令6条（15の3号）〉

「橋梁の上部構造であって、金属性の部材により構成されるものの架設の作業」とは？

建設現場において個々の部材又は部材によって構成されるものをボルト、溶接等により所定の位置に、所定の形状に組み立てていく作業のほか、すでに地上等において組み立てられた橋げた等をクレーン等を用いて所定の箇所に据付ける作業、橋げた横取り作業、こう上・降下作業（ジャッキ等を用いて橋げたを持ち上げ、また、降下させる作業）を含むものであること

コンクリート
橋架設等
作業主任者

〈安衛令6条（16号）〉

1. 「橋梁の上部構造であって、コンクリート造のもの」には、鉄筋コンクリート橋、プレストレストコンクリート橋等があること
2. 「橋梁の上部構造であって、コンクリート造のものの架設の作業」には、プレキャストけたをクレーン等を用いて所定の箇所に据付ける作業、張出し場所打ち工法による作業、橋げたの横取り作業、こう上・降下作業等は含まれるが、現場において固定式の型枠支保工を地上から組みコンクリートを打設する作業や橋げた架設後の床版コンクリートの打設の作業は含まれないものであること

〈安衛則517条の7の4号〉 | 架設用設備 | 〈安衛則517条の21の4号〉

ジャッキ、ジャッキ受台等のこう上・降下作業に用いる設備、橋げたを支える仮支柱等が含まれること

補強材の取付け等

仮受台及びジャッキ受台として用いられる H 型鋼についてスティフナーにより補強することがあること

部材又は架設用設備の座屈又は変形の防止のための補強材の取付け等

こう上・降下作業を行う場合に平行に設置された橋げたどうしをあらかじめ連結（仮連結）しておくこと等があること

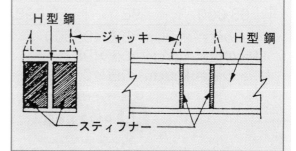

175

SI単位と従来単位の換算例

●力

N	kgf
1	0.102
9.8	1

N の値= kgf の値 ×9.8

▶ 換算の目安

1N	≒ 0.1kgf
10N	≒ 1kgf
100N	≒ 10kgf
1kN = 1000N	≒ 100kgf
10kN = 10000N	≒ 1000kgf = 1tf

●応　力

N/m²	N/cm²	N/mm²	kgf/cm²	kgf/mm²
1	0.0001	0.000001	0.0000102	0.000000102
10,000	1	0.01	0.102	0.00102
1,000,000	100	1	10.2	0.102
98,000	9.8	0.098	1	0.01
9,800,000	980	9.8	100	1

N/m² の値= kgf/cm² の値×98000
N/m² の値= kgf/mm²の値×9800000
N/cm² の値= kgf/cm² の値×9.8
N/cm² の値= kgf/mm²の値×980
N/mm² の値= kgf/cm² の値×0.098
N/mm² の値= kgf/mm²の値×9.8

▶ 換算の目安

1N/mm²	≒10kgf/cm²
10N/mm²	≒100kgf/cm²
100N/mm²	≒1000kgf/cm² = 1tf/cm²
1kN/mm²=1000N/mm²	≒10000kgf/cm² = 10tf/cm²
1N/cm²	≒0.1kgf/cm²
10N/cm²	≒1kgf/cm²
100N/cm²	≒10kgf/cm²
1kN/cm²=1000N/cm²	≒100kgf/cm²

●圧　力

Pa	kPa	MPa	kgf/cm²
1	0.001	0.000001	0.0000102
1,000	1	0.001	0.0102
1,000,000	1,000	1	10.2
98,000	98	0.098	1

Pa の値= kgf/cm² の値×98000
kPa の値= kgf/cm² の値×98
MPa の値= kgf/cm² の値×0.098

あらまし
はP172に
あるよ！

📖 P172 も参照

▶ 換算の目安

1kPa	≒ 0.01kgf/cm²
10kPa	≒ 0.1kgf/cm²
0.1MPa = 100kPa	≒ 1kgf/cm²
1MPa = 1000kPa	≒ 10kgf/cm²
10MPa = 10000kPa	≒ 100kgf/cm²

第13章

職業性疾病予防と公害防止

酸素欠乏症等の防止①

酸素欠乏症等とは？〈酸欠則2条〉

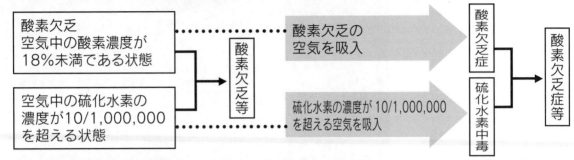

```
酸素欠乏
空気中の酸素濃度が
18%未満である状態
```
→ 酸素欠乏等 → 酸素欠乏の空気を吸入 → 酸素欠乏症 →

```
空気中の硫化水素の
濃度が10/1,000,000
を超える状態
```
→ 硫化水素の濃度が10/1,000,000を超える空気を吸入 → 硫化水素中毒 → 酸素欠乏症等

●酸素欠乏危険場所〈安衛令6条21号、酸欠則2条7号・8号〉… 作業する場合、作業主任者を選任する必要のある場所
（別表第6建設業関係）

酸素欠乏危険作業

第1種酸素欠乏危険作業 （酸素欠乏症にかかるおそれ）

1. 次の地層に接し、又は通じる井戸等（井戸、井筒、たて坑、ずい道、潜函、ピットその他これに類するもの）の内部
   - 上層に不透水層がある砂れき層のうち含水もしくは湧水がなく、又は少ない部分
   - 第一鉄類又は第一マンガン塩類を含有している地層
   - メタン、エタン又はブタンを含有する地層
   - 炭酸水を湧出しており、又は湧出するおそれのある地層
   - 腐泥層
2. 長時間使用されていない井戸等の内部
3. ケーブル、ガス管の他地下に敷設されるものを収容するための暗きょ、マンホール又はピットの内部
3の2. 雨水、河川の流れ又は湧水が滞留しており、又は滞留したことのある槽、暗きょ、マンホール又はピットの内部
4. 相当期間密閉されていた鋼製のボイラー、タンク、反応塔、船倉その他その内壁が酸化されやすい施設の内部
6. 天井、床もしくは周壁又は格納物が乾性油を含むペイントで塗装され、そのペイントが乾燥する前に密閉された地下室、倉庫、タンク、船倉、ホッパーその他の貯蔵施設の内部
※5、7、8、10、11は省略

第2種酸素欠乏危険作業 （酸素欠乏症及び硫化水素中毒にかかるおそれ）

3の3. 海水が滞留しており、もしくは滞留したことのある熱交換器、管、暗きょ、マンホール、溝もしくはピット又は海水を相当期間入れており、もしくは入れたことのある熱交換器の内部
9. し尿、腐泥、汚水、パルプ液その他発酵するものを入れてあり、又は入れたことのあるタンク、船倉、槽、管、暗きょ、マンホール、溝又はピットの内部
12. 前各号に掲げる場所のほか、厚生労働大臣が定める場所（酸素欠乏症、硫化水素中毒症にかかるおそれのある場合に限る）

酸素欠乏の状態

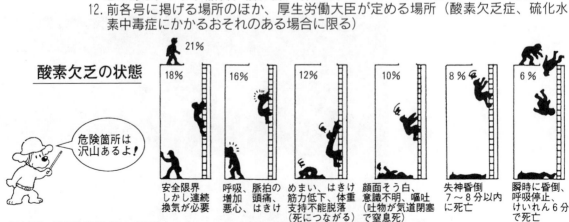

危険箇所は沢山あるよ！

21%						
18%	16%	12%	10%	8%	6%	
安全限界しかし連続換気が必要	呼吸増加悪心	脈拍の増加頭痛、はきけ	めまい、はきけ筋力低下不能脱落（死につながる）	顔面そう白、意識不明、嘔吐（吐物が気道閉塞で窒息死）	失神昏倒7～8分以内に死亡	瞬時に昏倒、呼吸停止、けいれん6分で死亡

酸素欠乏症等の防止②

事業者

〈酸欠則11条〉

選　任

酸素欠乏
危険作業主任者
（第1種酸素欠乏
危険作業の場合）

酸素欠乏・硫化水素
危険作業主任者
（第1種又は
第2種酸素欠乏
危険作業の場合）

職務
- 作業者が酸素欠乏等の空気を吸わないように作業の方法を決定し、指揮
- 作業場所の空気中の酸素（及び硫化水素）濃度を測定
- 作業者の酸素欠乏症等を防止するための器具又は設備を点検
- 空気呼吸器等の使用状況を監視

作業主任者の氏名と職務を周知

→ **特別の教育** 〈酸欠則12条〉
- 関係作業に就く作業員に特別教育の実施
1. 酸素欠乏等の発生原因
2. 酸素欠乏症等の症状
3. 空気呼吸器等の使用方法
4. 事故の場合の退避及び救急蘇生の方法等

→ **作業環境測定等** 〈酸欠則3条〉
- 第1種は酸素濃度、第2種は酸素濃度及び硫化水素濃度

作業環境測定等

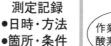
測定記録
- 日時・方法
- 箇所・条件
- 結果
- 測定者氏名
- 防止措置の概要
- 3年間保存

作業開始前に酸素濃度測定
記録
事業者
酸素欠乏危険場所

→ **測定器具の備付** 〈酸欠則4条〉

→ **換気** 〈酸欠則5条〉

→ **保護具の点検** 〈酸欠則7条〉
- その日の作業開始前

→ **人員の点検** 〈酸欠則8条〉

→ **連絡** 〈酸欠則10条〉

→ **監視人の配置** 〈酸欠則13条〉

→ **退避** 〈酸欠則14条〉

→ **避難用具の備付** 〈酸欠則15条〉

→ **診察及び処置** 〈酸欠則17条〉

作業員

→ **保護具の使用** 〈酸欠則5条の2〉

→ **要求性能墜落制止用器具の使用等** 〈酸欠則6条〉

→ **立入禁止** 〈酸欠則9条〉

→ **救出時の空気呼吸器等の使用** 〈酸欠則16条〉

作業前に必ず測定するよ！

特殊作業における酸素欠乏症等の防止措置

事 業 者

▶ ボーリング等 〈酸欠則18条〉
- メタン又は炭酸ガスの突出のおそれのある地層を掘削するずい道及び たて坑では、ボーリング等により調査し、施工方法を定めて作業する

▶ 消火設備等に対する措置 〈酸欠則19条〉
- 地下室等通風が不十分な場所に備える消火器等が接触により転倒し ないようにする。又みだりな作動を禁止し、その旨を表示する

▶ 溶接に係る措置（請負人へ配慮・周知）〈酸欠則21条〉
- タンク等の内部で、アルゴン、炭酸ガス又は ヘリウムを使用しての溶接作業時には換気又は空気呼吸器等を使用する

調査は 十分 しよう！

▶ 不活性ガスのタンク等よりの排出に係る措置 〈酸欠則22条の2〉

▶ ガス配管工事に係る措置（請負人へ配慮・周知）〈酸欠則23条の2〉
- 地下室等で都市ガス等の配管を取付け取外しの作業時には、ガスを 確実に遮断し、換気し、空気呼吸器等を使用する

▶ 圧気工法に係る措置 〈酸欠則24条〉
- 漏気調査の結果、酸欠空気が漏出している場所 がある時は、その場所の管理者等関係者に通知 して次の措置をする
  1. その場所を立入禁止
  2. 危険性について教示
  3. 漏出している箇所の閉塞又は配管等により直接外気に放出、拡散させる措置
  4. 所轄労働基準監督署長に報告 **〈酸欠則29条〉**

📖 P168を参照

▶ 地下室等に係る措置 〈酸欠則25条〉
- 図のような地層に接しているところでは、酸欠空気が漏出するおそ れのある箇所を閉塞するか、拡散等の設備を設ける

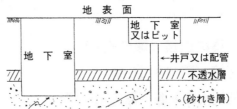

▶ 冷蔵室等に係る措置 〈酸欠則20条〉
▶ タンク等のガス漏出防止措置 〈酸欠則22条〉
▶ 空気の稀薄化の防止 〈酸欠則23〉
▶ し尿、汚水等の設備改造作業時の措置 〈酸欠則25条の2〉
▶ 設備の整備等に係る措置に関する配慮義務 〈酸欠則20条、22条、23条、25条の2〉
- 業務の一部を請負人に請け負わせるとき、冷蔵室等に係る措置（酸欠 則20条）、タンク等のガス漏出防止措置（酸欠則22条）、空気の希薄 化の防止（酸欠則23条）、し尿、汚水等の設備改造作業時の措置（酸 欠則25条の2）を講じること等について、配慮しなければならない

有機溶剤中毒の予防

有機溶剤等とは？〈有機則1条〉

有機溶剤又は有機溶剤含有物（有機溶剤と有機溶剤以外の物との混合物で、有機溶剤を当該混合物の重量の5％を超えて含有するもの）をいう

事業者

〈有機則19条〉

有機溶剤作業主任者

選　任	屋内作業場又は坑内等において有機溶剤等を製造、又は取扱う作業

職務〈有機則19条の2〉
- 作業者が有機溶剤・特別有機溶剤で汚染され又は吸入しないように、作業方法を決定し、作業者を指揮する
- 局所排気装置等を1ヶ月を超えない期間ごとに点検
- 保護具の使用状況を監視
- タンク内で有機溶剤業務を行うときの措置

局所排気装置の定期自主検査〈有機則20条〉
- 1年以内ごとに1回

プッシュプル型換気装置の定期自主検査〈有機則20条の2〉
- 1年以内ごとに1回

記録〈有機則21条〉
- 自主検査を行ったときは、記録を3年間保存

点検〈有機則22条〉
- 局所排気装置・プッシュプル型換気装置をはじめて使用、分解して改造、修理をしたときは点検

補修〈有機則23条〉
- 自主検査、点検時に異常を認めたときは直ちに補修

掲示〈有機則24条〉
- 見やすい場所に掲示（デジタルサイネージによる掲示も可）
  令和5年3月29日基発0329第32号、令和5年4月21日基発0421第1号

有機溶剤等使用の注意事項

1. 有機溶剤等により生ずるおそれのある疾病の種類及びその症状
（生ずるおそれのある疾病の種類）皮膚障害、前眼部障害、気道障害、肝障害又は胃腸障害
（主な症状）頭痛、けん怠感、めまい、貧血、肝臓障害

2. 有機溶剤等の取扱い上の注意事項
(1) 当日の作業に直接必要な量以外の有機溶剤等を作業場内に持ち込まないこと
(2) 有機溶剤等を入れた容器で使用中でないものには、必ずふたをすること
(3) 有機溶剤の蒸気の吸引をできるだけ風上で行なうこと
(4) 有機溶剤等を皮膚にふれないようにすること

3. 有機溶剤による中毒が発生したときの応急処置
(1) 中毒にかかった者を直ちに通風のよい場所に移し、速やかに衛生管理者その他の衛生管理を担当する者に連絡すること
(2) 中毒にかかった者を横向きに寝かせ、身体の保温に努めること
(3) 中毒にかかった場合は、消防機関への通報を行うこと
(4) 通報した場合は、消防機関への意識を失い、呼吸が止まっている場合や呼吸が正常でない場合は、直ちに仰向きにして気道を確保し、速やかに人工呼吸を行うこと

- 作業環境測定結果の評価により第三管理区分に区分された場所等においては、有効な呼吸用保護具を使用しなければならない旨及び使用すべき呼吸用保護具の掲示が必要

区分の表示〈有機則25条〉
- 区分に応じて見やすい場所に表示

第一種有機溶剤	赤色	第二種有機溶剤	黄色	第三種有機溶剤	青色

取扱いには注意する！

注文者の義務はP22を参照

化学物質による危険性又は有害性等の調査〈安衛法57条の3〉
- SDS交付義務対象物質を取扱う場合に当該物質の危険性又は有害性等を調査し、必要な措置

廃棄物焼却施設解体作業の管理①

「廃棄物焼却施設内作業におけるダイオキシン類ばく露防止対策」（平成13年4月25日付基発第401号の2）により、安衛則及び安衛特別教育規程が改正され、平成13年6月1日から施行された。なお、廃棄物の焼却施設におけるダイオキシン類ばく露防止のために事業者が講ずべき基本的な措置及び留意事項については、「廃棄物焼却施設関連作業におけるダイオキシン類ばく露防止対策要綱」及びその解説（平成26年1月10日基安化発0110第1号）を参照

事業者

工事計画の届出 〈安衛法88条3項、安衛則90条5号の3〉
- 火格子面積が2m²以上、又は焼却能力が1時間当たり200kg以上の焼却炉、集じん機等の解体等の工事

ダイオキシン類の濃度、含有率の測定 〈安衛則592条の2〉
1. 作業を開始する前に、対象設備の内部に付着した物に含まれるダイオキシン類の含有率を測定しなければならない
2. 厚生労働省編「廃棄物焼却施設解体作業マニュアル」では解体作業期間中にも1回以上、空気中のダイオキシン類の濃度測定を行うことになっている

解体工法の決定 〈解体作業マニュアル〉
1. ダイオキシン類濃度により、解体作業管理区域を3段階に分ける
2. 空気中のダイオキシン類濃度により、保護具選定に係る管理区域を4段階に分ける
3. 解体作業管理区域及び防護具選定に係る管理区域に基づいて、7工法のうちから解体方法を選択する

〈安衛則592条の6〉

選 任

作業指揮者

職務
- 作業方法を指揮
- 法令が守られているかどうか点検

特別教育 〈安衛則592条の7〉
次の科目について特別の教育を行わなければならない
1. ダイオキシン類の有害性
2. 作業の方法及び事故の場合の措置
3. 作業開始時の設備の点検
4. 保護具の使用方法
5. ダイオキシン類のばく露の防止に関し必要な事項

掲示 〈安衛則592条の8〉
ダイオキシン類の取扱上の留意事項、使用すべき保護具等を見やすい場所に掲示

付着物の除去（請負人へ周知）〈安衛則592条の3〉
解体作業に着手する前に、設備の内部に付着したダイオキシン類を含む物を除去しなければならない

発散源の湿潤化 〈安衛則592条の4〉
解体作業を行う時は、ダイオキシン類を含むものの発散源を湿潤な状態にしなければならない

作業員・請負人

保護具 〈安衛則592条の5〉
解体作業を行う作業員に、保護衣、保護眼鏡、呼吸用保護具等適切な保護具を使用させ、請負人へ周知しなければならない

廃棄物焼却施設解体作業の管理②

●解体作業の流れ〈解体作業マニュアル〉

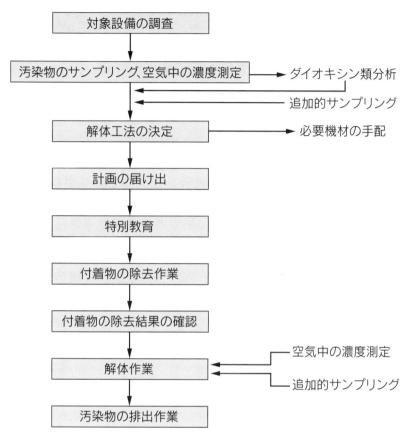

対象設備の調査
↓
汚染物のサンプリング、空気中の濃度測定 → ダイオキシン類分析
← 追加的サンプリング
↓
解体工法の決定 → 必要機材の手配
↓
計画の届け出
↓
特別教育
↓
付着物の除去作業
↓
付着物の除去結果の確認
↓
解体作業 ← 空気中の濃度測定
← 追加的サンプリング
↓
汚染物の排出作業

（参考）汚染物のサンプリング作業に1週間程度、ダイオキシン類の分析には1ヶ月半〜2ヶ月を要する

●保護具の選択レベル2

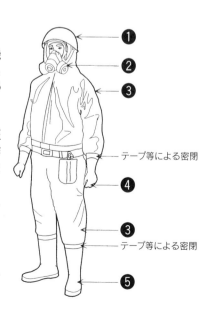

❶ 保護帽（ヘルメット）
❷ 防じん防毒マスク…防じん防毒併用タイプ呼吸用保護具及び防じん機能を有する防毒マスクは、型式検定合格品であり、取替え式であり、粉じん捕集効率の高いものであり、かつ有機ガス用のものを使用すること
❸ 密閉型化学防護服…JIS T8115（耐水性のもの）
　なお、耐水性のものとは、通常作業で耐水圧1,000mm以上を目安とし、直接水に濡れる作業については、耐水圧2,000mm以上を目安とすること
　作業着（又は綿製長袖下着）、綿製長ズボン、綿製ソックス、綿製手袋等
❹ 化学防護手袋 … JIS T8116
❺ 化学防護長靴

※ 保護靴、要求性能墜落制止用器具、耐熱服、溶接用保護メガネ等は作業内容に応じて適宜使用すること
※ 首すじ等肌の露出部分がないように着用すること

テープ等による密閉
テープ等による密閉

183

「石綿障害予防規則」 の概要①

石綿含有製品 ※ の製造については原則禁止されているが、1970年代後半～80年代にかけて建設された多くの建築物等に石綿含有製品が使用されているため、今後、当時建設された建築物等の解体作業が増加することが予想される。そこで、令和３年４月１日より、新たに石綿ばく露防止対策の充実を図った規則が順次施行され、石綿による健康障害の予防対策の推進を図ることとされた。

※石綿含有製品は
P280 を参照

事業者

「建築物等の解体等の作業及び労働者が石綿等にばく露するおそれがある建築物等における業務での労働者の石綿ばく露防止に関する技術上の指針（令和２年９月８日技術上の指針公示第22号）」も参照

事前調査＜石綿則３条＞
- 解体・改修等（含む石綿則10条の封じ込め、囲い込みの作業）の作業の前に、石綿使用の有無を目視、設計図書等より調査し、結果を記録
- 調査は有資格者（講習修了者等）が実施し、結果を３年間保存するとともに、一定規模以上（床面積合計80m² 以上の建築物の解体工事等）のときはその概要を所轄労働基準監督署長に報告（※）
  ※ 石綿事前調査結果報告システムによる電子届等
- 作業場の見やすい場所に、調査終了日、行った部分（方法）、結果（石綿使用の有無及び石綿なしと判断した根拠）を掲示

作業計画＜石綿則４条＞
- 作業計画の作成（次の１～３の事項を盛り込む）
1. 作業の方法、順序
2. 粉じんの発散防止抑制方法
3. 作業員への粉じんばく露の防止方法

工事計画届は
P238 を参照

作業の届出＜石綿則５条＞
- 吹きつけられた石綿等、張り付けられた石綿使用の保温材、耐火被覆材等の除去、封じ込め、囲い込みの作業を行う場合、様式１号の２に当該建築物等の図面を添付し、工事開始前までに所轄労働基準監督署長に提出（安衛法88条３項の工事計画届（吹き付け石綿の除去、封じ込め・囲い込みの作業）を行う場合は工事開始の14日前までに届出）
- 発注者等は特定粉じん作業の開始の14日前までに、都道府県知事等に届出＜大気汚染防止法18条の15 ＞

作業場所の隔離等＜石綿則６条＞
- 1. 隔離 2.ろ過集じん方式の集じん・排気装置の設置・廃棄 3. 前室・洗身室・更衣室の設置 4. 前室を負圧に保持 5. 隔離実施後に集じん・排気装置の排気口で粉じん漏えいの有無点検 6. 集じん・排気装置の変更後に排気口で粉じん漏えいの有無点検 7. 作業前・中断時に前室の負圧を点検 8. 前室の負圧が確認できないときは集じん・排気装置の増設等

「石綿障害予防規則」の概要②

事業者

「建築物等の解体等の作業及び労働者が石綿等にばく露するおそれがある建築物等における業務での労働者の石綿ばく露防止に関する技術上の指針（令和2年9月8日技術上の指針公示第22号）」も参照

→ **石綿含有成形品の除去に係る措置等** 〈石綿則6条の2、6条の3〉
- 壁・柱・天井等に用いられた石綿含有成形品の除去は、技術上困難な場合を除き、切断等以外の方法による（けい酸カルシウム板第1種の切断時はビニールシート等で隔離等）
- 仕上げ塗材を電動工具で除去時もビニールシート等で隔離等

→ **立入禁止** ＜石綿則7条1号＞
- 解体等（含む封じ込め、囲い込みの作業）の作業場所には当該作業従事者以外立入禁止
- その旨を見やすい箇所に表示

→ **石綿ばく露のおそれがある業務に係る措置** ＜石綿則10条＞
- 吹付け石綿、保温剤、耐火被覆材等が損傷、劣化し、石綿ばく露のおそれがあるときは封じ込め・囲込み等の措置

→ **石綿等の切断等に係る措置** ＜石綿則13条＞
- 建築物等の解体等（含む封じ込め、囲い込みの作業）の作業時は石綿等を湿潤な状態にし、ふたのある容器を備える
- 湿潤化が著しく困難なときは電動工具の使用等代替措置に努める

〈石綿則19条〉

選任 安衛令6条23号の作業

石綿作業主任者
（技能講習修了者）
（旧規則に基づく特定化学物質等作業主任者技能講習修了者も可）

職務 〈石綿則20条〉
- 作業の方法を決定し、労働者を指揮
- 排気・換気・除じん装置等を1ヶ月を超えない期間毎に点検
- 保護具の使用状況を監視

→ **特別教育の実施** ＜石綿則27条、安衛則36条＞
- 従事する作業員全員が対象

→ **洗浄設備の設置** ＜石綿則31条＞
- 洗眼、洗身、うがいの設備　●更衣及び洗濯の設備

→ **作業場での喫煙、飲食の禁止** ＜石綿則33条＞

第13章　職業性疾病予防と公害防止

185

「石綿障害予防規則」の概要③

事 業 者

掲示 ＜石綿則34条＞
- 労働者から見やすい位置に掲示
1. 石綿等を取扱う作業場である旨　2. 疾病の種類および症状
3. 取扱い上の注意事項　4. 保護具を使用すること、使用すべき保護具

定期自主検査 ＜石綿則22条＞
- 排気・換気・除じん装置…1年以内毎に1回
- 自主検査記録を3年間保存 ＜石綿則23条＞

点検 ＜石綿則24条＞
- 記録は3年間保存 ＜石綿則25条＞

休憩室の設置 ＜石綿則28条＞
- 当該作業場以外の場所に休憩室を設置

器具、工具、足場等の持ち出し（請負人へ周知）＜石綿則32条の2＞
- 容器等に梱包して廃棄、付着したものを除去した後、持ち出し

作業の記録等 ＜石綿則35条、35条の2＞
- 労働者の作業記録を40年間保存
- 作業の実施状況等を写真等により記録し、3年間保存

測定及び記録 ＜石綿則36条＞
- 6ヶ月以内毎に1回測定。（注）工期が6ヶ月以内でも1回は測定を行う
- 記録は40年間保存

測定結果の評価 ＜石綿則37条＞
- 測定結果を第1〜第3管理区分に区分し、評価する　●評価結果は40年間保存

評価結果に基づく措置
- 評価結果が第3管理区分の場所は直ちに点検し、作業環境改善の措置
  ＜石綿則38条1項＞
- 上記の結果を確認するため、当該場所の特定石綿の濃度を測定し結果を評価 ＜石綿則38条2項＞
- 評価結果が第2管理区分の場所は、施設・設備・作業方法等を点検し、作業環境改善の措置 ＜石綿則39条＞

健康診断の実施 ＜石綿則40条＞
- 雇入れ時　●当該業務へ配置替え時　●その後6ヶ月以内毎に1回、定期に

作業員・請負人

健康診断の結果の記録等 ＜石綿則41条、42条、42条の2＞
- 健康診断結果を本人に通知するとともに、健康診断から3ヶ月以内に医師の意見を聴取して石綿健康診断個人票を作成し、40年間保存しなければならない

呼吸用保護具・作業衣の着用（請負人へ周知）＜石綿則14条、44条＞
- 隔離を行った作業場所で、石綿除去作業に従事させるときは、電動ファン付呼吸用保護具（又は同等以上の性能を有する空気呼吸器、酸素呼吸器、送気マスク）
- 同時に作業する人数と同数以上用意

**特定元方
事 業 者**

石綿等の除去に係る措置 ＜石綿則7条2号＞
- 労働者の作業が石綿等の除去作業等と同一の場所で行われるときは、作業開始前までに関係請負人に通知し、作業時間帯の調整等必要な措置

「粉じん障害防止規則」の概要①

粉じん作業とは？〈**粉じん則2条**〉別表第1(略)に掲げる作業のいずれかに該当するもの

特定粉じん作業とは？〈**粉じん則2条**〉粉じん作業のうち、その粉じん発生源が特定粉じん発生源であるもの

特定粉じん発生源とは？〈**粉じん則2条**〉別表第2に掲げる箇所をいう（有効な発生源対策が可能）

特定粉じん発生源（別表第2建設関係）

①坑内において、鉱物等を動力により掘削する箇所
②鉱物等を動力により破砕し、粉砕し、又はふるいわける箇所（手持式動力工具によるものを除く）
③鉱物等をずり積機等車両系建設機械により積み込み、又は積み卸す箇所
④鉱物等をコンベヤー（ポータブルコンベヤーを除く）へ積み込み、又はコンベヤーから積み卸す箇所

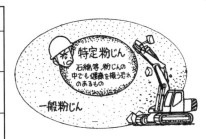

事 業 者

粉じん濃度目標レベルは2mg/m³以下（ずい道等建設工事における粉じん対策に関するガイドライン）

責務〈**粉じん則1条**〉
1. 作業者の健康障害の防止
2. 作業者の健康管理のための措置

粉じん作業を行う坑内作業場の換気装置による換気の実施〈**粉じん則6条の2**〉

粉じん作業を行う坑内作業場（切羽に近接する場所）の粉じん濃度の測定
〈**粉じん則6条の3**〉
半月以内ごとに1回、粉じんの濃度（及び遊離けい酸含有率）を定期に測定する ※
※ 測定・評価の方法は令和2年厚労省告示第265号

粉じん濃度の測定結果に応じた措置
〈**粉じん則6条の4**〉
- 上記定期測定の結果に応じて、換気装置の風量の増加等をする
- 風量増加等の措置後、粉じんの濃度を測定。測定結果を7年間保存、見やすい場所に掲示等

特定粉じん発生源に係る措置〈**粉じん則4条**〉
1. 衝撃式さく岩機を湿式型とする
2. 発生源ごとに密閉する設備、局所排気装置、湿潤な状態に保つ設備の設置

- 設備の改善
- 作業工程の改善
- 作業方法の改善
- 作業環境の整備
- 健康診断の実施
- 就業場所の変更
- 作業の転換
- 作業時間の短縮

「粉じん障害防止規則」の概要②

事業者

▶ **発破終了後の措置〈粉じん則24条の2〉**
ずい道等の内部のずい道等の建設の作業のうち、発破の作業を行ったときは、発破による粉じんが適当に薄められた後でなければ、発破をした箇所に作業者を近寄らせてはならず、その旨を見やすい箇所に掲示

▶ **呼吸用保護具の使用（請負人へ周知）〈粉じん則27条1項〉**
- 別表第3の作業の内27条2項に規定する作業を除く
- 「ずい道等建設工事における粉じん対策に関するガイドライン」を遵守する
  1. 保護具着用管理責任者の選任
  2. 呼吸用保護具の適正な選択、使用及び保守管理の徹底。フィルタの交換基準を定め、交換日等を記録する台帳を整備（3年間保存）
  3. 顔面への密着性の確認
  4. 呼吸器用保護具は、同時に就業する労働者数以上を備え、常時有効かつ清潔に保持

▶ **電動ファン付き呼吸用保護具の使用〈粉じん則27条2項〉**
- 別表第3第1号の二、第2号の二又は第3号の二の作業
  半月1回の粉じん定期測定等の結果に応じ、有効な電動ファン付き呼吸用保護具を使用させなければならない
  （ずい道等の内部作業）
  1. 動力を用いて鉱物等を掘削する場所における作業
  2. 動力を用いて鉱物等を積み込み、又は積み卸す場所における作業
  3. コンクリート等を吹き付ける場所における作業
- 「電動ファン付き呼吸用保護具の規格」（厚生労働省告示第455号）で定める電動ファンの性能区分が大風量形のものを使用する（平成26年11月28日付基発1128第12号）

ずり積み込み時には
散水をしよう

▶ **特別教育〈粉じん則22条〉**
  1. 常時特定粉じん作業に係る業務に作業者を就かせるときは実施する
  2. 教育の内容
     ア．粉じんの発散防止及び作業場の換気の方法
     イ．作業場の管理
     ウ．電動ファン付き呼吸用保護具、呼吸用保護具の使用の方法
     エ．粉じんに係る疾病及び健康管理
     オ．関係法令

▶ **休憩設備〈粉じん則23条〉**
- 坑内等特殊な作業場を除き、粉じん作業を行う作業場以外の場所に休憩設備を設置
- 作業衣に付着した粉じんを除去する用具の備え付け

「除染電離則」の概要①

除染電離則（東日本大震災により生じた放射性物質により汚染された土壌等を除去するための業務等に係る電離放射線障害防止規則）は、平成24年1月1日から施行されている（平成24年7月1日に一部改正）。具体的措置内容は、「除染等業務に従事する労働者の放射性障害防止のためのガイドライン（平成23年12月22日基発第1222第6号、最終改正令和5年4月27日基発0427第6号）」に規定されている。

適用対象となる事業者は？
〈除染電離則2条〉

環境省指定の除染特別地域・汚染状況重点調査地域（被ばく量がおおむね1ミリシーベルト毎年以上）で、除染等業務（土壌等の除染等の業務、廃棄物収集等業務、特定汚染土壌等取扱業務）または特定線量下業務を行う事業者。本欄では、このうち除染等業務に従事させる場合の事業者の義務の概要を示している。

事業者

→ **被ばく限度（請負人へ周知）〈除染電離則3条、4条〉**
除染業務従事者の受ける実効線量が下記限度を超えないように管理
ア　男性・医学的に妊娠可能性のない女性
　　：1年　50ミリシーベルト
　　　5年100ミリシーベルト

 線量の測定方法はP191を参照

イ　医学的に妊娠可能な女性：3カ月5ミリシーベルト
ウ　妊娠中の女性：妊娠中の内部被ばく1ミリシーベルト、腹部表面2ミリシーベルト

→ **測定結果の記録〈除染電離則6条、27条〉**
- 労働者の被ばく線量を管理様式に記載して30年間保存（5年後に財団法人放射線影響協会に引き渡すことも可）
- 記録に基づき、被ばく線量を労働者に通知
- 労働者の離職時等は記録の写しを交付

→ **事前調査〈除染電離則7条〉**
- 作業の開始前に、作業場所の状況、平均空間線量率、土壌の放射線濃度の値を調査し、結果を記録

→ **作業計画〈除染電離則8条〉**
- 作業の開始前に、作業の場所・方法、被ばく線量の測定方法、被ばく低減措置、機械・器具等の種類・能力を記載して作業計画を策定
- 作業計画を関係者に周知

→ **作業指揮者〈除染電離則9条〉**

選任　ガイドラインでは教育実施を推奨

職務
- 業務従事者の配置決定
- 機械の点検、不良品の除去
- 保護具等の使用状況監視
- 関係者以外の立ち入り禁止

「除染電離則」の概要②

事業者

作業の届出〈除染電離則10条〉
平均空間線量率が2.5マイクロシーベルト毎時を超えるとき
は、所轄の労働基準監督署長に作業届を届出

診察等〈除染電離則11条〉
放射性物質を誤吸入等した労働者が発生したときは、速やか
に医師の診察・処置を受けさせ、請負人には、診察等を受け
る必要がある旨周知

汚染拡大防止〈除染電離則12条、13条〉
● 高濃度汚染土壌等の取扱い作業または高濃度粉じん作業を
　行うときは、土壌の湿潤化等粉じんの発生抑制措置を講じ、
　請負人に対しては、同措置の必要性を周知
● 除去土壌等を収集・運搬する際は専用の容器使用

汚染検査〈除染電離則14条、15条〉
● 作業場所の近隣に汚染検査場所を設置
● 労働者（請負人を含む）の身体・装具、持出し物品の汚染が
　40ベクレル毎平方センチメートルを超えるときは退出・持
　出しを禁止

保護具〈除染電離則16条、17条〉
労働者に、呼吸用保護具、保護衣類等を
着用させ、請負人には着用の必要性を周知

保護具等の
基準はP192
を参照

喫煙等の禁止〈除染電離則18条〉
汚染土壌等を吸入するおそれのある場所での喫煙・飲食の禁止

特別教育の実施〈除染電離則19条〉
● 除染等業務に作業者を就かせるときに実施
● 教育の内容
学科教育　ア　放射線の生体に与える影響、被ばく線量管理
　　　　　イ　作業方法
　　　　　ウ　機械の構造・取扱い
　　　　　エ　関係法令
実技教育　作業方法・機械等の取扱い

特殊健康診断の実施〈除染電離則20条〉
● 雇入れ時・当該業務へ配置後、その後6カ月以内毎に1回、定期に

特殊健康診断の結果の記録等〈除染電離則21条～25条〉
● 健康診断個人票を作成し30年間保存
● 医師から意見聴取、本人に通知、結果に基づく業務転換等
● 健康診断結果報告書を所轄の労働基準監督署長に提出

作業員・請負人

保護具の着用等（請負人へ周知）〈除染電離則5条、16条〉
● 放射線測定器の装着
● 保護具・保護衣の着用

洗身等〈除染電離則14条〉
作業場退出時に汚染が確認された場合、洗身、装具の脱衣・取外し

「除染電離則」 の概要③

●線量の測定方法

①作業場所の平均空間線量率 [※2] が2.5マイクロシーベルト毎時を超える区域

　外部被ばく：個人線量計による測定

　　　　　　　外部被ばく線量は、ポケット線量計（APD）やガラスバッジ・ルクセルバッジなどにより測定。男性（および妊娠可能性のない女性）は胸部、その他の女性は腹部に測定器を装着

　内部被ばく：下記の通り

	50万ベクレル毎キログラムを超える汚染土壌等 （高濃度汚染土壌等）	高濃度汚染土壌等以外
高濃度粉じん作業 （10ミリグラム毎立方メートル超）	3月に1回、内部被ばく測定	スクリーニング検査 [※1]
高濃度粉じん作業以外の作業	スクリーニング検査	スクリーニング検査 （突発的に高い粉じんに暴露された場合に限る）

※1　スクリーニング検査は、次のいずれかの方法による
- 1日の作業終了時に、防じんマスクに付着した放射性物質の表面密度を放射線測定器を用いて測定
- 1日の作業終了時に、鼻腔内に付着した放射性物質の表面密度を放射線測定器を用いて測定（鼻スミアテスト）

②作業場所が2.5マイクロシーベルト毎時以下の区域

　外部被ばく：個人線量計による測定が望ましいが、代表者測定等でも差支えない

　　　　　　　代表者測定のときは、男女で放射線測定器の装着場所が異なるため男女1名ずつを選定

※2　平均空間線量率の測定方法

　平均空間線量率は、専門の測定業者に委託して測定するのが望ましいが、事業者自ら実施する場合、以下の方法による

- 作業場の区域（1,000平方メートルを超えるときは1,000平方メートル以下の区域に分割）の形状が四角形のときは、四隅と対角線の交点の5カ所の空間線量率を測定（四角形でないときは、外周を4等分した点およびその対角線の交点の5カ所の空間線量率を測定）
- 測定は、GM（ガイガー・ミュラー）管式測定器、NaⅠ（シンチレーション）式計数管を用いて、地上1メートルの高さで実施
- 5点の測定値の平均値を算出

測定地点の選び方

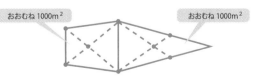

おおむね1000m² 　おおむね1000m²

高濃度汚染土壌等・高濃度粉じん等の測定方法は、ガイドライン参照

「除染電離則」の概要④

●保護具等の基準
ガイドラインでは、以下の区分に応じて保護具等を使用させるよう求めている。

●防じんマスク（または同等以上の有効な呼吸用保護具）

	50 万ベクレル毎キログラムを超える汚染土壌等（高濃度汚染土壌等）	高濃度汚染土壌等以外
高濃度粉じん作業 （10 ミリグラム毎立方メートル超）	捕集効率 95％以上	捕集効率 80％以上
高濃度粉じん作業以外の作業	捕集効率 80％以上	捕集効率 80％以上 ※

※鉱物性粉じんが発生しない作業の場合、サージカルマスク（外科用マスク）でも可

●保護衣類等

	50 万ベクレル毎キログラムを超える汚染土壌等（高濃度汚染土壌等）	高濃度汚染土壌等以外
高濃度粉じん作業 （10 ミリグラム毎立方メートル超）	長袖の衣服のうえに全身化学防護服（例：密閉型タイベックスーツ）、ゴム手袋（綿手袋と二重）、ゴム長靴	長袖の衣服、綿手袋、ゴム長靴
高濃度粉じん作業以外の作業	長袖の衣服、ゴム手袋（綿手袋と二重）、ゴム長靴	長袖の衣服、綿手袋、ゴム長靴

●安全衛生管理体制
ガイドラインでは、元方・下請事業者等に対し、適切な安全衛生管理体制を確立するよう求めている。

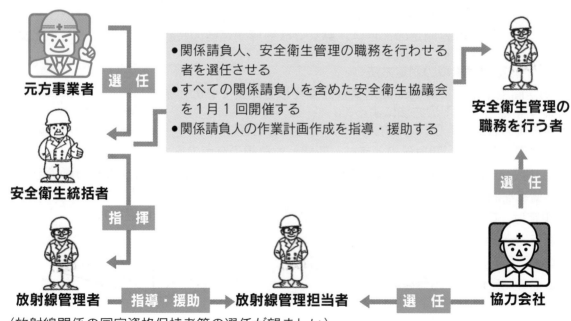

元方事業者　選任

- 関係請負人、安全衛生管理の職務を行わせる者を選任させる
- すべての関係請負人を含めた安全衛生協議会を1月1回開催する
- 関係請負人の作業計画作成を指導・援助する

安全衛生管理の職務を行う者

安全衛生統括者　選任

指揮

放射線管理者　指導・援助　放射線管理担当者　選任　協力会社

（放射線関係の国家資格保持者等の選任が望ましい）

「じん肺法」の体系

じん肺とは？〈じん肺法2条〉
粉じんを吸入することよって肺に生じた線維増殖性変化を主体とする疾病をいう

合併症とは？〈じん肺法2条〉
じん肺と合併した肺結核その他のじん肺の進展経過に応じてじん肺と密接な関係があると認められる疾病をいう

粉じん作業とは？〈じん肺法2条〉
当該作業に従事する労働者がじん肺にかかるおそれがあると認められる作業をいう

● じん肺健康診断の流れ

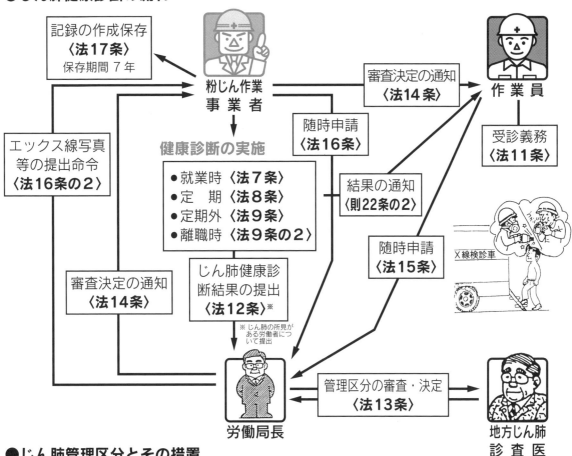

● じん肺管理区分とその措置

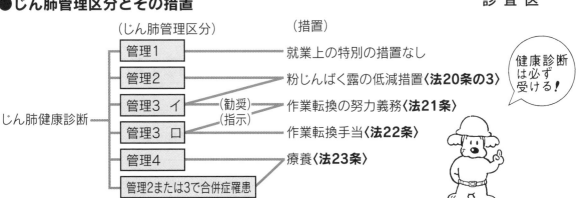

チェーンソー取扱作業の管理

チェーンソー(例)

チェーンソー取扱い作業指針について
平成21年7月10日付　基発0710第1号
振動工具の「周波数補正振動加速度実効値の3軸合成値」の測定、表示等について
平成21年7月10日付　基発0710第3号、4号
振動障害総合対策の推進について
平成21年7月10日付　基発0710第5号

選定基準

点検・整備

作業時間の管理及び進め方

使用上の注意

作業上の注意

体操等の実施

通勤の方法

その他

健康診断の実施

安全衛生教育の実施

---

1. 振動ばく露時間の管理等
   ・伐倒、集材、運材等を計画的に組み合わせ、チェーンソーを取り扱わない日を設けるなどの方法により1週間のチェーンソーによる振動ばく露時間を平準化する
   ・日振動ばく露量A（8）を求め、次の措置を講じる

   $$A(8) = a \times \sqrt{\frac{T}{8}} \ [m/s^2]$$

   aは「周波数補正振動加速度実行値の3軸合成値」
   Tは1日の振動ばく露時間
   ・日振動ばく露量A(8)が日振動ばく露限界値（5.0m/s²）を超えることのないよう、振動ばく露時間の抑制、低振動のチェーンソーの選定等を行う
   ・日振動ばく露限界値（5.0m/s²）に対応した1日の振動ばく露時間が2時間を超える場合は、1日の振動ばく露時間を2時間以下とする
   ・日振動ばく露対策値（2.5m/s²）を超える場合には、振動ばく露時間の抑制、低振動のチェーンソーの選定等の対策に努める

2. 一連続の振動ばく露時間の管理
   チェーンソーによる一連続の振動ばく露時間の最大10分以内とする
   但し、大型の重いチェーンソーを用いる場合には、1日の振動ばく露時間及び一連続の振動ばく露時間を更に短縮する

移動の際はチェーンソーの運転を止め、かつ、使用の際には高速の空運転を極力避ける

・雨の中の作業等、体を冷やすことは努めて避ける
・防振・防寒手袋等の使用
・エンジンをかけている時は、耳栓等を使用する

作業開始前、作業間及び作業終了後に、首、肩の回転、ひじ、手、指の屈伸、腰の曲げ伸ばし、腰の回転を主体とした体操及びマッサージを毎日行う

休憩時の防寒対策（暖房を設けた休憩小屋等の設置、天幕等の使用）

6カ月に1回
チェーンソー使用に伴う振動障害の防止について
昭和48年10月18日付　基発597号

管理区分C・・・振動作業に従事しない
チェーンソー取扱い業務に係る健康管理の推進について
昭和50年10月20日付　基発610号

・立木の伐木等の業務従事者特別教育＜安衛則36条8号＞
・チェーンソー作業従事者特別教育＜安衛則36条8号＞

チェーンソー以外の振動工具取扱作業の管理

主な対象作業

（次の機械を取扱う作業）
- さく岩機
- ピックハンマー
- コンクリートバイブレーター
- タイタンパー（携帯用）
- チッピングハンマー
- コンクリートブレーカー
- リベッティングハンマー
- サンドランマー
- 携帯用研削盤
- 卓上用または床上用研削盤
 （といし直径は150mm超）

チェーンソー以外の振動工具の取扱い業務に係る振動障害予防対策指針について
平成21年7月10日付　基発0710第2号
振動工具の「周波数補正振動加速度実効値の3軸合成値」の測定、表示等について
平成21年7月10日付　基発0710第3号、4号
振動障害総合対策の推進について
平成21年7月10日付　基発0710第5号

1　振動ばく露時間の管理等
・振動業務と他の業務を組み合わせ、振動業務のない日を設ける
・日振動ばく露量 A (8) を求め、次の措置を講じる

$$A(8) = a \times \sqrt{\frac{T}{8}} \quad (\text{m/s}^2)$$

　　a は「周波数補正振動加速度実行値の3軸合成値」
　　T は1日の振動ばく露時間
・日振動ばく露量 A(8) が日振動ばく露限界値（5.0m/s²）を超えることのないよう、振動ばく露時間の抑制、低振動の振動工具の選定等を行う
・日振動ばく露限界値（5.0m/s²）に対応した1日の振動ばく露時間が2時間を超える場合は、1日の振動ばく露時間を2時間以下とする
・日振動ばく露対策値（2.5m/s²）を超える場合には、振動ばく露時間の抑制、低振動の振動工具の選定等の対策に努める

2　一連続の振動ばく露時間と休止時間の管理

対象業務	一連続の振動ばく露時間の最大	一連続作業の後の休止時間
①ピストンによる打撃機構を有する工具を取り扱う業務のうち、金属又は岩石のはつり、かしめ、切断、鋲打及び削孔の業務	おおむね10分以内（※）	5分以上（※）
② ①以外の対象業務	おおむね30分以内	5分以上

※　但し、作業の性質上、ハンドル等を強く握る場合又は工具を強く押さえる場合には、一連続の振動ばく露時間を短縮し、かつ、休止時間の延長を図る

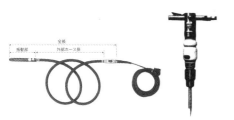

コンクリート　　　コンクリート
バイブレーター(例)　ブレーカー(例)

工具の選定基準

振動作業の作業時間の管理

工具の操作時の措置

たがね等の選定及び管理

圧縮空気の空気系統について

点検・整備

作業標準の設定

施設の整備

保護具の支給及び使用

体操の実施

健康診断の実施及びその結果に基づく措置

安全衛生教育の実施

・さく岩機、チッピングハンマー、コンクリートブレーカー、リベッティングハンマー、コーキングハンマー、ピックハンマー、ハンドハンマー、ベビーハンマー、スケーリングハンマー、サンドランマー等は6ヶ月に1回（うち1回は冬期）
・その他の業務は1年以内（冬期）1回
振動工具（チェーンソー等を除く。）の取扱い等の業務に係る特殊健康診断について
昭和49年1月28日付　基発45号

管理区分C…振動作業に従事しない

・振動工具取扱作業者安全衛生教育＜昭和58年5月20日付　基発258号＞
・刈払機（草刈機）取扱作業者安全衛生教育＜平成12年2月16日付　基発66号＞

騒音障害防止のためのガイドライン

令和5年4月20日基発0420第2号

騒音作業（建設関係）別表第2

対象となる作業場

1. インパクトレンチ、ナットランナー、電動ドライバー等を用い、ボルト、ナット等の締め付け、取り外しの業務を行う作業場
2. 携帯用研削盤、ベルトグラインダー、チッピングハンマー等を用いて金属の表面の研削又は研磨の業務を行う作業場
3. 丸のこ盤を用いて金属を切断する業務を行う作業場
4. ディーゼルエンジンにより発電の業務を行う作業場
5. 岩石又は鉱物を動力により破砕し、又は粉砕する業務を行う作業場
6. 振動スクリーンを用いて、土石をふるい分ける業務を行う作業場
7. 車両系建設機械を用いて掘削又は積込みの業務を行う坑内の作業場
8. さく岩機、コーキングハンマー、スケーリングハンマー、コンクリートブレーカ等圧縮空気により駆動される手持動力工具を取り扱う業務を行う作業場
9. コンクリートカッタを用いて道路舗装のアスファルト等を切断する業務を行う作業場
10. チェーンソー又は刈払機を用いて立木の伐採、草木の刈払い等の業務を行う作業場
11. 丸のこ盤、帯のこ盤等木材加工用機械を用いて木材を切断する業務を行う作業場

```
                    ┌─────────────┐                          ┌──────────────┐
                    │  屋内作業場   │                          │ その他の作業場 │
                    └─────────────┘                          └──────────────┘
```

| 作業環境測定又は個人ばく露測定 | → | 測定結果の記録 3年間保存 | | 作業環境測定（騒音） |

6ヶ月以内ごとに1回

第1管理区分	第2管理区分	第3管理区分	
●85dB（A）未満	●85 ～ 90dB（A）	●90dB（A）以上	●85 ～ 90dB（A）の場合必要に応じ、防音保護具の使用
●作業環境の継続的維持に努める	●標識により明示	●標識により明示	●90dB（A）以上の場合、聴覚保護具の使用と使用についての掲示
	●施設、作業方法等の改善	●施設、作業方法等の改善	
	●必要に応じ聴覚保護具の使用	●聴覚保護具の使用と、使用についての掲示	

●計画の届出〈安衛法88条〉
- 計画届に騒音障害対策を記載する

●体制・作業管理
- 騒音障害防止対策の管理者の選任
- 聴覚保護具（日本産業規格（JIS）T8161-1の遮音値目安）の使用
- 作業時間の管理

●健康管理
- 雇入時等健康診断
- 定期健康診断（6ヶ月以内ごとに1回） → 結果を記録し、5年間保存
- 症状の程度に応じて、聴覚保護具の使用を励行させ、あるいは騒音作業従事時間を短縮させる等の措置を講じる。本人へも診断結果を通知
- 定期健康診断結果を遅延なく所轄労働基準監督署長へ報告

●労働衛生教育の実施

騒音規制法の概要

特定建設作業とは？ 〈騒音規制法２条３項〉
建設工事として行われる作業のうち、著しい騒音を発生する作業であって、令別表第２により定められている

特定建設作業に伴って発生する騒音の規制に関する基準　平成12年4月1日改訂

指定地域、規制基準は環境省告示により定められている

特定建設作業 / 規制種別 地域の区分※1	基準値 ■1 ■2	作業時刻 1日当りの作業時間※2 ■1	作業時刻 1日当りの作業時間※2 ■2	作業日数・作業禁止日 ■1 ■2
くい打機（もんけんを除く）、くい抜機、くい打くい抜機（圧入式を除く）	85db（敷地境界線の値）	7:00〜19:00の最大10時間以内	6:00〜22:00の最大14時間以内	連続して6日を超えないこと、日曜日その他休日でないこと
びょう打機				
さく岩機（移動作業では1日に最大50mを超えない作業）				
空気圧縮機（電動機以外で定格出力15kW以上）				
コンクリートプラント（混練容量0.45m³以上）アスファルトプラント（混練重量200kg以上）				
バックホウ（定格出力80kW以上）トラクターショベル（定格出力70kW以上）ブルドーザー（定格出力40kW以上）				

（注）1. 災害その他非常事態等緊急時は適用除外
　　　　規制基準は、禁止事項でなく、改善勧告の発動の要件である
（注）2. 各都道府県別に「条例」があるので注意すること

※1 地域の区分（P198 表の区分も同様）

良好な住宅環境区域

住居専用区域

住・商・工の混合区域

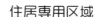

学校、病院、保育所、図書館、特別養護老人ホームの周囲80mの区域内

↕80m

■2 指定区域のうち **■1** の区域以外の区域

きまりは守るよ！

※2 基準値を超える作業の場合、騒音防止の方法改善のみならず、
　　1日の作業時間を4時間まで短縮させることを勧告又は命令できる

振動規制法の概要

特定建設作業とは？〈振動規制法2条3項〉

特定建設作業とは建設工事として行われる作業のうち、著しい振動を発生する作業であって、令別表第2により定められている

特定建設作業に伴って発生する振動の規制に関する基準　平成10年7月13日改正

特定建設作業 / 規制種別 / 地域の区分※1	基準値 1 2	作業時刻 1日当りの作業時間※2 1	作業時刻 2	作業日数・作業禁止日 1 2
くい打機（もんけん及び圧入式を除く） くい抜機（油圧式を除く） くい打くい抜機（圧入式を除く）	75db （敷地境界線の値）	7:00 〜 19:00の 最大 10時間 以内	6:00 〜 22:00の 最大 14時間 以内	連続して6日を超えないこと、日曜日その他休日でないこと
鋼球破壊				
舗装版破砕機（ハンマー落下）	（移動作業で1日に最大50mを超えない作業）			
ブレーカー（手持式を除く）				

（注）各都道府県別に「条例」があるので注意すること

※1 地域の区分等は騒音規制法と同様

P197 を参照

※2 基準値を超える作業の場合、振動防止の方法改善のみならず、1日の作業時間を4時間まで短縮させることを勧告又は命令できる

●特定建設作業の実施の届出

〈騒音規制法施行規則10条、振動規制法施行規則10条〉

都道府県知事
（市町村長に委任）

特定建設作業

実施の届出
様式第9
〈14条〉

施工者

2通

開始の7日前までに

騒音を規制する
地域の指定
〈振動規制法3条〉

1. 名称及び住所並びに代表者氏名
2. 建設工事の目的に係る施設の種類
3. 場所及び実施の期間、時刻
4. 騒音・振動の防止の方法
5. 作業場所の付近の見取図その他

敷地境界線で振動（75dB）騒音（85dB）を守る

特定建設作業

きまりは守るよ！

熱中症の予防

●熱中症とは？

熱中症とは、高温多湿な環境下で、体内の水分や塩分のバランスが崩れ、あるいは、体内の調整機能が阻害されるなどして発症する障害の総称をいう。職場で発生した場合には、業務上の疾病（労基則第35条別表第1の2第2号の8）に該当し、労働災害の対象となり得る

●発汗作業に関する措置〈安衛則617条〉

多量の発汗を伴う作業場においては、労働者に与えるために、塩及び飲料水を備える必要

●職場における熱中症予防基本対策要綱（令和3年4月20日基発0420第3号、一部改正令和3年7月26日基発0726第2号）

作業環境管理	・WBGTの低減（※） ・休憩場所の整備等
作業管理	・作業時間の短縮等 ・熱への順化（暑さに順化するには約1週間かかるため、高温多湿作業場所で労働者を作業に従事させる前に、計画的に、熱への順化期間を設ける） ・水分及び塩分の摂取 ・服装等（熱を吸収し、又は保熱しやすい服装は避け、透湿性及び通気性の良い服装を着用） ・作業中の巡視
健康管理	・健康診断結果に基づく対応等（特に熱中症の発症に影響を与えるおそれのある疾患の治療中等の労働者には留意） ・日常の健康管理等 ・労働者の健康状態の確認
労働衛生教育	・作業を管理する者及び労働者に対して、あらかじめ次の事項について労働衛生教育を行う〈安衛法59条1項・2項〉。 ① 熱中症の症状 ② 熱中症の予防方法 ③ 緊急時の救急処置 ④ 熱中症の事例
救急処置	・緊急連絡網の作成及び周知 ・救急措置

※WBGT（暑さ指数）の活用
① WBGT値の測定方法等は、日本産業規格 JIS Z 8504 を参考
② WBGT値の測定し、基準値と比較して、基準値を超える（おそれがある）場合には、冷房などにより、作業場所のWBGT値の低減を図る、身体作業強度（代謝率レベル）の低い作業に変更するなどして、WBGT基準値より低いWBGT値での作業に変更

危険有害化学物質・機械の危険性・有害性の表示

労働者にとって危険・有害な物質等を譲渡するとき、提供者は譲渡・提供先に対し危険・有害性に関する情報を表示し、または文書を交付するものとする

①安衛令18条、同別表3第1号の物を容器等に入れ、または包装して譲渡するとき（安衛法第57条）

②上記以外の危険有害化学物質等を容器等に入れ、または包装して譲渡するとき（安衛則24条の14、指針※1）

③安衛令別表3第1号、同別表9の物を譲渡するとき（安衛法57条の2）

④上記以外の危険有害化学物質等を譲渡するとき（安衛則24条の15、指針※1）

⑤危険・健康障害のおそれのある機械を譲渡するとき（安衛則24条の13、指針※2）

※1 化学物質等の危険性又は有害性等の表示又は通知等の促進に関する指針（平24・厚生労働省告示133号、改正令4・厚生労働省告示190号）

※2 機械譲渡者等が行う機械に関する危険性等の通知の促進に関する指針（平24・厚生労働省告示132号）

●通知対象物の周知
〈安衛法101条、安衛則98条の2、指針※1〉

取り扱う作業場の見やすい場所への常時掲示、備え置きなどにより労働者に周知しなければならない

④の危険有害物質の情報を記載したシート（作業場に掲示・備付け）を、SDS（安全データシート）と呼ぶ（指針※1）。

交付

周知する

提供者

SDS

●交付、通知の方法

磁気ディスク等の交付、FAX送信、電子メール送信、HP掲載の閲覧要求等も可
〈安衛則34条の2の3、指針※1〉

通知する事項

●有害性

●危険性

● 名　称
● 物理化学的性質
● 貯蔵又は取扱い上の注意
● 用途及び用途時の注意
● 応急措置　など

P203 を参照

●事業者の行うリスクアセスメント
・SDS の交付義務のある物質については有害性等を調査（リスクアセスメント）しなければならない（安衛法57条の3）
・建設物、原材料、ガス、蒸気、粉じん等による危険性・有害性（上記の物質に関する危険性・有害性を除く）を調査（リスクアセスメント）し、必要な措置を講ずるよう努めなければならない（安衛法28条の2）

●建設業で該当する作業例（一部）
・断熱工事──発泡硬質ウレタンフォーム中の有機溶剤
・塗装工事──エポキシ樹脂・硬化剤、二液性ウレタン塗装、錆落とし、剥離剤など
・防水工事──塗り床　　　・クリーニング工事──石、タイルの酸洗い
・解体工事──石綿　　　　・内装工事──接着剤
（注）あくまで一例であり、専門性・特殊性が高いものはより細部まで検討が必要である

化学物質対策

●規制概要

> （限られた数の）特定の化学物質に対して
> （特別則で）個別具体的な規制を行う方式

⬇ 特別則で**未規制の物質**を主眼として

> 危険性・有害性が確認された全ての物質を対象として、以下を事業者に求める
> ・**ばく露を最小限**とすること
> （危険性・有害性が確認されていない物質については、努力義務）
> ・国が定める濃度基準がある物質は、**ばく露が濃度基準を下回る**こと
> ・達成等のための手段については、リスクアセスメントの結果に基づき、**事業者が適切に選択すること**

●令和5年（一部令和6年）改正

【これまでの化学物質規制】　　　　　　　【見直し後の化学物質規制】

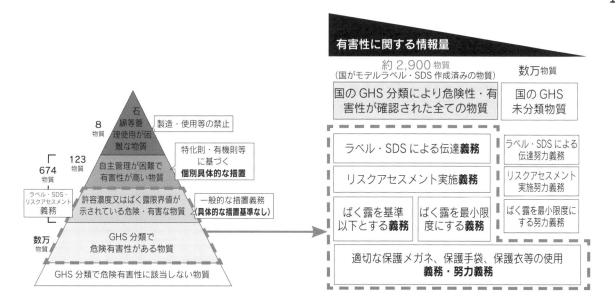

化学物質対策（規制項目）

実施事項		事業者	化学物質管理者	その他
化学物質管理体系の見直し	ラベル表示・通知をしなければならない化学物質の追加 ※	○	○	
	リスクアセスメント対象物のばく露を最小限度にすること、屋内作業場における濃度基準値設置物質のばく露を濃度基準値以下にすること（後者は ※）	○	○	保護具着用管理責任者、作業主任者
	ばく露低減措置やばく露状況について労働者からの意見聴取、記録作成・保存	○	○	
	皮膚等障害化学物質への直接接触の防止（健康障害を起こすおそれのある物質関係）※	○	○	保護具着用管理責任者、作業主任者
	衛生委員会付議事項の追加（一部の付議事項は ※）	○		
	がん等の遅発性疾病の把握強化	○	○	産業医等
	リスクアセスメント結果等に係る記録の作成・保存	○	○	
	化学物質労災発生事業場等への労働基準監督署長による指示 ※	○	○	化学物質管理専門家（社内又は社外）
	リスクアセスメントに基づく健康診断の実施・記録作成等 ※	○		産業医等
	がん原性物質の作業記録の保存	○	○	
実施体制の確立	化学物質管理者・保護具着用管理責任者の選任義務 ※	○		
	雇入れ時等教育の拡充 ※	○		
	職長等に対する安全衛生教育が必要となる業種の拡大	○		
情報伝達の強化	SDS 等による通知方法の柔軟化（事前に相手方の承諾を得なくとも、文書の交付や電子メール送信等可能）	○	○	
	SDS 等の「人体に及ぼす作用」の定期確認及び更新	○	○	
	SDS 等による通知事項の追加及び含有量表示の適正化 ※	○	○	
	事業場内別容器保管時の措置強化（別容器等で保管する際も物質の名称や人体に及ぼす作用を明示）	○	○	
	注文者が必要な措置を講じなければならない設備の範囲の拡大（通知対象物質の製造・取扱設備も文書交付の対象）	○		
管理水準良好事業場の特別規則等適用除外		○	○	化学物質管理専門家（社内又は社外）
一定の要件を満たした場合に特殊健康診断の実施頻度の緩和		○		産業医等
第三管理区分事業場の措置強化 ※		○	○	化学物質管理専門家（社外）、保護具着用管理責任者、作業主任者

※　令和6年4月1日施行

化学物質対策（リスクアセスメントの流れ）

●事業場内の化学物質管理の体制

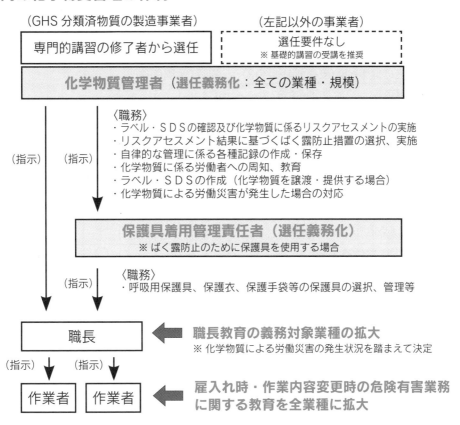

（GHS分類済物質の製造事業者）

| 専門的講習の修了者から選任 |

（左記以外の事業者）

| 選任要件なし
※ 基礎的講習の受講を推奨 |

化学物質管理者（選任義務化：全ての業種・規模）

〈職務〉
・ラベル・ＳＤＳの確認及び化学物質に係るリスクアセスメントの実施
・リスクアセスメント結果に基づくばく露防止措置の選択、実施
・自律的な管理に係る各種記録の作成・保存
・化学物質に係る労働者への周知、教育
・ラベル・ＳＤＳの作成（化学物質を譲渡・提供する場合）
・化学物質による労働災害が発生した場合の対応

（指示）（指示）

保護具着用管理責任者（選任義務化）
※ ばく露防止のために保護具を使用する場合

〈職務〉
・呼吸用保護具、保護衣、保護手袋等の保護具の選択、管理等

（指示）

| 職長 | ← **職長教育の義務対象業種の拡大**
※ 化学物質による労働災害の発生状況を踏まえて決定

（指示）（指示）

| 作業者 | | 作業者 | ← **雇入れ時・作業内容変更時の危険有害業務に関する教育を全業種に拡大**

●化学物質のリスクアセスメントの流れ

| ① **化学物質の危険有害性の特定**（ラベルやSDSを活用）〈安衛法57条の3第1項〉 |

↓

| ② **特定された危険性・有害性に基づくリスクを見積り**[※1]
〈安衛則34条の2の7第2項〉 |

↓

| ③ **リスク低減措置の内容の検討**〈安衛法57条の3第1項〉 |

↓

| ④ **リスク低減措置（ばく露最小限度措置等）の実施**〈安衛則577条の2第1項・2項・10項〉 |

↓

| ⑤ **記録作成・保存**[※2]**、労働者への周知**
〈安衛則34条の2の8第1項・2項、577条の2第11項・12項〉 |

※1 発生可能性と重篤度を考慮する方法や、ばく露の程度と有害性の程度を考慮する方法等がある。
※2 新たな化学物質規制では、④のばく露最小限度措置等の状況や、リスクアセスメント対象物質を取扱う場合のばく露状況について記録することが義務付けられているが、建設現場の場合、毎回作業環境や条件が異なることから、典型的な作業を洗い出し、あらかじめそれら作業における労働者のばく露を測定して作業ごとのマニュアルを作成した上で、そのマニュアルに沿った措置を講じたことや、マニュアル作成時に確認されたばく露の程度を記録すれば足りる（令和4年5月31日基発0531第9号第3の5（3）イ及びウ）。

健康診断の種類と時期

健康診断の種類		雇入時	配置替時	3ヶ月以内	6ヶ月以内	1年以内	精密検査	検診する人
雇入時の健康診断〈安衛則43条〉※1		○						常用労働者全員
海外派遣労働者の健康診断〈安衛則45条の2〉		随時（派遣前後）						
給食従事者の検便 〈安衛則47条〉		○	○					
定期健康診断 〈安衛則44条〉						○		
定期の健康診断 特定業務〈安衛則45条〉	多量の高熱物体・低温物体の取扱い、著しく暑熱・寒冷な場所での業務		○		○			特定業務の従事者
	ラジウム放射線、エックス線等有害放射線にさらされる業務		○		○			
	土石、獣毛等のじんあい又は粉末を著しく飛散する場所における業務		○		○			
	異常気圧下における業務		○		○			
	体に著しい振動を与える業務		○		○			
	重量物の取扱い等、重激な業務		○		○			
	強烈な騒音を発する場所での業務		○		○			
	坑内における業務		○		○			
	深夜業を含む業務※2		○		○			
	有害物を取扱う業務		○		○			
	有害物のガス、蒸気又は粉じんを発散する場所における業務		○		○			
	病原体によって汚染のおそれが著しい業務		○		○			
特別規則の健康診断	有機溶剤を取扱う業務〈有機則29、31条〉	○	○		○※4			
	四アルキル鉛を取扱う業務〈四鉛則22条〉※4	○	○	○				
	特定化学物質を取扱う業務〈特化則39条〉※4	○	○	特化則別表第3を参照			○	
	高圧室内及び潜水の業務 〈高圧則38条〉	○	○		○		○	
	電離放射線を取扱う業務 〈電離則56条〉	○	○		○			
	除染等業務※3 〈除染電離20条〉	○	○		○			
	鉛を取扱う業務 〈鉛則53条〉	○	○		○※4		○	
	石綿を取扱う業務（周辺業務含む）〈石綿則40条〉	○	○		○			
	じん肺健康診断 〈じん肺法7、8、9条〉	○		区分により異なる法8条を参照			○	
	炭鉱災害による一酸化中毒症の健康診断〈特別措置法5条、則2〜5条〉					○		
二次健康診断〈労働者災害補償保険法第26条〉		○	○			○		※5

※1…雇入時の健康診断は、診断後3ヶ月を経過していない健康診断書は有効
※2…深夜業に従事する労働者は、自ら受けた健康診断書を事業主へ提出できる〈安衛法66条の2〉
※3…特定線量下業務および平均空間線量率が2.5マイクロシーベルト／時以下の場所で行われる特定汚染土壌等取扱業務は対象外
※4…要件を満たせば実施頻度を1年以内にすることもできる。ただし特定化学物質は特別管理物質等を除く
※5…定期健康診断において脳・心臓疾患に関連する項目が全て有所見である者

健康診断項目と時期

健康診断の時期 / 検診項目 安衛則条文	雇入時 第43条	定期 特定業務(安衛則13条)従事者 第45条	定期 左記以外の者 第44条	海外派遣労働者 第45条の2	省略基準※1
①既往歴及び業務歴の調査	○	○	○	○	
②自覚症状及び他覚症状の有無の検査	○	○	○	○	
③身長、体重、腹囲、視力及び聴力の検査	○	○	○	○	身長…20歳以上 腹囲…40歳未満、妊産婦、BMIが22未満で自ら腹囲を測定し、その値を申告した者、その他の厚生労働大臣が定める者 聴力…45歳未満(35歳、40歳は省略不可)で他の方法可
④胸部エックス線検査	○	○※2	○	○	特定業務従事者除く40歳未満の者(20歳、25歳、30歳、35歳の者を除く)ただし、じん肺法のじん肺健診(3年に1回)の対象者は省略不可
かくたん検査		○	○	○	・上記の胸部エックス線検査の除外対象者 ・胸部エックス線検査で所見なしの場合
⑤血圧の測定	○	○	○	○	
⑥貧血検査(血色素量、赤血球数)	○	○※3	○	○	40歳未満(35歳は省略不可)
⑦肝機能検査(GOT、GPT、γ-GTP)	○	○※3	○	○	40歳未満(35歳は省略不可)
⑧血中脂質検査〔LDLコレステロール、HDLコレステロール、血清トリグリセライド〕	○	○※3	○	○	40歳未満(35歳は省略不可)
⑨血糖検査	○	○※3	○	○	40歳未満(35歳は省略不可)
⑩尿検査(尿中の糖及び蛋白の有無の検査)	○	○	○	○	
⑪心電図検査	○	○※3	○	○	40歳未満(35歳は省略不可)

1. ○は、実施しなければならない項目
2. ※1「省略基準」は、医師が必要でないと認めるときは、厚生労働大臣の定める基準に従って、省略することができる。ただし、雇入時の健診項目は、原則的に省略できない
3. ※2 1年以内ごとに1回、定期に行えば足りるものとする
4. ※3 は、前回(6ヶ月以内)その検査項目について検診を受けた者については、医師が必要でないと認めるときは省略することができる

過重労働時の面接指導等はP206 参照、ストレスチェックはP207 参照

5. 海外派遣労働者は①〜⑪のほか、B型肝炎ウィルス抗体検査のほか厚生労働大臣が定める項目のうち医師が必要と認める場合に実施。また、雇入時、定期、特定業務従事者の健診、特殊健診を受けた人は、当該健康診断実施の日から6ヶ月は同一の検査項目を省略することができる
6. 特殊健康診断(有害な業務に従事する者)の項目は安衛令22条を参照
7. 健康管理手帳(じん肺)の様式に喫煙歴の記入欄の追加〈安衛則 様式第8号〉

第13章 職業性疾病予防と公害防止

過重労働者に対する面接指導

長時間にわたる過重な労働は疲労の蓄積をもたらす最も重要な要因と考えられ、また脳・心臓疾患の発症との関連性が強いという医学的知見が得られている。このため、安衛法では、労働時間の状況を把握して、これに応じて医師による面接指導を実施するなど必要な健康管理を行うことを義務付けている

過重労働総合対策のポイント

（平成 18 年 3 月 17 日基発第 0317008 号、最終改正：令和 2 年 4 月 1 日基発 0401 第 11 号・雇均発 0401 第 4 号）

- ●時間外・休日労働の削減 ●年次有給休暇の取得促進
- ●労働時間等の設定改善 ●健康管理措置の徹底
- ●過重労働による業務上疾病が発症した場合の原因究明及び再発防止対策の徹底

安衛法に基づく面接指導等〈安衛法66条の8〉

面接指導
1月80 時間を超える時間外が発生し、疲労の蓄積が認められる場合に実施〈安衛則52条の2〉
面接指導の確認事項は、次のとおり〈安衛則52条の4〉
・勤務の状況 ・疲労の蓄積の状況 ・労働者の心身の状況

結果の記録
面接指導の結果の記録を作成し、5年間保存〈安衛則52条の6〉
医師の意見聴取と作業の転換等必要な措置

労働時間の把握〈安衛法66条の8の3〉

- ・事業者は、面接指導制度の適正な運用のため、労働者の労働時間を把握する義務を負う
- ・タイムカードなど客観的な方法によるのを原則とする

労働時間の通知等

- ・事業者は1月80 時間を超える時間外が発生した労働者の氏名・超えた時間に関する情報を産業医に提供〈安衛則 14 条の2〉
- ・事業者は、1月 80 時間を超える時間外が発生した労働者に対して、超えた時間に関する情報を通知〈安衛則 52 条の2〉

長時間労働者への医師による面接指導制度の概要

事業者
労働者
医師（産業医等）

② 労働時間に関する情報の通知※1
④ 申出※2
⑤ 面接指導等の実施の通知
⑧ 事後措置の実施

労働者
(1)労働者（高度プロフェッショナル制度適用者を除く）：月80時間超の時間外・休日労働を行い、疲労の蓄積が認められる者（申出）※3
(2)研究開発業務従事者：(1)に加えて、月100時間超の時間外・休日労働を行った者
(3)高度プロフェッショナル制度適用者：1週間当たりの健康管理時間※4が40時間を超えた場合におけるその超えた時間について月100時間を超えて行った者※5

⑦ 面接指導結果についての医師の意見聴取
① 長時間労働者に係る情報の産業医への提供
■ 就業場所の変更、作業の転換
■ 労働時間の短縮、深夜業の回数の減少
■ 衛生委員会等への報告 等

⑥ 面接指導等の実施
■ 勤務状況・疲労の蓄積状況等の把握
■ メンタルヘルス面でのチェック
■ 把握結果に基づく必要な指導

③ 産業医による申出の勧奨

※1 時間外・休日労働時間が月80時間を超えた労働者が対象。
※2 月100時間超の時間外・休日労働を行った研究開発業務従事者、高度プロフェッショナル制度適用者については、面接指導実施の申出がなくても対象
※3 月80時間超の時間外・休日労働を行った者については、申出がない場合でも面接指導を実施するよう努める。
　　月45時間超の時間外・休日労働で健康への配慮が必要と認めた者については、面接指導等の措置を講ずることが望ましい。
※4 対象業務に従事する対象労働者の健康管理を行うために当該対象労働者が事業場内にいた時間（労使委員会が厚生労働省令で定める労働時間以外の時間を除くことを決議したときは、当該決議に係る時間を除いた時間）と事業場外において労働した時間との合計の時間。
※5 1週間当たりの健康管理時間が、40時間を超えた場合におけるその超えた時間について、1月当たり100時間を超えない高度プロフェッショナル制度適用者であって、申出を行った者については、医師による面接指導を実施するよう努める。

ストレスチェック制度

ストレスチェック制度〈平成27年12月1日 施行〉

業務上のストレスにより、メンタルヘルス不調を訴える労働者が増加している。平成27年12月1日施行の改正安衛法では、「新しいストレスチェック制度（労働者のプライバシーに配慮しつつ、精神不調者を確実に把握する仕組み）」を創設した（安衛法66条の10）。新しいストレスチェック制度は、従業員規模50人以上の事業場で実施が義務付けられ、50人未満の事業場は「当分の間は努力義務」とされている

●実施内容

対象事業者は、以下の義務を負う。

1. **心理的な負担の程度を把握するための検査（ストレスチェック）を1年1回実施**
   - ・検査項目は「心理的な負担の原因」「心身の自覚症状」「他の労働者の支援」
   - ・実施者は、医師・保健師及び厚生労働大臣研修を受講した看護師・精神保健福祉士
   - ・定期健診等の機会を利用して実施するのが基本。費用は事業者負担
   - ・ストレスチェックの結果は医師等から労働者本人に通知。労働者の同意がなければ事業者への提供は不可（プライバシー保護）

2. **労働者の希望を受け、事業者が医師による面接指導を実施**
   - ・ストレスチェック結果の通知を受けた労働者は、医師面接を受けるか否か自ら選択
   - ・面接指導の結果は5年間保存
   - ・50人以上の労働者を使用する事業者は年1回結果報告書を労基署に提出

3. **事業者は面接結果を受け、講ずべき措置について医師の意見を聴取**

4. **医師の意見に基づき、事後措置を実施**
   就業場所の変更、作業転換、時短、深夜業の減少等の措置が考えられる
   さらに衛生委員会等に報告し対策検討

5. **ストレスチェックの事務に従事した者は、秘密保持義務を負う**

【ストレスチェック制度の概要】

COLUMN 7

トラック運転者の改善基準

令和6年4月からトラック運転者の改善基準告示が改正される

1年、1カ月の拘束時間	1年：3,300時間 1カ月：284時間	【例外】労使協定により、次のとおり延長可（①②を満たす必要あり） 1年：3,400時間以内 1カ月：310時間以内（年6カ月まで） ①284時間超は連続3カ月まで ②1カ月の時間外・休日労働時間数が100時間未満となるよう努める
1日の拘束時間	**13時間以内（上限15時間、14時間超は週2回までが目安）** 【例外】宿泊を伴う長距離貨物運送の場合 ※、16時間まで延長可（週2回まで）	
1日の休息期間	**継続11時間以上与えるように努めることを基本とし、9時間を下回らない** 【例外】宿泊を伴う長距離貨物運送の場合 ※、継続8時間以上（週2回まで） 休息期間のいずれかが9時間を下回る場合は、運行終了後に継続12時間以上の休息期間を与える	
運転時間	**2日平均1日：9時間以内** **2週平均1週：44時間以内**	
連続運転時間	**4時間以内** 運転の中断時には、原則として休憩を与える（1回おおむね連続10分以上、合計30分以上） 10分未満の運転の中断は、3回以上連続しない 【例外】ＳＡ・ＰＡ等に駐停車できないことにより、やむを得ず4時間を超える場合、4時間30分まで延長可	
特例	**分割休息**（継続9時間の休職期間を与えることが困難な場合） ・分割休息は1回3時間以上 ・休息期間の合計は、2分割：10時間以上、3分割：12時間以上 ・3分割が連続しないよう努める ・一定期間（1カ月程度）における全勤務回数の2分の1が限度	
	2人乗務（自動車運転者が同時に1台の自動車に2人以上乗務する場合） 身体を伸ばして休息できる設備がある場合、拘束時間を20時間まで延長し、休息期間を4時間まで短縮可（例外あり）	
	隔日勤務（業務の必要上やむを得ない場合） 2暦日の拘束時間は21時間、休息期間は20時間（例外あり）	

※1週間における運行がすべて長距離貨物運送で一の運行における休息期間が住所地以外の場所におけるものである場合

第14章

保護具

主な保護具の種類

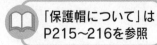「保護帽について」は P215〜216を参照

安全靴
（安全足袋、安全長靴
安全スニーカー等）

「墜落制止用器具に
ついて」は P211〜
214 を参照

保護帽

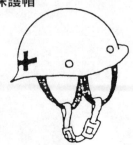

電動ファン付き
呼吸用保護具
（防じん機能用又は
防毒機能用）

防じんメガネ

アーク溶接用遮光面　　アーク溶接用手袋

防じんメガネ（フェイスタイプ）

防振手袋

粉じんマスク

耳栓

反射ベスト　　　　バックプロテクター　　　　救命胴衣　　　　浮輪

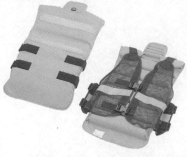

墜落制止用器具について

●墜落制止用器具（従来の安全帯を改称）

認められるのは次の2種類〈**安衛令13条28号**〉

種類	用途
①胴ベルト型（1本つり）	フルハーネス型の着用者が墜落時に地面に到達するおそれのあるとき
②ハーネス型（1本つり）	原則的にはフルハーネス型を使用（上記以外の場合）

注：従来、安全帯の1種とされていた胴ベルト型（U字つり）は
　　墜落制止用器具から除外
　　U字つりで高所作業を行うときは、墜落制止用器具と併用

法律的な正式名称は変更されたが、現場で「安全帯」等の用語を
用いることは差し支えないとされている

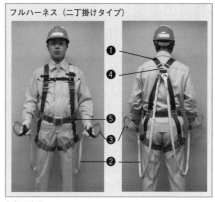

フルハーネス（二丁掛けタイプ）

各部の名称
❶ハーネス❷ランヤード（ショックアブソーバ付）❸フック
❹D環 ❺バックル

第14章 保護具

墜落制止用器具の使用義務（建設関係）
・高所作業車（垂直昇降式を除く）の作業床上に労働者を乗せるとき〈**安衛則194条の22**〉
・高さ2m以上の箇所で、作業床を設けるのが困難なとき〈**安衛則518条**〉
・高さ2m以上の作業床の端・開口部で囲い等を設けるのが困難なとき〈**安衛則519条**〉
・ロープ高所作業を行うとき〈**安衛則539条の7**〉
・架設通路の手すり等を外して作業をするとき〈**安衛則552条2項**〉
・作業床の手すり等を外して（なしで）作業をするとき〈**安衛則563条3項**〉
・足場の組立て等で緊結・取り外し等の作業をするとき〈**安衛則564条**〉
・作業構台の手すり等を外して（なしで）作業をするとき〈**安衛則575条の6**〉
・ゴンドラの作業床上で作業をするとき〈**ゴンドラ則17条**〉
・酸素欠乏危険作業で転落のおそれのあるとき〈**酸欠則6条**〉

・墜落制止用器具は、「墜落危険によるおそれに応じた性能を有するもの（要求性能墜落制止用器具）」でなければならない
・高所作業を伴う作業の場合、作業主任者の職務の中に要求性能墜落制止用器具の使用状況の監視や点検も含まれる

●特別教育〈**安衛則36条**〉

・高さが2m以上の箇所において、作業床を設けることが困難な場合で、フルハーネス型を使用して行う作業（ロープ高所作業を除く）が対象

ロープ高所作業はP118を参照

平成30年6月22日付　基発0622第2号

●器具の選定

1．一般的な建設作業

・原則はフルハーネス

２ｍ以上の作業床がない箇所または作業床の端・開口部等で、囲い・手すりのない状態で作業するときは、フルハーネス型が原則

・５ｍ以下なら胴ベルトも

ただしフルハーネス型の着用者が地面に到達するおそれのある場合（建設作業の場合、５ｍ以下が目安。右図参照）は、胴ベルト型（１本つり）の使用も可

・最大重量に合わせる

墜落制止用器具は、着用者の体重・その装備品の重量の合計に耐えるもの（85ｋg用または100ｋg用）を選定

・適切なショックアブソーバの選定

①腰の高さ以上にフック等を掛けるときは第１種ショックアブソーバ（自由落下距離 ※1.8ｍで墜落を制止したときの衝撃荷重が4.0kN以下）を選定

※ 自由落下とは、「墜落後、ランヤードが緊張し、ショックアブソーバが作動するまでの間」を指す。したがって、自由落下距離は、ランヤードの長さに「D環の高さからフック取付高さを差し引いた高さ」を加えたものとなる

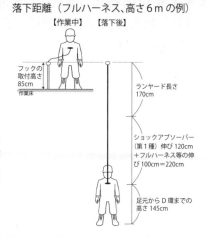

落下距離（フルハーネス、高さ６ｍの例）

【作業中】　【落下後】

フックの取付高さ85cm　作業床

ランヤード長さ170cm

ショックアブソーバー（第１種）伸び120cm＋フルハーネス等の伸び100cm＝220cm

足元からD環までの高さ145cm

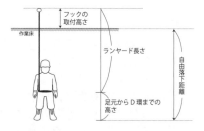

自由落下距離（胴ベルトの例）

フックの取付高さ　作業床

ランヤード長さ

足元からD環までの高さ

自由落下距離

②鉄骨等組立て作業等で、足元にフック等を掛けるときはフルハーネス型を使用し、第２種ショックアブソーバ（自由落下距離4.0ｍで墜落を制止したときの衝撃荷重が6.0kN以下）を選定

③両方を混在して行う場合は、フルハーネス型＋第２種ショックアブソーバ

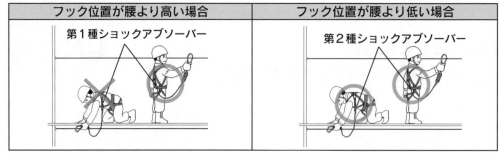

フック位置が腰より高い場合	フック位置が腰より低い場合
第１種ショックアブソーバー	第２種ショックアブソーバー

・適切なランヤードの選定

標準的な条件（フックの取付高さ・85cm、D環の高さ145cm）での落下距離を確認し、適切なランヤードを選定
落下距離の短いロック機能付き巻取り式ランヤードを推奨
移動時の墜落防止のため、二丁掛けが望ましい

墜落制止用器具のガイドライン②

平成30年6月22日付　基発0622第2号

2．ワークポジショニング作業（ロープ等の張力により、U字つり状態などで行う作業。柱上作業など）

・**原則はフルハーネス**

　　通常、頭上に構造物が存在し、フック等を頭上に取り付けることが可能なので、フルハーネス型を使用が原則（構造物がないときは胴ベルト型も可）

・**適切なショックアブソーバの選定**

　　上記と同様に、フック等を頭上に取り付けるのが通常なので第1種ショックアブソーバを選択（足下にフックを掛けるときは第2種ショックアブソーバ）

●使用方法

・取扱書を確認し、安全上必要な部品がそろっているか確認し、緩みなく確実に装着する。2つ以上のバックルの装着を誤らないように注意

・墜落制止用器具の取付設備は、ランヤードが外れたり、抜けたりするおそれのないもので、墜落制止時の衝撃に耐えるものを選択

・墜落後にフック等に曲げの力がかかることによる脱落・破損を防ぐためフック等の主軸と墜落時に係る力の方向が一致するよう取り付ける
近傍に鋭い角がある場合は、養生等の措置を講じる

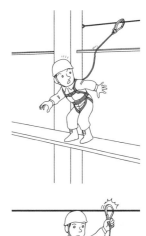

・垂直親綱に墜落制止用器具のフック等を取り付ける場合は、親綱に取り付けたグリップ等の取付設備にフック等をかけて使用。取付設備の位置は、ランヤードとフルハーネス等を結合する環の位置より下にならないようにする
1本の垂直親綱を使用する作業者は原則として1人

・水平親綱は、ランヤードとフルハーネス等を結合する環より高い位置に張り、それに墜落制止用器具をかける
水平親綱を使用する作業者は、原則として1スパン1人
なお、作業と通行・昇降は別概念で、墜落制止用器具は作業時に使用が義務付けられる

●点検・保守・保管、廃棄基準

・墜落制止用器具の点検・保守及び保管は、責任者等を定める等により確実に行い、管理台帳等に必要事項を記録
ランヤードのロープ等（少なくとも1年以上使用のもの）は、短い間隔で定期的に目視チェック
ランヤードのロープのみが摩耗した場合には、ロープまたはランヤード全体を交換
部品を組み合わせたパッケージ製品を分解して他社製品と組み合わせるのは、製造物責任の観点から行わない

・墜落制止用器具は次のような場所に保管

①直射日光に当たらない所	②風通しがよく、湿気のない所
③火気、放熱体等が近くにない所	④腐食性物質が近くにない所
⑤ほこりが散りにくい所	⑥ネズミの入らないところ

・一度でも落下時の衝撃がかかったものは使用しない
点検の結果、異常があったもの、摩耗・傷等の劣化が激しいものは使用しない（次ページ参照）

墜落制止用器具の廃棄基準

●要求性能墜落制止用器具の廃棄基準

点検した結果、次のような損傷が見られたときは新しい要求性能墜落制止用器具に取替える

ベルト		磨耗・擦り切れ・切り傷・焼損・溶解			
	両耳		2mm以上の摩耗・切り傷等があるもの	幅の中	2mm以上の摩耗・切り傷等があるもの

ロープ・ストラップ	三つ打ちロープ（新品） ストランド ヤーン		八つ打ちロープ（新品） ストランド ヤーン		ストラップ
	切り傷		磨耗		
		ロープ1本内で7ヤーン以上切れているもの		外部ヤーン及び7ヤーン以上摩耗しているもの	
	キンク・形崩れ		薬品・塗料		
		キンクしているもの、また7ヤーン以上形崩れのあるもの		塗料が付着して軟化しているもの、また薬品が付着し、変色しているもの	
	焼損・溶解		サツマ編み		
		7ヤーン以上溶解があるもの		サツマ編みが1箇所でも抜けているもの	

バックル	変形		摩滅・傷	
	変形 リベット	変形し、締まり具合が悪いもの	キズ キズ	1mm以上の摩滅・傷等のあるもの、リベットの頭部が1/2以上摩滅したもの

環類	変形		摩滅・傷	
	変形 変形	目視で変形が確認できるもの		1mm以上の摩滅・傷等のあるもの

フック	変形		摩滅・傷	
	変形 変形 変形	外れ止め装置の開閉作動の悪いもの		カギ部の内側に傷のあるもの、または外周に1mm以上の摩滅・傷等のあるもの、リベットの頭部が1/2以上摩滅したもの

伸縮調節器	変形		摩滅・傷	
		目視で変形が確認できるもの		1mm以上の摩滅・傷等のあるもの、リベットの頭部が1/2以上摩滅したもの

巻取り器	機能不良		損傷	
		ストラップの巻込み、引出しができないもの		ベルト通し環が破損しているもの

一度でも大きな衝撃を受けた安全帯は、外観に変化がなくても再度使用しないこと

保護帽について①

保護帽の規格（労働省 昭和50年9月8日付 告示第66号（改）令和元年6月28日付 告示第48号）

現場で使用する保護帽は、**飛来・落下**による危険防止及び**墜落**による危険防止の両方を防止できる保護帽を使用する

また、感電防止のために絶縁用を兼ねた製品もある

飛来落下物及び墜落併用型保護帽
（ライナーが装着されている）

●保護帽各部分の名称

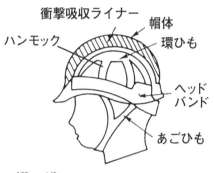

衝撃吸収ライナー　帽体
ハンモック　環ひも
ヘッドバンド
あごひも

材　料 第2条

区　分	素材等
帽　体	合成樹脂又は金属
着装体のハンモック及びヘッドバンド	合成樹脂、合成繊維又は綿
あごひも	合成樹脂、合成繊維、綿又は皮革
衝撃吸収ライナー	発泡スチロール又はこれと同等以上の衝撃吸収性能を有するもの

構　造

第4条　飛来・落下による危険を防止するための保護帽は、帽体、着装体及びあごひもを有し、かつ、次の各号に適合するものでなければならない

　1．着装体のヘッドバンドは、着用者の頭部に適合するように調節することができること

　2．着装体の環ひもは、環の大きさを調節できないこと

　3．帽体と着装体のヘッドバンドとの間げきは5mm以上であること

第5条　墜落による危険を防止するための保護帽は、帽体、衝撃吸収ライナー及びあごひもを有し、かつ、リベットその他の突起物が帽体の外面から6mm以上突出していないものでなければならない

表　示

第9条　保護帽は、見やすい箇所に次の事項が表示されているものでなければならない

　1．製造者名

　2．製造年月

　3．物体の飛来若しくは落下による危険を防止するためのものである旨、又は墜落による危険を防止するためのものである旨

「保護帽の規格」に適合する型式検定合格品には〔労・検〕のラベルが貼付されている。必ずラベルが貼付されているか確認し、ラベルが無い保護帽の使用は禁止

第
14
章

保
護
具

215

保護帽について②

●使用上の注意事項（日本安全帽工業会マニュアル）

1. 頭によくあった保護帽を使用し、あごひもは必ず正しく締めること
2. **一度でも大きな衝撃を受けた保護帽は、外観に損傷がなくても使用しないこと**
3. 保護帽を改造あるいは加工したり、部品を取り除かないこと（保護帽は各部品の全体のバランスで性能を発揮できるように設計されている）
4. 「保護帽点検20のチェックポイント」によって定期的に点検し、該当するものはただちに交換すること
5. 保護帽は**長期間使用しない**こと。帽体の材質がPC、PE、ABS等の熱可塑性樹脂製のものは**3年以内**、FRP等の熱硬化性樹脂製のものは**5年以内**に交換すること
6. **着装体は1年位で交換**すること。交換する時は、同一メーカーの同一型式の部品を使用すること

●保護帽点検・20のチェックポイント（ミドリ安全（株）ヘルメットカタログより抜粋）

帽体（樹脂製）

① 縁に欠損または亀裂があるもの

② 衝撃の跡が認められるもの

③ すりきずが多いもの

④ 汚れが著しいもの

⑤ メーカーがあけた以外の穴があいているもの

⑥ ガラス繊維が浮き出しているもの（FRP製）

⑦ 着装体取付部に亀裂があるもの

⑧ 著しい変色が認められるもの

⑨ 帽体と着装体の取付部に破損・減失等があるもの

⑩ 変形しているもの

着装体・アゴひも

⑪ 使用者が改造したもの

⑫ 環ひもが伸びたり著しく汚れているもの

⑬ 縫い目がほつれているもの

⑭ ヘッドバンドが損傷しているもの

⑮ 汗、油等によって著しく汚れているもの

⑯ アゴひもが損傷したり著しく汚れているもの

⑰ ハンモックが損傷しているもの

衝撃吸収ライナー

⑱ 熱、溶剤等によって変形しているもの

⑲ 著しく汚れているもの

⑳ きず、割れが著しいもの

保護具の使用状況の監視義務（作業主任者、作業指揮者の職務）

監視義務のある保護具	作 業 の 種 類	準拠条項
保護帽・要求性能墜落制止用器具	型枠支保工の組立、解体等の作業	安衛則247条
	高さ2m以上の地山の掘削等の作業	安衛則360条
	土止め支保工の組立、解体等の作業	安衛則375条
	ずい道等の掘削等の作業	安衛則383条の3
	ずい道等の覆工作業	安衛則383条の5
	林業架線の組立、解体等の作業	安衛則151条の127
	高さ2m以上の採石のための掘削等の作業	安衛則404条
	つり足場、張り出し足場または高さ5m以上の足場の組立、解体等の作業	安衛則566条
	高さ5m以上の建築物の鉄骨の組立、解体等の作業	安衛則517条の5
	高さ5m以上の木造建築物の組立、解体等の作業	安衛則517条の13
	高さ5m以上、支間30m以上の鋼橋の組立、解体等作業	安衛則517条の9
	高さ5m以上、支間30m以上のコンクリート橋の組立、解体等の作業	安衛則517条の23
	高さ5m以上のコンクリート造の工作物の解体等の作業	安衛則517条の18
	ロープ高所作業	安衛則539条の2
	クレーン、デリック、エレベーター、建設用リフトの組立、解体等の作業	クレーン則33条、118条 クレーン則153条、191条
保護帽	貨物自動車への100kg以上の荷の積卸し作業	安衛則151条の70
	不整地運搬車への100kg以上の荷の積卸し作業	安衛則151条の48
	高さ2m以上のはいの上の作業	安衛則429条
保護眼鏡・保護手袋	アセチレン溶接装置、ガス集合溶接装置を用いて行う金属の溶接、溶断等の作業	安衛則315条 安衛則316条
保護具	有機溶剤を取扱う作業	有機則19条の2
	特定化学物質等を取扱う作業	特化則28条、28条の2
空気呼吸器等	酸素欠乏の危険がある作業	酸欠則11条
呼吸用保護具・作業衣又は保護衣	石綿を含む建材等の解体作業	石綿則20条
呼吸用保護具・保護衣等	除染等作業（平均空間線量率が2.5マイクロシーベルト/時以下の場所で行われる特定汚染土壌等取扱業務を除く）	除染電離則9条

保護具の着用義務がある作業

保護具の名称	作 業 の 種 類	準拠条項
保護帽	明り掘削の作業	安衛則366条
	採石の作業	安衛則412条
	最大積載量が 2t 以上の貨物自動車の荷の積み卸し	安衛則151条の74
	最大積載量が 5t 以上の不整地運搬車の荷の積み卸し	安衛則151条の52
	ジャッキ式つり上げ機械を用いた荷の吊上げ、吊下げ等の作業	安衛則194条の7
	高さ2m以上のはいの上の作業	安衛則435条
	高さ5m以上、支間30m以上の鋼橋の架設、解体等の作業	安衛則517条の10
	高さ5m以上又は橋梁支間30m以上のコンクリート橋の架設、解体等の作業	安衛則517条の24
	高さ5m以上のコンクリート造の工作物の解体等の作業	安衛則517条の19
	高層建築場等で物体の飛来落下の危険のある作業	安衛則539条
要求性能 墜落制止用器具	高所作業車(作業床が接地面に対し垂直のみ上昇し又は下降する構造のものを除く)での作業	安衛則194条の22
	高さ2m以上の高所作業で墜落の危険がある作業	安衛則518〜521条
	つり足場、張り出し足場または高さ2m以上の足場の組立、解体等の作業(作業床等を設けることが困難な場合)	安衛則564条
	クレーン、移動式クレーンの専用の搭乗設備に必要があって労働者を乗せる場合	クレーン則27条 クレーン則73条
	ゴンドラの作業床での作業	ゴンドラ則17条
	酸素欠乏の危険がある作業	酸欠則6条
作業帽及び作業服	動力により駆動される機械の作業	安衛則110条
保護眼鏡・保護手袋	ガス集合溶接装置を用いて行う金属の溶接等の作業	安衛則313条
適当な保護具	アセチレン溶接装置又はアーク溶接等の強烈な光線による危険場所での作業	安衛則312条 安衛則325条
絶縁用保護具等	高圧及び低圧活線作業、近接作業	安衛則341〜343条 安衛則346〜348条
保護衣・保護眼鏡 呼吸用保護具等	有害業務 猛暑等での作業、高熱、低温物体、有害物を取扱う作業、 有害な光線にさらされる作業、ガス・蒸気・粉塵の出る作業、 病原体の汚染の著しい作業	安衛則593条 安衛則597条
保護衣・保護手袋等	皮膚に障害等を与える作業	安衛則594条 安衛則597条
耳せん	強烈な騒音のある場所での作業	安衛則595条 安衛則597条
空気呼吸器・酸素呼吸器・送気マスク	酸素欠乏の危険がある作業	酸欠則5条の2
送気マスク・防毒マスク・防毒機能を有する電動ファン付き呼吸用保護具	有機溶剤を取扱う等の作業	有機則33条、34条
呼吸用保護具	坑外においてさく岩機による作業、坑内の鉱物の積卸し、金属のアーク溶接作業等(粉じん則別表第3に定める作業)	粉じん則27条 特化則38条の21 じん肺法5条
呼吸用保護具・保護衣等	特定化学物質を取扱う等の業務	特化則43条、44条
	石綿等の切断等の作業	石綿則14条
	除染等作業	除染電離則16条
保護衣等	廃棄物焼却施設の解体等の作業	安衛則592条の5

第15章

その他

施工体制台帳、施工体系図の作成の概要①

特定建設業者（発注者から直接工事を請け負った特定建設業者）

対象：下請負契約の総額が4,500万円（建築一式工事は7,000万円）以上の工事

1. 「施工体制台帳」を作成し、発注者から求められた時は閲覧に供する
   〈建設業法24条の8第1項、3項〉
   但し、公共工事を受注した建設業者が下請契約を締結するときには、金額にかかわらず、施工体制台帳を作成し、その写しを発注者に提出
2. 公共工事においては、2次以降の契約についても請負代金の額を明示した契約書の写しを添付する。民間工事においては、下請工事業者間（例えば一次下請工事業者と二次下請工事業者間）の契約書の写しのうち、請負代金の額に係る部分は添付しなくてもよい〈建設業法施行規則14条の2第2項〉
3. 各協力会社の施工分担関係を表示した「施工体系図」を作成し、現場内に表示する
   〈建設業法24条の8第4項〉
   但し、公共工事については工事関係者及び公衆が見やすい場所に掲示〈入契法15条〉
4. 協力会社に対して「施工体制台帳の作成を要する工事」であることを通知〈建設業法施行規則14条の3〉

協力会社（後次の協力会社を含む）

1. 協力会社がその請け負った建設工事を他の者に請け負わせた場合は、「再下請負通知書」を作成し、特定建設業者に提出する〈建設業法24条の8第2項〉
2. 後次の協力会社に対して「施工体制台帳の作成を要する工事」であることを通知〈建設業法施行規則14条の4〉

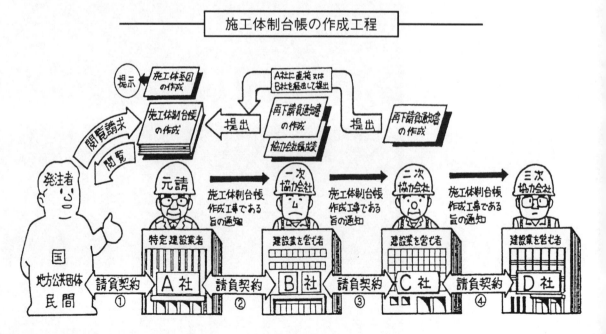

施工体制台帳の作成工程

施工体制台帳、施工体系図の作成の概要②

●施工体制台帳等の作成の留意事項

①作成対象工事〈建設業法施行令７条の４〉

　　当該工事（公共工事を除く）にかかる下請負代金の総額が4,500万円（建築一式工事は7,000万円）以上の場合

②備置きの期間〈建設業法施行規則14条の７〉

　　建設工事の目的物の引渡まで

③施工体制台帳の記載事項等〈建設業法施行規則14条の２〉

　　・発注者から直接建設工事を請け負った特定建設業者に関する事項として、（1）許可を受けて営む建設業の種類、（2）健康保険、厚生年金保険、雇用保険の加入状況、（3）監理技術者補佐を置くときは、その者の氏名・資格、（4）工事に従事する者の氏名、生年月日、年齢、職種、社会保険の加入状況、中退共の被共済者であるか否か、安全衛生教育受講者の場合はその内容、（任意）建設工事にかかる知識及び技術又は技能に関する資格、（5）外国人技能実習生等の従事状況の有無

　　・下請負人に関する事項として、（1）商号又は名称及び住所、（2）下請負人が建設業者であるときは、その者の許可番号及びその請け負った建設工事に係る許可を受けた建設業の種類、（3）健康保険、厚生年金保険、雇用保険の加入状況、（4）工事に従事する者の氏名、生年月日、年齢、職種、社会保険の加入状況、被共済者であるか否か、安全衛生教育受講者の場合はその内容、（任意）建設工事にかかる知識及び技術又は技能に関する資格、（5）外国人技能実習生等の従事状況の有無

④下請負人に対する通知等〈建設業法施行規則14条の３〉

⑤再下請負通知を行うべき事項等〈建設業法施行規則14条の４〉

⑥施工体制台帳の記載方法等〈建設業法施行規則14条の５〉

⑦施工体系図〈建設業法施行規則14条の６〉

●施工体制台帳に係る書類の提出について

（国官技第70号及び国営技第30号　平成13年3月30日付）

以下の内容を記載する

①建設業法第24条の8第1項及び建設業法施行規則第14の2に揚げる事項

②安全衛生責任者名、安全衛生推進者名、雇用管理責任者名

③監理技術者、主任技術者（下請負を含む）及び元請負の専門技術者名

④国土交通省発注工事について一次下請負人となる警備会社の商号又は名称、現場責任者名、工期

第15章　その他

221

土石流が発生するおそれがある場合の措置①

降雨、融雪又は地震に伴い土石流が発生するおそれのある河川（土石流危険河川）で建設工事（臨時の作業 ※ を除く）を行うときは、技術上の指導やその他必要な措置を協力会社に対して講じなければならない〈安衛法29条の2〉

元方事業者

▶**土石流が発生するおそれのある場所**〈安衛則634 条の2　1の2号〉
元方事業者は関係請負人の労働者に危険が及ぶおそれのある場所では、次の措置を講じる
- 必要な資材等の提供　　● 協議会の設置　　● 避難訓練の統一
- 危険を防止するための措置　● 警報の統一　　● 技術上の指導

事 業 者

▼あらかじめ実施すること

▶**土石流が発生するおそれのある場所（土石流危険河川）とは？**
〈安衛則575条の9　解釈例規（3）、（4）〉
①作業場の上流側（支川を含む）の流域面積が 0.2km² 以上で、上流側（支川を含む）200m の平均河床勾配が3度以上の河川
②市町村が「土石流危険渓流」として公表している河川
③都道府県又は市町村が「崩壊土砂流出危険地区」として公表している地区内の河川

※臨時の作業とは・・・
道路標識の取替、橋梁の欄干の塗装等の小規模な補修工事等、数日程度で終了する一時的な作業で、降雨、融雪又は地震に際して、作業を行わないもの

▶**作業場所から上流の河川及び周辺の状況を調査し、その結果を記録する**
〈安衛則第575条の9〉
（調査内容）・河川の形状
　　　　　　・流域面積及び河床勾配
　　　　　　・土砂崩壊が発生するおそれのある場所の崩壊地の状況
　　　　　　・積雪の状況
（調査方法）・地形図（1/25000 以上）による調査
　　　　　　・気象台、発注者、河川管理者、付近の元方事業者等からの情報把握
　　　　　　・作業場所周辺における測量調査
　　　　　　・目視による積雪状況調査

▶**労働災害防止に関する規程を定める**〈安衛則第575条の10〉
①降雨量の把握
　・雨量計による測定
　・アメダス等による情報把握
②降雨、融雪又は地震の場合の措置
　・降雨により土石流が生じるおそれがある場合、監視人を配置して土石流の発生を早期に把握する
　・作業を中止して労働者を安全な場所に避難させる
　・融雪を降雨量に換算して雨量に加算する
　・中震以上の地震の場合、労働者をいったん避難させ、土石流の前兆となる現象の有無を観察する
③土石流発生の前兆現象がある場合の措置
　・作業を一時中止し、前兆となる現象が継続するか否かを観察する

事業者

▼設置する設備

・土石流を早期に把握するための措置を講ずる
前兆現象とは・・・
　河川付近の「山崩れ」「流水の異常な増水や急激な減少」「山鳴り」「地鳴り」
　「湧水の停止」「流木の出現」「流水の濁り」等
④土石流が発生した時の警報、避難の方法
　・警報の種類
　・警報用、避難用の設備の種類及び設置場所等
　・労働者への周知方法
　・警報用、避難用設備が有効に作動するための措置
⑤避難訓練の内容と時期

警報用設備 〈安衛則第575条の14〉
①サイレン、非常ベル、携帯拡声器、回転灯等の設置
②設備の有効作動の保持
　・点検等により性能を維持し、常に使用できる状態を保持する
③新規入場時教育等で、設置場所を関係労働者に周知

退避用設備 〈安衛則第575条の15〉
①登り桟橋、はしご、仮設階段等の設置
②有効利用の保持
　工事の進捗に伴い適宜移設する等により、常に使用できる状態を保持する
③新規入場時教育等で、設置場所及び使用方法を関係労働者に周知

避難訓練 〈安衛則第575条の16〉

●避難訓練を適切に実施する
　（実施時期）・工事開始後遅滞なく1回
　　　　　　　・その後6ヶ月以内ごとに1回
●実施した記録を3年間保存する
　（記録内容）・訓練を実施した年月日
　　　　　　　・訓練を受けた者の氏名
　　　　　　　・訓練の内容（避難に要した時間、避難訓練実施後の改善措置等、
　　　　　　　　　　　　　　　次回の避難訓練を行う際に参考となる事項）

▼工事中に実施すること

降雨量の把握と記録 〈安衛則第575条の11〉
●作業開始前にあっては、作業開始前24時間の降雨量を、作業開始後には1
　時間ごとの降雨量を雨量計により計測、記録する
　・他の事業者と共同で設置する雨量計も含む　　・アメダス等からの情報把握

降雨時の措置 〈安衛則第575条の12〉
●降雨が一定の限度を超え、土石流の発生が急激に高まった時は、監視人を
　配置するなどして、土石流の発生を早期に把握する措置をする
　・監視人の配置の他に、「ワイヤーセンサー」「振動センサー」「光センサ
　　ー」「音響センサー」の土石流検知機器の設置を含む
　・監視人又は土石流検知機器は土石流を考慮した位置に配置、設置する

退避 〈安衛則第575条の13〉
●土石流で労働災害発生の危険が急迫した時は直ちに作業を中止して作業員
　を退避させる
　・土砂崩壊により天然ダムが形成されていることを把握した場合も含む

荷役作業等の安全作業

「はい」とは？
倉庫、上屋又は土場に積み重ねられた荷（小麦、大豆、鉱石等のばら物の荷を除く）の集団をいう

事業者

〈安衛則428条〉

はい作業主任者

| 選 任 | 2m以上のはいのはい付け又は、はい崩しの作業 |

職務 〈安衛則429条〉
- 作業の方法及び順序を決定し、直接指揮
- 器具及び工具を点検し、不良品を取り除く
- 作業箇所を安全に通行させるために、必要な事項を指示
- はい崩し作業の際は崩壊の危険がないことを確認した後に作業の着手を指示
- 昇降設備及び保護帽の使用状況を監視

はいの間隔 〈安衛則430条〉
- 2m以上のはい（袋、かます、俵に入っているもの）は隣接のはいとの間隔を、はいの下端において10cm 以上とする

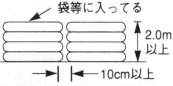

袋等に入ってる / 2.0m以上 / 10cm以上

はい崩壊等の危険の防止 〈安衛則432条、陸上貨物運送事業労働災害防止規程65条〉
- はいが著しく傾いている場合や、丸太、鋼管等の荷を目落し積みで積んだ場合は、ロープで縛る、くい止めを施す、はいの積み替えを行う等の措置

目落とし積み

立入禁止 〈安衛則433条〉
- はい付け又ははい崩しの作業が行われている場所は立入禁止

必要な照度の保持 〈安衛則434条〉（昭和43年1月13日付 安発第2号）
1. はい付け又ははい崩しの作業が行われている場所 ‥‥‥‥20ルクス以上
2. 倉庫内であって作業のため通行する場所 ‥‥‥‥‥‥‥8ルクス以上
3. 屋外であって作業のため通行する場所 ‥‥‥‥‥‥‥‥5ルクス以上

作業員

はいの昇降設備 〈安衛則427条〉
- はいの上で作業する場合は、高さが1.5mを超えるときは、昇降設備（滑止装置付きの移動はしご等）を設ける。ただし、図のような形状で、かつ、はいへの昇降によりはいが崩壊し、又は落下するおそれのない場合はよい

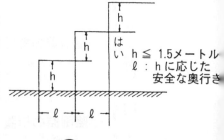

h ≦ 1.5メートル
ℓ：hに応じた安全な奥行き

はい崩し作業 〈安衛則431条〉
- 高さが2m以上のはいで、はい崩しの作業を行うときは次の事項を行う
  1. 中抜きをしないこと
  2. 袋、かます又は俵によるはいについては、ひな段状にくずし、各段（最下段を除く）の高さは1.5m以下とする

1個のはい
最下段の高さ
h≦1.5メートル
h≦1.5メートル
h′>1.5メートル

保護帽の着用 〈安衛則435条〉
- 2m 以上のはいの上で作業時は、保護帽の着用

建築物等の鉄骨の組立て等の安全作業

事業者

〈安衛則517条の4〉

選 任

建築物等の
鉄骨の組立て等
作業主任者

職務 〈安衛則517条の5〉
- 作業の方法及び労働者の配置を決定
- 器具、工具、要求性能墜落制止用器具
  及び保護帽の機能を点検し、不良品を
  取り除く
- 要求性能墜落制止用器具等及び保護帽
  の使用状況を監視

直接指揮

作 業 員

建築物等の鉄骨の組立て等
作業主任者の職務

1. 作業の方法及び労働者の配置を
   決定し、作業を直接指揮すること。
2. 器具、工具、安全帯等及び保護
   帽の機能を点検し、不良品を取
   り除くこと。
3. 安全帯等及び保護帽の使用状況
   を監視すること。

作業主任者
氏　名

作業主任者を選任すべき作業
〈安衛令6条15号の2〉
- 建築物の骨組み、又は塔であって、金属製の部材
  により構成されるもの（その高さが5m以上）の
  組立て、解体又は変更の作業

作業計画 〈安衛則517条の2〉
1. 作業の方法及び順序
2. 部材の落下又は部材により構成されて
   いるものの倒壊防止の方法
3. 作業に従事する労働者の墜落による危
   険防止の設備の設置の方法

関係者に周知

建築物等の
鉄骨の組立て等
作業主任者　作 業 員

鉄骨の組立等の作業 〈安衛則517条の3〉
1. 作業を行う区域内には、関係者以外
   の立入禁止
2. 強風、大雨、大雪等の悪天候のため、
   作業の実施に危険が予想されるとき
   は、作業を中止
3. 材料、器具、工具等の上げ下ろしに
   は、つり綱、つり袋等を使用

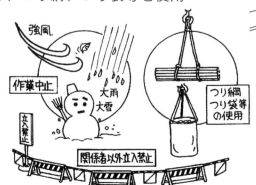

きまりは
守るよ！

第15章 その他

225

木造建築物の組立て等の安全作業

事業者

〈安衛則517条の12〉

選 任

木造建築物の
組立て等
作業主任者

職務 〈安衛則517条の13〉
- 作業の方法及び順序を決定
- 器具、工具、要求性能墜落制止用器具
  等及び保護帽の機能を点検し、不良品
  を取り除く
- 要求性能墜落制止用器具等及び保護帽
  の使用状況を監視

直接指揮 →

作 業 員

作業主任者を選任すべき作業 〈安衛令6条15号の4〉
- 建築基準法施行令第2条1項7号に規定する軒の高さが5m以上の木造建築物の構造部材の組立て又はこれに伴う屋根下地若しくは外壁下地の取付けの作業

組立て等の作業 〈安衛則517条の11〉
1. 作業を行う区域内には、関係者以外の立入禁止
2. 強風、大雨、大雪等の悪天候のため、作業の実施に危険が予想されるときは、作業を中止
3. 材料、器具、工具等の上げ下ろしには、つり綱、つり袋等を使用（手渡し等による上げ下ろし又は労働者に危険を及ぼすおそれのないことが明らかな場合の投げ上げ、投げ下ろしを禁止するものではない）

きまりは
守るよ！

解釈例規

昭和55年11月25日付 基発第647号
1. 軒の高さとは……下図のとおり
2. 木造建築物とは…柱、はり等の主要構造部材が木材である建築物をいう
3. 構造部材とは……柱、はり、けた等のように、主要構造物に用いられる部材をいい、わく組壁工法による壁が含まれるものである

洋小屋

和小屋

折 置

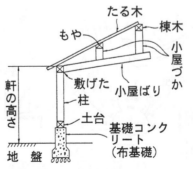

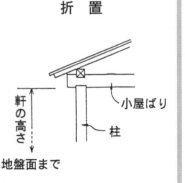

個人事業者等の安全衛生対策①

建設アスベスト被害をめぐる訴訟で労働者に該当しない者（個人事業者）も安全対策の保護対象にすべきとする最高裁判決が令和3年5月17日に出されたことを受け、令和5年4月1日より、①作業を請け負わせる請負人（個人事業者、下請事業者）や、②同じ場所で作業を行う労働者以外の人（個人事業者、他社の労働者、資材搬入業者、警備員等）に対しても、労働者と同等の保護が図られるよう、新たに一定の措置を講じることが事業者に義務付けられた

● 措置一覧

		措置概要	安衛則	有機則	特化則	石綿則	粉じん則	鉛則	四アル則	酸欠則	高圧則	電離則	除染則
請負人に対する措置	設備関係	設備稼働等の配慮		○	○	○	○	○	○	○			
		設備使用等の配慮			○	○		○	○				
		設備整備等の配慮		○	○			○	○	○			
		設備設置等の配慮									○		
	周知	作業方法の周知	○		○	○		○	○		○	○	○
		特定作業実施時の保護具使用の必要性に関する周知	○	○	○	○	○	○	○		○	○	○
		汚染の除去等に関する周知		○	○	○						○	○
		特定の疾病罹患時等の作業従事禁止に関する周知							○	○		○	
労働者以外の人に対する措置	周知・掲示	特定の場所における保護具使用の必要性に関する周知		○	○	○	○	○					
		特定の有害物を取り扱う場所における有害物の有害性等に関する掲示		○	○	○							
		特定の場所における装置故障時の連絡方法、事故発生時の応急措置等必要な事項の掲示等	○			○					○	○	○
	場所に関する健康障害防止	特定の場所への立入禁止、その旨の表示	○	○	○	○		○	○	○	○	○	○
		事故発生時の退避措置		○	○				○	○			
		特定の場所での喫煙及び飲食の禁止、その旨の表示			○	○		○					
		特定の場所における入退出時等に講ずる措置								○	○		
労働者以外の人の遵守義務		立入りが禁止された場所への立入禁止の遵守義務	○							○			
		特定の場所での喫煙及び飲食禁止の遵守義務			○	○		○				○	○
		特定の場所における入退出時の汚染等の除去義務			○	○	○					○	○

※ 関係規制の対象条文については、令和4年4月15日基発0415第1号参照

個人事業者等の安全衛生対策②

●重層請負の取扱い

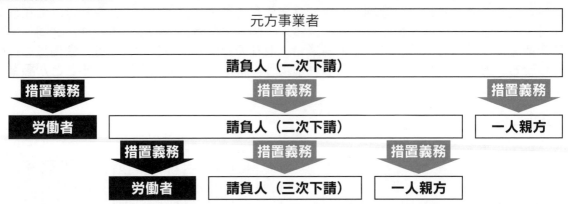

※緑の矢印が新たに生じる措置義務

・事業者の請負人に対する配慮義務や周知義務は、請負契約の相手方に対する義務であるが、三次下請まで作業に従事する場合は、一次下請は二次下請に対する義務を負い、三次下請に対する義務はない
・事業者が作業の全部を請負人に請け負わせるときは、事業者は注文者の立場にあたるため、事業者としての措置義務の対象とならない

●元方事業者が実施すべき事項
・労働安全衛生法第29条第2項で、関係請負人が法やそれに基づく命令の規定に違反していると認めるときは、必要な指示を行わなければならないとされている
・義務付けられた措置を関係請負人が行っていない場合は、「必要な指示」を行わなければならない

●請負人等が講ずべき措置
・事業者から必要な措置を周知された請負人等自身が、確実にこの措置を実施することが重要
・一人親方が家族従事者を使用するときは、家族従事者に対してもこの措置を行うことが重要
・労働者以外の人も立入禁止や喫煙・飲食禁止を遵守しなければならない

高年齢労働者の安全対策

●エイジフレンドリーガイドライン
　高年齢労働者の就労が一層進み、労働災害による休業4日以上の死傷者のうち、60歳以上の労働者の占める割合が増加すると見込まれる中、高年齢労働者が安心して安全に働ける職場環境の実現に向け、事業者や労働者に取組が求められる事項を取りまとめたもの（令和2年3月に策定）

●事業者に求められる事項
　●体制

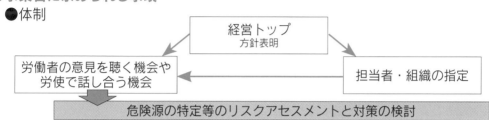

●具体的取組

場のリスク ↕ 人のリスク	安全衛生教育	予防	把握・気づき 措置	措置
		身体機能を補う設備・装置の導入（本質的に安全なもの）	危険箇所、危険作業の洗い出し	身体機能を補う設備・装置の導入（災害の頻度や重篤度を低減させるもの）
		メンタルヘルス対策（セルフケア・ラインケア等）	ストレスチェック①個人、②集団分析	職場環境の改善等のメンタルヘルス対策
		健康維持と体調管理	作業前の体調チェック	働く高齢者の特性を考慮した作業管理
		運動習慣、食習慣等の生活習慣の見直し	健康診断	健診後の就業上の措置（労働時間短縮、配置転換、療養のための休業等）
				健診後の面接指導、保健指導
				体力や健康状況に適合する業務の提供
		体力づくりの自発的な取組の促進	安全で健康に働くための体力チェック	低体力者への体力維持・向上に向けた指導

1．安全衛生管理体制の確立等（経営トップによる方針表明及び体制整備、危険源の特定等のリスクアセスメントの実施）
2．職場環境の改善
　【ハード面の対策例】
　　・通路を含めた作業場所の照度の確保
　　・警報音は聞き取りやすい中低音域の音、パトライトは有効視野を考慮
　　・階段に手すり設置、可能な限り段差を解消
　【ソフト面の対策例】
　　・ゆとりのある作業スピード、無理のない作業姿勢等に配慮
　　・重量物の小口化、取扱回数の減少等
　　・身体的負担が大きい作業では、定期的な休憩の導入や作業休止時間の運用
3．高年齢労働者の健康や体力の状況の把握
4．高年齢者の健康や体力の状況に応じた対応
5．安全衛生教育

労働災害防止計画の概要

●**第14次労働災害防止計画**
令和5年4月1日〜令和10年3月31日までの5カ年計画
死亡災害：5％以上減少
死傷災害：増加傾向に歯止めをかけ2027年までに減少を目指す
建設業：墜落・転落災害の防止に関するリスクアセスメントに取り組む事業場の割合を
　　　　2027年までに85％以上（アウトプット指標）、死亡者数を2022年と比較し
　　　　て2027年までに15％以上減少（アウトカム指標）

●**計画の方向性**
・事業者の**安全衛生対策の促進と社会的に評価される環境の整備**を図っていく。そのた
　めに、厳しい経営環境等さまざまな事情があったとしても、安全衛生対策に取り組む
　ことが**事業者の経営や人材確保・育成の観点からもプラス**であると**周知**する
・転倒等の個別の安全衛生の課題に取り組んでいく
・誠実に安全衛生に取り組まず、労働災害の発生を繰り返す事業者に対しては厳正に対
　処する。

●**8つの重点対策**

①	自発的に安全衛生対策に取り組むための意識啓発	安全衛生対策に取り組む事業者が社会的に評価される環境整備、労働災害情報の分析機能の強化及び分析結果の効果的な周知、安全衛生対策におけるDXの推進
②	労働者（中高年齢の女性を中心に）の作業行動に起因する労働災害防止対策の推進	転倒予防対策、腰痛予防対策
③	高年齢労働者の労働災害防止対策の推進	エイジフレンドリーガイドラインに基づく取組みの推進
④	多様な働き方への対応や外国人労働者等の労働災害防止対策の推進	外国人労働者に対する母国語や視聴覚教材を活用した安全衛生教育の実施
⑤	個人事業者等に対する安全衛生対策の推進	一人親方や他社の労働者、資材搬入業者、警備員など同じ作業場所にいる労働者以外の者に対しても、労働者と同等の保護措置を実施
⑥	業種別の労働災害防止対策の推進	建設業においては、墜落・転落防止の取組みやこれに関するリスクアセスメントの実施、熱中症や騒音障害防止のための取組みの推進
⑦	労働者の健康確保対策の推進	メンタルヘルス対策、過重労働対策、産業保健活動の推進
⑧	化学物質等による健康障害防止対策の推進	化学物質、石綿、粉じん、熱中症、騒音、電離放射線による健康障害防止

資料編

■安全担当者の職務と資格①

職名	選任基準	職務内容	資 格	準拠条項
総括安全衛生管理者	常時100人以上の労働者を使用する事業場	1. 安全管理者、衛生管理者の指揮 2. 以下の業務を適切かつ円滑に実施するための措置及び実施状況の確認と責任あるとりまとめ (1) 労働者の危険又は健康障害を防止するための措置 (2) 労働者の安全又は衛生のための教育の実施 (3) 健康診断の実施とその他の健康管理 (4) 労働災害の原因の調査及び再発防止対策 (5) 安全衛生に関する方針の表明に関すること (6) 法第28条の2第1項の危険性又は有害性等の調査及びその結果に基づき講ずる措置に関すること (7) 安全衛生に関する計画の作成、実施、評価及び改善に関すること	当該事業場で、その事業の実施を統括管理する者	安衛法10条 安衛令2条 安衛則 　2条 　3条の2
安全管理者	常時50人以上の労働者を使用する事業場	1. 総括安全衛生管理者の2の(1)～(7)までの安全に係る技術的事項の管理 2. 作業場等を巡視し、設備、作業方法等に危険のおそれがある場合の必要な措置 3. 安全に関する次の措置 (1) 建設物、設備、作業場所、作業方法に危険がある場合の応急措置、防止措置 (2) 安全装置、保護具その他危険防止のための設備・器具の定期点検、整備 (3) 作業の安全についての教育、訓練 (4) 発生した災害の原因調査、対策の検討 (5) 消防及び避難の訓練 (6) 作業主任者その他安全の補助者の監督 (7) 安全に関する資料の作成、収集及び重要事項の記録 (8) 労働者が行う作業が他の事業の労働者が行う作業と同一場所で行われる場合の安全に関し必要な措置	厚生労働大臣が定める研修を修了し、大学、高専理科系卒2年以上、高校理科系卒後4年以上安全の実務経験者（または、平成18年10月1日現在で、安全管理者の経験が2年以上ある者）、労働安全コンサルタント、厚生労働大臣の定める者 （当該事業の実施を実質的に統括管理する者）	安衛法11条 安衛令3条 安衛則4条 　5条 　6条
衛生管理者	常時50人以上の労働者を使用する事業場	1. 総括安全衛生管理者の2の(1)～(7)までの衛生に係る技術的事項の管理 2. 毎週1回以上作業場等を巡視し、設備、作業方法衛生状態に有害なおそれがある場合の必要な措置 3. 衛生に関する次の措置 (1) 健康に異常のある者の発見、措置 (2) 作業環境の衛生上の調査 (3) 作業条件、施設等の衛生上の改善 (4) 労働衛生保護具、救急用具等の点検、整備 (5) 衛生教育、健康相談その他労働者の健康保持に必要な措置 (6) 労働者の負傷、疾病、死亡、欠勤、移動に関する統計の作成 (7) 労働者が行う作業が他の事業の労働者が行う作業と同一場所で行われる場合の衛生に関し必要な措置 (8) その他衛生日誌記載等の職務上の記録の整備	（衛生管理者のうち）都道府県労働局長の免許を受けた者、医師、歯科医師、労働衛生コンサルタント、厚生労働大臣の定める者	安衛法12条 安衛令4条 安衛則7条 　10条 　11条

■安全担当者の職務と資格②

職名	選任基準	職務内容		資格	準拠条項
安全衛生推進者	常時10人以上50人未満の労働者を使用する事業場	事業主等の安全衛生業務の権限と責任を有する者の指揮を受け次の業務を担当する 1. 労働者の危険、健康障害を防止するための措置 2. 労働者の安全、衛生のための教育の実施 3. 健康診断の実施とその他の健康管理 4. 労働災害の原因調査、再発防止		所定の指定講習修了者ほか	安衛法 　12条の2 安衛則 　12条の2 　12条の3 　12条の4
産業医	常時50人以上の労働者を使用する事業場	1. 健康診断の実施、労働者の健康保持のための措置、及び面接指導等 2. 作業環境の維持管理 3. 作業の管理に関すること 4. 1～3の他、労働者の健康管理に関すること 5. 健康教育、健康相談等 6. 衛生教育に関すること 7. 健康障害の原因調査、再発防止措置 8. 毎月1回（事業者が毎月1回所定情報を提供する等の手続きをとれば2カ月以内ごとに1回）の作業場巡視		医師免許者で厚生労働大臣が定める研修（日本医師会、産業医科大学等）の修了者等 ただし、法人の代表者・個人事業主・事業の統括管理者は選任できない	安衛法13条 安衛令5条 安衛則13条 　14条 　15条
統括安全衛生責任者	関係請負人の労働者を含め常時50人以上となる事業場（ずい道、圧気工法、一定の橋梁工事は30人以上）	次の事項の統括管理 1. 元方安全衛生管理者の指揮 2. 協議組織の設置及び運営 3. 作業間の連絡及び調整 4. 作業場所の巡視 5. 関係請負人が行う労働者の安全、衛生教育に対する指導及び援助 6. 仕事の工程の計画、作業場所の機械、設備等の配置計画の作成 7. 前各号の他、労働災害を防止に必要な事項		当該事業の実施を統括管理する者 教育修了者	安衛法15条 安衛令7条 元方指針
元方安全衛生管理者	統括安全衛生責任者を選任した事業場	統括安全衛生責任者が統括管理すべき事項のうち技術的事項の管理	大学、高専理科系卒後3年、高校理科系卒後5年以上安全衛生の実務経験者 厚生労働大臣の定める者		安衛法 　15条の2 安衛則 　18条の3 　18条の4 　18条の5
店社安全衛生管理者	労働者数が20人以上の事業場で統括安全衛生責任者の選任しない事業場	現場の統括安全衛生管理を担当する者に対する指導のほか 1. 現場を少なくとも毎月1回以上巡視 2. 現場で行われる工事の状況を把握 3. 現場の協議組織に随時参加 4. 仕事の工程の計画、作業場所の機械、設備等の配置計画を確認 （注）店社安全衛生管理者の選任を要する現場であっても、統括安全衛生責任者の職務を行う者、元方安全衛生管理者の職務を行う者を選任し、その者に職務を行わせている現場は、店社安全衛生管理者の選任は要しない		大学、高専卒後3年、高校卒後5年以上、他8年以上安全衛生の実務経験者 厚生労働大臣の定める者	安衛法 　15条の3 安衛則 　18条の6 　18条の7 　18条の8

P13を参照

233

■安全担当者の職務と資格③

職名	選任基準	職務内容	資　格	準拠条項
安全衛生責任者	統括安全衛生責任者が選任される事業場の下請事業場	1. 統括安全衛生責任者との連絡 2. 統括安全衛生責任者から連絡を受けた事項の関係者への連絡 3. 統括安全衛生責任者からの連絡事項の実施と管理 4. 請負人が作成する作業計画等の統括安全衛生責任者との調整 5. 混在作業による危険の有無の確認 6. 請負人が後次の請負人に請負わせる場合は、その請負人の安全衛生責任者との連絡、調整		安衛法16条 安衛則19条
安全衛生委員会	常時50人以上の労働者を使用する事業場	1. 安全関係で次の調査審議と事業者への意見具申 　(1) 労働者の危険を防止するための基本対策 　(2) 労働災害の原因調査、再発防止対策 　(3) その他労働者の危険防止の重要事項 2. 衛生関係で次の調査審議と事業者への意見具申 　(1)労働者の健康傷害防止のための基本対策 　(2)労働者の健康保持、増進のための基本対策 　(3)労働災害の調査原因、再発防止対策 　(4)その他労働者の健康障害の防止と健康保持		安衛法17条 18条 19条 安衛令8条 9条 安衛則21条 22条
救護技術管理者	1,000m以上のずい道、50m以上の立坑、0.1Mpa以上の圧気工事を行う事業場	次の措置がとられる場合の技術的事項の管理 1. 労働者の救護に関し必要な機械等の備付け、管理 2. 労働者の救護に関し必要な事項の訓練の実施 3. 1～2のほか爆発、火災に備えて労働者の救護に関し必要な事項	3年以上建設の仕事に従事した経験者で建設業労働災害防止協会で一定の研修を受けた者	安衛法 25条の2 安衛令 9条の2 安衛則 24条の3 24条の4 24条の8
作業主任者	安衛令第6条で定める業務	当該作業に係る労働者の指揮、その他必要な業務	当該作業の免許者、技能講習修了者	安衛法14条 安衛令6条 安衛則16条 17条

■届出早見表①　様式は（社）全国建設業協会「労務安全必携」を参照

工事開始時

書類の名称	届出義務者	届出先	提出期限	様式	準拠条項
適用事業報告	事業者	所轄労働基準監督署長	適用事業場になったとき遅延なく	第23号の2	労基法別表1 労基則57条
時間外労働、休日労働に関する協定届			事前に、労働者代表との協定書添付	第9号	労基法36条 労基則16条 17条
労働に関する協定届 （1年単位の変形） （事業場外労働）			事前に、労働者代表との協定書添付	第4号 第12号	労基法32条の4 38条の2 労基則12条の4 24条の2
就業規則届			常時10人以上の労働者を使用するとき 労働者代表の意見書を添付		労基法89条 90条 労基則49条
寄宿舎設置届			寄宿舎設置時 工事開始の14日前	第1号	労基法96条の2 建寄規5条の2
寄宿舎規則届			労働者代表の同意書を添付		労基法95条 建寄規2条
工事計画届 （厚生労働大臣届出）	特定元方事業者	厚生労働省	作業開始の30日前	第21号	安衛法88条 安衛則89条 91条、92条の2
工事計画届 （労基署長届出）		所轄労働基準監督署長	作業開始の14日前	第21号	安衛法88条 安衛則90条 91条、92条の2
土石採取計画届			作業開始の14日前	第21号	安衛法88条 安衛則90条 92条
建設物・機械等設置届			設置の30日前 届出の免除についてはP238※印参照	第20号	安衛法88条 安衛則85条
特定元方事業者の事業開始報告				参考様式	安衛法30条 安衛則664条
統括安全衛生責任者選任報告			作業開始後遅延なく	参考様式	安衛法15条 安衛令7条 安衛則664条
元方安全衛生管理者選任報告				参考様式	安衛法15条の2 安衛則664条

資料編

235

■届出早見表②　　　様式は (社) 全国建設業協会「労務安全必携」を参照

工事開始時

書類の名称	届出義務者	届出先	提出期限	様式	準拠条項
店社安全衛生管理者選任報告	特定元方事業者	所轄労働基準監督署長	作業開始後遅延なく	参考様式	安衛法15条の3 安衛則664条
安全衛生責任者選任報告	下請事業者	特定元方事業者		参考様式	安衛法16条
共同企業体代表者届	共同企業体	所轄労働基準監督署長を経て労働局長	作業開始の14日前	第1号	安衛法5条 安衛則1条
総括安全衛生管理者・安全管理者選任報告	事業者	所轄労働基準監督署長	事由発生から14日以内に選任し、遅滞なく	第3号	安衛法10条、11条 安衛則2条、4条
衛生管理者・産業医選任報告					安衛法12条 13条 安衛則7条 13条
労働保険・保険関係成立届	事業者		工事開始後10日以内	第1号甲、乙	徴収法4条の2 徴収則4条
労働保険下請負人を事業主とする許可申請書	元請負人 下請負人		元請の保険関係成立後10日以内	第4号	徴収法8条 徴収則8条
労働者災害補償保険代理人選任届	事業者		代理人を選任したとき遅滞なく	第23号	徴収則73条
雇用保険適用事業所設置届		所轄公共職業安定所長	設置から10日以内		雇保則141条
雇用保険被保険者資格取得届			雇用月の翌月10日まで	第2号	雇保法7条 雇保則6条

工事中随時

書類の名称	届出義務者	届出先	提出期限	様式	準拠条項
設置届 　クレーン 　デリック 　エレベーター 　建設用リフト 　ゴンドラ	事業者	所轄労働基準監督署長	工事開始の30日前 届出の免除については P238※印参照	第2号 第23号 第26号 第30号 第10号	安衛法88条 クレーン則5条 96条 140条 174条 ゴンドラ則10条

■届出早見表③   様式は(社)全国建設業協会「労務安全必携」を参照

工事中随時

書類の名称	届出義務者	届出先	提出期限	様式	準拠条項
設置報告 　クレーン 　移動式クレーン 　デリック 　エレベーター 　簡易リフト	事業者	所轄労働基準監督署長	あらかじめ 届出の免除については P238※印参照	第9号 第9号 第25号 第29号 第29号	安衛法100条 クレーン則11条 61条 101条 145条 202条
事故報告書			事故発生後遅滞なく	第22号	安衛法100条 安衛則96条
労働者死傷病報告			遅滞なく	第23号	安衛法100条 安衛則97条
			1月〜3月、4月〜6月、7月〜9月、10月〜12月までの期間の報告をそれぞれの期間の翌月末日までに	第24号	安衛法100条 安衛則97条の2
定期健康診断結果報告書			定期健康診断を実施したとき遅滞なく	第6号	安衛法100条 安衛則52条
じん肺健康管理実施状況報告			12月31日の実施状況を翌年2月末日までに	第8号	じん肺法44条 じん肺則37条
就業規則変更届			届出済みの就業規則を変更した時		労基法89条 90条 労基則49条
寄宿舎規則変更届			届出済みの寄宿舎規則を変更した時		労基法95条 建寄規2条

工事終了時

書類の名称	届出義務者	届出先	提出期限	様式	準拠条項
労働保険 確定保険料 申告書・納付書	事業者	所轄労働基準監督署長	事業終了後50日以内	第6号	徴収法19条 21条 徴収則33条 38条
雇用保険適用事業所廃止届		所轄公共職業安定所長	廃止の日の翌日から起算して10日以内		雇保則141条
給与支払事務所等の廃止届出書		所轄税務署長	廃止後1ヶ月以内		所得税法230条 所得税則99条
事業所工事終了(中止)届		土建国保組合	終了又は中止したとき、速やかに		土建国保規定 11条

資料編

237

■工事計画届が必要な建設工事①

1. 厚生労働大臣届〈安衛法88条2項、安衛則89条、91条1項〉

対象作業	1. 高さが300m以上の塔の建設
	2. 堤高(基礎地盤から堤頂までの高さ)が150m以上のダムの建設
	3. 最大支間500m(つり橋は1,000m)以上の橋梁の建設
	4. 長さが3,000m以上のずい道等の建設
	5. 長さが1,000m以上3,000m未満のずい道等の建設で深さが50m以上のたて坑の掘削を伴うもの
	6. ゲージ圧力が0.3Mpa以上の圧気工法
届出期限	工事開始の30日前
届出義務者	自ら仕事を行う発注者、その者がいない場合は元請負人
届出先	厚生労働大臣（窓口：厚生労働省労働基準局安全衛生部建設安全対策室）
様式	21号（圧気工事は21号の2を添付）
届出部数	3部
届出事項等〈安衛則91条〉	1. 周囲の状況、四隣との関係図 　5. 労働災害を防止するための方法及び設備 2. 建設物等の概要図(平面、立面、断面等) 　の概要を示す書面又は図面 3. 工事用機械、設備、建設物等の配置図 　6. 工程表 4. 工法の概要を示す書面又は図面 　7. 圧気工法作業摘要書（様式21号の2） 　　　　　　　　　　　　　　　　　（圧気工法のみ）

2. 労働基準監督署長届〈安衛法88条3項、安衛則90条、91条2項〉

対象作業	1. 高さ31mを超える建築物又は工作物(橋梁を除く)の建設、改造、解体又は破壊
	2-1. 最大支間50m以上の橋梁の建設、改造、解体又は破壊
	2-2. 最大支間30m以上50m未満の橋梁の上部構造の建設、改造、解体又は破壊 　　　（人口集中地域で道路・軌道上又は隣接した場所に限る）
	3. ずい道等(斜坑を含む)の建設、改造、解体又は破壊 　（ずい道等内部に労働者が立ち入らないものを除く）
	4. 掘削の高さ又は深さが10m以上の地山の掘削(たて坑を含む)
	5. 圧気工法
	6. 吹付け石綿等や、石綿等が使用されている保温材、耐火被覆材（耐火性能を有する被覆材をいう。）の除去、封じ込め又は囲い込みの作業
	7. 掘削の高さ又は深さが10m以上の土石の採取のための掘削
	8. 坑内掘りの土石の採取のための掘削
	9. 廃棄物焼却炉（焼却能力200kg/時間以上又は火格子面積2m²以上のもの）、集じん機等の設備の解体等
届出期限	工事開始の14日前
届出義務者	自ら仕事を行う発注者、その者がいない場合は元請負人
届出先	所轄労働基準監督署長
様式	21号（圧気工事は21号の2を添付）
届出部数	2部
届出事項等〈安衛則91条〉	1. 周囲の状況、四隣との関係図 　5. 労働災害を防止するための方法及び設 2. 建設物等の概要図(平面、立面、断面等) 　備の概要を示す書面又は図面 3. 工事用機械、設備、建設物等の配置図 　6. 工程表 4. 工法の概要を示す書面又は図面 　7. 圧気工法作業摘要書（様式21号の2） 　　　　　　　　　　　　　　　　　（圧気工法のみ）

（※）計画の届出が不要な場合（安衛法第88条1項但し書き）
労働者の危険または健康障害を防止するため必要な措置を講じていると、労基署長が認定した場合、計画の届出は不要。必要な措置は、次のとおりである　①危険性または有害性の調査及びその結果に基づく措置（安衛法28条の2）②労働安全衛生マネジメントシステム（安衛則24条の2）

■工事計画届が必要な建設工事②

2. のうち都道府県労働局長の審査対象となるもの〈安衛法89条の2、安衛則94条の2〉

1. 高さが100m以上の建築物の仕事であって、次のいずれかに該当するもの
    ①埋設物その他地下の工作物がふくそうする場所に近接する仕事
    ②当該建築物の形状が円筒形である等特異なもの
2. 堤高が100m以上のダムの建設の仕事であって、車両系建設機械が転倒、転落のおそれのある急斜面で作業が行われるもの
3. 最大支間300m以上の橋梁の建設の仕事であって、次のいずれかに該当するもの
    ①橋梁の桁が曲線桁であるもの
    ②橋梁の桁下の高さが30m以上のもの
4. 長さが1,000m以上のずい道等の仕事であって、落盤、出水、ガス爆発等による労働者の危険があると認められる場所で行われるもの
5. 掘削土量が20万m³を超える掘削作業で、次のいずれかに該当するもの
    ①地質が軟弱な場所で行われるもの
    ②狭隘な場所で車両系建設機械を用いて作業が行われるもの
6. ゲージ圧力が0.2Mpa以上の圧気工法で、次のいずれかに該当するもの
    ①地質が軟弱な場所で行われるもの
    ②当該仕事に近接した場所で、同時期に別の掘削作業が行われるもの

工事計画届に必要な計画参画者の資格〈安衛法88条4項、安衛則92条の2、92条の3、別表第9〉

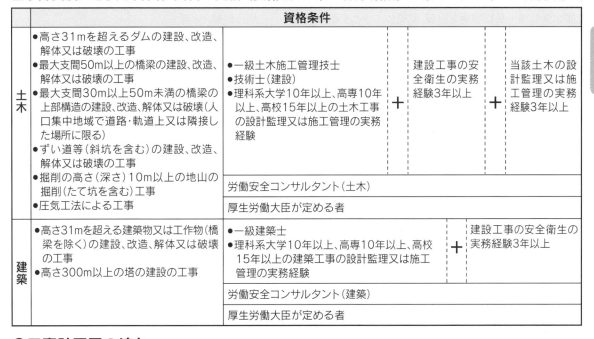

	資格条件			
土木	●高さ31mを超えるダムの建設、改造、解体又は破壊の工事 ●最大支間50m以上の橋梁の建設、改造、解体又は破壊の工事 ●最大支間30m以上50m未満の橋梁の上部構造の建設、改造、解体又は破壊(人口集中地域で道路・軌道上又は隣接した場所に限る) ●ずい道等(斜坑を含む)の建設、改造、解体又は破壊の工事 ●掘削の高さ(深さ)10m以上の地山の掘削(たて坑を含む)工事 ●圧気工法による工事	●一級土木施工管理技士 ●技術士(建設) ●理科系大学10年以上、高専10年以上、高校15年以上の土木工事の設計監理又は施工管理の実務経験	建設工事の安全衛生の実務経験3年以上	当該土木の設計監理又は施工管理の実務経験3年以上
		労働安全コンサルタント(土木)		
		厚生労働大臣が定める者		
建築	●高さ31mを超える建築物又は工作物(橋梁を除く)の建設、改造、解体又は破壊の工事 ●高さ300m以上の塔の建設の工事	●一級建築士 ●理科系大学10年以上、高専10年以上、高校15年以上の建築工事の設計監理又は施工管理の実務経験	建設工事の安全衛生の実務経験3年以上	
		労働安全コンサルタント(建築)		
		厚生労働大臣が定める者		

資料編

●工事計画届の流れ

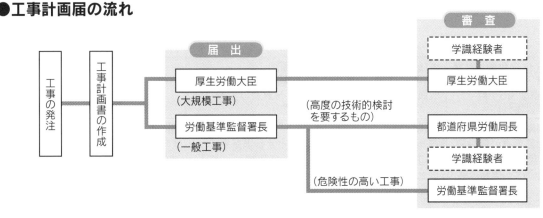

■工事計画届が必要な機械等〈安衛法88条〉

届出の免除についてはP238※印参照

機械設備等	届出が必要な能力等	様 式	準拠条項
クレーン設置（変更）	つり上げ荷重3t以上（スタッカ式は1t以上）	第2号、第12号	クレーン則5条、44条
移動式クレーン変更	つり上げ荷重3t以上	第12号	クレーン則85条
デリック設置（変更）	つり上げ荷重2t以上	第12号、第23号	クレーン則96条、129条
工事用エレベーター設置（変更）	積載荷重1t以上	第12号、第26号	クレーン則140条、163条
建設用リフト設置（変更）	積載荷重0.25t以上でガイドレールの高さ18m以上	第12号、第30号	クレーン則174条、197条
ゴンドラ設置（変更）	全ての機種	第10号、第12号	ゴンドラ則10条、28条
有機溶剤設備等	安全衛生関係の特別規則に定める設備		有機則
特定化学設備等			特化則
放射線装置室等		第6号	電離則61条
粉じん作業設備等			粉じん則

届出期限……クレーン等設置工事開始の30日前まで　　様　式……各規則で定める様式
届出義務者…機械設備を設置、変更しようとする事業者　　届出部数…2部
届出先………所轄労働基準監督署長

■建設物・機械等設置届が必要な工事〈安衛法88条〉

届出の免除についてはP238※印参照

工事・作業の種類	規 模	届出事項	計画参画者の資格	図面等	準拠条項
足場（組立から解体までの期間が60日未満は除外）	つり足場、張出し足場以外の足場は高さ10m以上のもの	1. 設置期間 2. 種類及び用途 3. 構造、材質及び主要寸法	※ ①または ②または③	組立図 配置図	安衛則 85条 86条 87条 88条 別表第7
型枠支保工	支柱の高さが3.5m以上のもの	1. 設置期間 2. コンクリート構造物の概要 3. 構造、材質及び主要寸法	※ ①または ②または③	組立図 配置図	
架設通路（組立から解体までの期間が60日未満は除外）	高さ及び長さが10m以上のもの	1. 設置期間 2. 設置場所 3. 構造、材質及び主要寸法	―	平面図 側面図 断面図	
軌道装置（設置期間6ヶ月未満は除外）		1. 使用目的 2. 起点、終点の位置 3. 高低差（平均勾配） 4. 軌道の長さ 5. 動力車の種類 6. その他	―	場合により、平面図・断面図等	
特定化学物質・附属設備（設置期間6ヶ月未満は除外）	希硫酸を使用したPH中和装置・地盤改良装置等	1. 設置期間 2. 設置場所 3. 構造、材質及び主要寸法 4. その他	―		

届出期限……工事開始の30日前　　　　　　　　　　届出先…所轄労働基準監督署長
届出義務者…建設物・機械等を設置・移転・変更しようとする事業者　　様 式…20号
※①当該工事設計管理又は施工管理の実務経験3年以上、一級建築士、一級土木（建築）施工管理技士、かつ、建設工事の安全衛生の実務経験3年以上の者 、②労働安全コンサルタント（土木または建築）、③厚生労働大臣が定める者

■作業に必要な資格等①

資格の必要な作業を行うときは免許証や資格証を携帯すること〈安衛法61条3項〉

工種	作業内容（適用範囲）	配置する担当者・有資格者	準拠条項	必要な資格 免許	必要な資格 技能講習	必要な資格 特別教育	事業者による指名・選任等
足場	つり足場、張出足場又は高さが5m以上の足場の組立、解体、変更の作業	足場の組立等作業主任者	安衛則565条		○		
足場	足場の組立、解体又は変更の作業に係る作業（地上又は堅固な床上における補助作業除く）	足場の組立等作業者	安衛則36条39号			○	
足場	建築物、橋梁、足場等の組立、解体、変更の作業（墜落により危険）	作業指揮者	安衛則529条				○
足場	高さ3m以上から物を落とす作業	監視人	安衛則536条				○
高所	高さが2m以上の箇所において、作業床を設けることが困難な場合で、フルハーネス型を使用して行う作業（ロープ高所作業を除く）が対象	作業員	安衛則36条			○	
型枠	型枠支保工の組立、解体の作業	型枠支保工の組立等作業主任者	安衛則246条		○		
明り掘削作業	掘削面の高さが2m以上となる地山の掘削作業	地山の掘削作業主任者	安衛則359条		○		
明り掘削作業	土止め支保工の切りばり又は腹起こしの組立、解体作業	土止め支保工作業主任者	安衛則374条		○		
明り掘削作業	明り掘削作業でのガス導管の防護作業	作業指揮者	安衛則362条3項				○
明り掘削作業	粉じん発生場所での作業（設備による注水又は注油をしながら行う粉じん則3条作業は除く）	特定粉じん作業者	安衛則36条29号 粉じん則22条			○	
明り掘削作業	土止め支保工の点検	点検者	安衛則373条				○
明り掘削作業	浮石、き裂、湧水凍結の点検	点検者	安衛則358条				○
明り掘削作業	路上作業の交通制限区間	誘導員	※建公土第20				○
明り掘削作業	覆工板を取外して行う作業	誘導員	※建公土第66				○
明り掘削作業	運搬機械の後退、接近、危険箇所での走行	誘導者	安衛則365条				○
明り掘削作業	可燃性ガス発生のおそれの場合	測定者	安衛則322条				○
コンクリートの破壊	高さ5m以上のコンクリート造の工作物の解体、破壊の作業	コンクリート造工作物の解体等作業主任者	安衛則517条の17		○		
コンクリートの破壊	コンクリート破砕器の作業	コンクリート破砕器作業主任者	安衛則321条の3		○		

※ 建公土：建設工事公衆災害防止対策要綱（土木編）平成5年1月12日付 建設省経建発第1号

資料編

作業に必要な資格等②

資格の必要な作業を行うときは免許証や資格証を携帯すること〈安衛法61条3項〉

工種	作業内容(適用範囲)	配置する担当者・有資格者	準拠条項	免許	技能講習	特別教育	事業者による指名・選任等
橋梁架設	上部構造が鋼製の橋梁の架設、解体、変更の作業(高さ5m以上又は上部構造のうち支間が30m以上のもの)	鋼橋架設等作業主任者	安衛則517条の8		○		
橋梁架設	上部構造がコンクリート造の橋梁の架設、変更の作業(高さ5m以上又は上部構造のうち支間が30m以上のもの)	コンクリート橋架設等作業主任者	安衛則517条の22		○		
建築物の組立・解体	建築物の骨組み又は塔であって金属製の部材により構成されるもの(高さ5m以上)の組立、解体又は変更の作業	建築物等の鉄骨の組立て等作業主任者	安衛則517条の4		○		
建築物の組立・解体	高さ5m以上の木造の建築物の軸組、小屋組の組立の作業	木造建築物の組立て等作業主任者	安衛則517条の12		○		
建築物の組立・解体	廃棄物焼却施設の解体等の作業	解体作業者	安衛則36条36号592条の7			○	
建築物の組立・解体	廃棄物焼却施設の解体等の作業	作業指揮者	安衛則592条の6				○
有機溶剤等取扱作業	屋内作業又はタンク、船倉若しくは坑の内部その他の場所で有機溶剤とそれ以外のものとの混合物で有機溶剤を当該混合物の重量の5%以上を超えて含有するものを取扱う作業	有機溶剤作業主任者	安衛令6条22号有機則19条		○		
有機溶剤等取扱作業	特定化学物質を製造、取扱う作業	特定化学物質作業主任者	安衛令6条18号特化則27条		○		
有機溶剤等取扱作業	石綿等を取扱う作業	※1 石綿作業主任者	安衛令6条23号石綿則19条		○		
有機溶剤等取扱作業	石綿等を取扱う作業	作業者	石綿則27条			○	
有機溶剤等取扱作業	建築物の解体等の作業時の事前調査・分析調査	調査者	石綿則3条				○ ※2
有機溶剤等取扱作業	鉛ライニング作業、含鉛塗料が塗布された鋼材の溶接、溶断又は含鉛塗料のかきおとし作業	鉛作業主任者	安衛令6条19号鉛則33条		○		
有機溶剤等取扱作業	有機溶剤を製造し取扱う作業	有機溶剤業務従業者(特別教育に準ずる教育)	基発第337昭和59年6月29日付			○	

※1 特定化学物質・四アルキル鉛等作業主任者技能講習を修了しても「石綿作業主任者」への就任は認められない
※2 調査を実施する者として厚労大臣が定める講習の受講・修了考査の合格者を選任(有資格者による事前調査・分析調査の規定は令和5年10月から義務化)

■作業に必要な資格等③

資格の必要な作業を行うときは免許証や資格証を携帯すること〈安衛法61条3項〉

工種	作業内容（適用範囲）	配置する担当者・有資格者	準拠条項	必要な資格 免許	必要な資格 技能講習	必要な資格 特別教育	事業者による指名・選任等
酸素欠乏危険作業	酸素欠乏症のみが発生するおそれのある作業（第一種）	酸素欠乏危険作業主任者	安衛令6条21号 酸欠則11条		○		
酸素欠乏危険作業	酸素欠乏症及び硫化水素中毒が発生するおそれのある作業（第二種）	酸素欠乏・硫化水素危険作業主任者	安衛令6条21号 酸欠則11条		○		
酸素欠乏危険作業	し尿、腐泥等を入れた設備の改造等の作業等、硫化水素中毒のおそれのある作業	特定化学物質作業主任者または酸素欠乏・硫化水素危険作業主任者	酸欠則25条の2		○		
酸素欠乏危険作業	酸素欠乏症、硫化水素中毒が発生するおそれのある作業	作業者	安衛則36条26号 酸欠則12条			○	
酸素欠乏危険作業	作業状況の監視、異常の通報	監視人	酸欠則13条				○
防火管理	寄宿舎、事業場など当該建物の収容人員が50人以上の事業所等	防火管理者	消防法8条 消施則1条				○※
防火管理	建築物等の火気を取扱う場所	火元責任者	消施令3条の2				○
防火管理	すべての種類の危険物（甲類）、免状に指定する危険物（乙類）、ガソリン・灯油・軽油・第4石油類及び動植物油類（丙類）	危険物取扱者	消防法13条 危規則49条	○			
防火管理	危険物を製造し取扱う作業	作業指揮者	安衛則257条				○
クレーン等の設置等	クレーンの組立又は解体作業	作業指揮者	クレーン則33条				○
クレーン等の設置等	移動式クレーンのジブの組立、解体	作業指揮者	クレーン則75条の2				○
クレーン等の設置等	デリックの組立又は解体作業	作業指揮者	クレーン則118条				○
クレーン等の設置等	エレベーターの昇降路塔又はガイドレール支持塔の組立又は解体作業	作業指揮者	クレーン則153条				○
クレーン等の設置等	建設用リフトの組立又は解体作業	作業指揮者	クレーン則191条				○
クレーン等の設置等	並置クレーンの修理等の作業	監視人	クレーン則30条				○
クレーン等の設置等	特例によりクレーンで過荷重作業をする時（注）	作業指揮者	クレーン則23条				○
クレーン等の設置等	特例によりデリックで過荷重作業をする時（注）	作業指揮者	クレーン則109条				○

※講習修了者又は一定の実務経験のある者
（注）あらかじめ、クレーン（デリック）特例報告書を所轄労働基準監督署に提出すること

資料編

■作業に必要な資格等④

資格の必要な作業を行うときは免許証や資格証を携帯すること〈安衛法61条3項〉

工種	作業内容（適用範囲）	配置する担当者・有資格者	準拠条項	必要な資格 免許	必要な資格 技能講習	必要な資格 特別教育	事業者による指名・選任等
クレーン等の運転	つり上げ荷重 5t 以上の揚貨装置の運転	揚貨装置運転士	安衛令20条2号 安衛則41条	○			
	つり上げ荷重 5t 以上のクレーンの運転	クレーン・デリック運転士（旧クレーン運転士及びクレーン限定含む）	安衛令20条6号、ク則22条	○			
	〃 の床上運転式クレーンの運転※1		ク則224条の4	○			
	〃 の床上操作式クレーンの運転※2	床上操作式クレーン	安衛令20条6号、ク則22条		○		
	〃 の跨線テルハの運転	跨線テルハ	安衛則36条15号 クレーン則21条			○	
	つり上げ荷重 5t 未満のクレーンの運転	クレーン	安衛則36条15号 クレーン則21条			○	
	つり上げ荷重5t以上の移動式クレーンの運転	移動式クレーン運転士	安衛令20条7号、ク則68条	○			
	つり上げ荷重 1t 以上 5t 未満の移動式クレーンの運転	移動式クレーン	安衛令20条7号、ク則68条		○		
	つり上げ荷重 1t 未満の移動式クレーンの運転		安衛則36条16号			○	
	つり上げ荷重 5t 以上のデリックの運転	クレーン・デリック運転士（旧デリック運転士含む）	安衛令20条8号、ク則108条	○			
	つり上げ荷重 5t 未満のデリックの運転	デリック	安衛則36条17号			○	
	建設用リフトの運転	建設用リフト	安衛則36条18号			○	
	エレベーターの運転	エレベーター	クレーン則151条				○
	クレーン等運転のための合図	合図者	クレーン則25条				○
玉掛け作業	つり上げ荷重 1t 以上のクレーン、移動式クレーン、デリックの玉掛け※3	玉掛け者	安衛令20条16号、クレーン則221条		○		
	つり上げ荷重 1t 未満のクレーン、移動式クレーン、デリックの玉掛け		安衛則36条19号 クレーン則222条			○	

※1 床上運転式クレーンとは、床上で運転し、つり荷と離れて運転するクレーンをいう
※2 床上操作式クレーンとは、床上で運転し、かつ、運転者がつり荷の移動と共に移動するクレーンをいう
※3 クレーン・デリック、移動式クレーン運転士のうち、昭和53年10月1日以降の運転免許取得者は
　　運転免許試験と別途の玉掛技能講習の修了者でなければ玉掛の作業はできない

■作業に必要な資格等⑤

資格の必要な作業を行うときは免許証や資格証を携帯すること〈安衛法61条3項〉

工種	作業内容（適用範囲）	配置する担当者・有資格者	準拠条項	必要な資格			事業者による指名・選任等
				免許	技能講習	特別教育	
機械関係	動力駆動の巻上機の運転（電気ホイスト及びこれ以外の巻上機でゴンドラに係るものを除く）	運転者	安衛則36条11号			○	
	研削といしの取替え、試運転の作業	作業者	安衛則36条1号			○	
	丸のこ盤、帯のこ盤等を5台以上有する事業場における当該機械による業務	木材加工用機械作業主任者	安衛令6条安衛則129条		○		
	丸のこ等を使用する作業	丸のこ等取扱作業従事者（特別教育に準ずる教育）	基安発0714第1号平成22年7月14日			○	
	機械の運転開始等の合図	合図者	安衛則104条				○
ゴンドラ	ゴンドラの操作	操作者	安衛則36条20号			○	
	ゴンドラ操作の合図	合図者	ゴンドラ則16条				○
高所作業車	作業床の高さ 10m 以上の高所作業車	運転者	安衛令20条安衛則41条		○		
	作業床の高さ 10m 未満の高所作業車		安衛則36条10号の5			○	
	高所作業車を用いる作業	作業指揮者	安衛則194条の10				○
	高所作業車の修理又は作業床の取外し作業		安衛則194条の18				○
	高所作業車で作業を行う時の合図	合図者	安衛則194条の12				○
	高所作業車の作業床で運転する走行の作業	誘導者	安衛則194条の20				○

資料編

■作業に必要な資格等⑥

資格の必要な作業を行うときは免許証や資格証を携帯すること〈安衛法61条3項〉

工種	作業内容(適用範囲)		配置する担当者・有資格者	準拠条項	必要な資格			事業者による指名・選任等
					免許	技能講習	特別教育	
車両系建設機械	機体重量3t以上	整地、運搬、積込み用機械の運転	運転者	安衛令20条12号 安衛則41条		○		
		掘削用機械の運転		安衛令20条12号		○		
		基礎工事用機械の運転		安衛令20条12号		○		
		解体用機械の運転		安衛令20条12号		○		
	機体重量3t未満	整地、運搬、積込み用機械の運転		安衛則36条9号			○	
		掘削用機械の運転		安衛則36条9号			○	
		基礎工事用機械の運転		安衛則36条9号			○	
		解体用機械の運転		安衛則36条9号			○	
	締固め用機械の運転(ローラー)			安衛則36条10号			○	
	基礎工事用機械の作業装置の操作			安衛則36条9号の3			○	
	コンクリート打設用機械(ポンプ車)の作業装置の操作			安衛則36条10号の2			○	
	修理又はアタッチメントの装着及び取外し作業		作業指揮者	安衛則165条				○
	コンクリートポンプ車の輸送管等の組立、解体作業			安衛則171条の3				○
	路肩、傾斜地等で転倒、接触等のおそれのある作業		誘導者	安衛則157条2号 安衛則158条				○
車両系荷役運搬機械	最大荷重1t以上のフォークリフト、ショベルローダー、フォークローダーの運転		運転者	安衛令20条11号、13号 安衛則41条		○		
	最大荷重1t未満のフォークリフト、ショベルローダー、フォークローダーの運転			安衛則36条5号 安衛則36条5号の2			○	
	最大積載量1t以上の不整地運搬車の運転			安衛令20条14号		○		
	最大積載量1t未満の不整地運搬車の運転			安衛則36条5号の3			○	
	テールゲートリフターの操作の業務		操作者	安衛則36条5号の4			○	
	車両系荷役運搬機械等を用いる作業、修理、アタッチメントの装着等の作業(一人で行う簡易な作業は除く)		作業指揮者	安衛則151条の4 安衛則151条の15				○
	一つの荷が100kg以上のものを不整地運搬車、構内運搬車、貨物自動車へ積卸す作業			安衛則151条の48 安衛則151条の62 安衛則151条の70				○
	路肩、傾斜地等で転倒、接触等のおそれのある作業		誘導者	安衛則151条の6 安衛則151条の7				○
	自動車(2輪を除く)用タイヤの組立時、空気圧縮機を用いて当該タイヤに空気を充填する作業		空気充填作業者	安衛則36条33号			○	

資格の必要な作業を行うときは免許証や資格証を携帯すること〈安衛法61条3項〉

工種	作業内容（適用範囲）	配置する担当者・有資格者	準拠条項	必要な資格			事業者による指名・選任等
				免許	技能講習	特別教育	
その他の機械	ボーリングマシンの運転者	運転者	安衛則36条10号の3			◯	
	車両系建設機械以外の基礎工事用機械の運転者		安衛則36条9号の2			◯	
	軌道装置の動力車の運転者（動力車でレールにより人又は荷を運搬する装置の運転〔巻上げ装置を除く〕）		安衛則36条13号			◯	
	小型ボイラーの取扱い作業	作業者	安衛則36条14号			◯	
	産業用ロボットの教示、検査等作業者		安衛則36条31、32号			◯	
	ジャッキ式つり上げ機械の調整又は運転	運転者	安衛則36条10号の4			◯	
	動力を用いて、原木を運搬する機械集材装置の運転		安衛則36条7号			◯	
	胸高直径70cm以上の立木の伐木、かかり木でかかっている木の胸高直径20cm以上のものの処理等の作業	作業者	安衛則36条8号			◯	
	チェーンソーを用いて行う立木の伐木又はかかり木の処理又は造材の作業		安衛則36条8号			◯	
	一つの荷の重さが100kg以上のものの荷台等への積卸し作業	作業指揮者	安衛則420条				◯
	くい打機、くい抜機、ボーリングマシンの運転の合図	合図者	安衛則189条				◯
	くい打機、くい抜機、ボーリングマシンの組立等の作業	作業指揮者	安衛則190条				◯
溶接作業	アセチレン溶接装置又はガス集合溶接装置を用いて行う金属の溶接、溶断又は加熱の業務の作業	ガス溶接作業主任者	安衛令6条2号安衛則314条	◯			
	可燃性ガス及び酸素を用いて行う金属の溶接、溶断等の作業	ガス溶接作業者	安衛令20条10号		◯		
	アーク溶接、溶断等の作業	アーク溶接作業者	安衛則36条3号			◯	
	アーク溶接、溶断等においてヒュームを発生する作業	特定化学物質作業主任者又は金属アーク溶接等作業主任者	安衛令6条18号特化則27条		◯		

■作業に必要な資格等⑧

資格の必要な作業を行うときは免許証や資格証を携帯すること〈安衛法61条3項〉

工種	作業内容（適用範囲）	配置する担当者・有資格者	準拠条項	必要な資格 免許	必要な資格 技能講習	必要な資格 特別教育	事業者による指名・選任等
電気工事	自家用電気工作物の工事、保安業務	電気主任技術者	電事法43条	○			
電気工事	電気工事を行う作業	電気工事士	電工法3条	○			
電気工事	充電電路又はその支持物の敷設の点検、修理、充電部分が露出した開閉器の操作等の作業	取扱者	安衛則36条4号			○	
電気工事	停電作業又は高圧、特別高圧の電路の活線、活線近接作業	作業指揮者	安衛則350条			○	○※1
電気工事	架空電線等近接の工作物の建設、解体の作業、くい打（抜）機、移動式クレーン等を使用する作業	監視人	安衛則349条				○
電気工事	停電作業を行う場合の作業	監視人	安衛則339条				○
電気工事	特別高圧活線近接作業	監視人	安衛則345条				○
高所ロープ作業	高さ2m以上で作業床設置が困難な所で、ブランコ等の昇降器具で身体を保持しつつ行う作業	作業者	安衛則36条40号			○	
高所ロープ作業	高さ2m以上で作業床設置が困難な所で、ブランコ等の昇降器具で身体を保持しつつ行う作業	作業指揮者	安衛則539条の6				○
ずい道工事	ずい道等の掘削等の作業	ずい道等の掘削等作業主任者	安衛則383条の2		○		
ずい道工事	ずい道等の覆工の作業	ずい道等の覆工作業主任者	安衛則383条の4		○		
ずい道工事	ずい道等で出入口から1,000m以上、50m以上の立坑、0.1Mpa以上の圧気工事	救護技術管理者	安衛法25条の2 安衛令9条の2 安衛則24条の7、8		△		P162を参照
ずい道工事	ずい道等の掘削、覆工等の作業	ずい道等内作業者	安衛則36条30号			○	
ずい道工事	ずい道内で行う可燃性ガス及び酸素を用いる金属の溶接、溶断又は加熱の作業	作業指揮者	安衛則389条の3 257条				○
ずい道工事	坑内の火気、アークの使用状況の監視及び防火管理	防火担当者	安衛則389条の4				○
ずい道工事	ずい道内の浮石、き裂等の点検	点検者	安衛則382条				○
ずい道工事	ずい道内部で、車輌と側壁との間隔が60cm以上確保できない場合	監視人	安衛則205条				○
ずい道工事	軌道接近作業、通路と交わる軌道で車輌を使用する作業	監視人	安衛則550条 安衛則554条				○
ずい道工事	動力車の後押し運転の作業	誘導者	安衛則224条				○
ずい道工事	ずい道建設において運搬機械等が後進して作業箇所に接近するとき、又は転落のおそれのある作業	誘導者	安衛則388条				○
ずい道工事	可燃性ガス濃度の測定	測定者	安衛則382条の2				○

※1 電気工事作業指揮者は、低・高圧電気特別教育修了者で安全教育（昭和63年12月28日基発782号）を受講した者から選任する
△：建災防の所定の研修を修了した者

資格の必要な作業を行うときは免許証や資格証を携帯すること〈安衛法61条3項〉

工種	作業内容（適用範囲）		配置する担当者・有資格者	準拠条項	必要な資格			事業者による指名・選任等
					免許	技能講習	特別教育	
採石作業	採石のための掘削作業（高さ2m以上）		採石のための掘削作業主任者	安衛則403条		○		
	浮石、き裂、湧水等の点検		点検者	安衛則401条				○
	採石作業において運搬機械等の運行経路の補修、保持の作業		監視人	安衛則413条				○
	採石作業において運搬機械等の運行経路上での岩石の小割又は加工の作業			安衛則414条				○
	運搬機械等が後退又は転落するおそれのあるもの		誘導者	安衛則416条				○
火薬取扱い	火薬庫	年間 20t 以上（甲種）	火薬類取扱保安責任者	火薬法30条 火取則69条	○			
	消費	月間 1t 以上（甲種）						
	導火線、電気発破の作業指揮者		作業指揮者	安衛則319条 安衛則320条	○			
	導火線、電気を用いて行う発破の作業（せん孔、装てん、結線、点火、不発の装薬又は残薬の点検及び処理）		発破技士	安衛令20条1号 安衛則318条	○			
	取扱所及び火工所での火薬類の出納、記帳		出納責任者	火取則52条 52条の2	○			
高圧室内の作業	高圧室内の作業（大気圧を超える気圧下の作業室又はシャフトの内部）		高圧室内作業主任者	安衛令6条1号 高圧則10条	○			
	高圧室内で行う作業員（全員）		作業員	安衛則36条24号の2 高圧則11条1項6号			○	
	高圧室内作業者にかかる作業室への送気（気こう室への送排気）の調節を行うためのバルブ、コックの操作		加減圧係員	安衛則36条21号、22号 高圧則11条1項3号			○	
	作業室（又は潜水作業者）への送気の調節を行うバルブ、コックの操作		送気調節係員	安衛則36条23号 高圧則11条1項2号、4号			○	
	作業室、気こう室へ送気のための空気圧縮機の運転		空気圧縮機運転員	安衛則36条20号の2 高圧則11条1項1号			○	
	潜水器を用い空気圧縮機、手押しポンプによる送気又はボンベからの給気を受ける水中作業		潜水士	安衛令20条9号 高圧則12条	○			
	再圧室を操作する作業		再圧室操作係員	安衛則36条24号 高圧則11条1項5号			○	
	高圧室内作業者と空気圧縮機の運転者の間に常時配置		連絡員	高圧則21条				○
	潜水業務従事者との連絡作業（2人以下毎に1人配置）			高圧則36条				○

資料編

■作業に必要な資格等⑩

資格の必要な作業を行うときは免許証や資格証を携帯すること〈安衛法61条3項〉

工種	作業内容（適用範囲）	配置する担当者・有資格者	準拠条項	必要な資格 免許	必要な資格 技能講習	必要な資格 特別教育	事業者による指名・選任等
その他	高さ2m以上のはい付け、はいくずしの作業（小麦、大豆、鉱石等のばら物を除く）	はい作業主任者	安衛令6条 安衛則428条		○		
その他	機械集材装置、運材索道の組立、解体等の業務	林業架線作業主任者	安衛則513条	○			
その他	放射線照射装置を用いて行う透過写真の撮影作業	エックス線作業主任者	電離則46条	○			
その他	ガンマ線照射装置を用いて行う透過写真の撮影作業	ガンマ線透過写真撮影作業主任者	電離則52条の2	○			
その他	除染等業務	※1作業指揮者	除染電離則9条			○	○ ※2
その他	除染等業務	作業員	除染電離則19条			○	
その他	除染等業務	放射線管理担当者	除染等業務ガイドライン				○
その他	特定線量下業務	作業員	除染電離則25条の8			○	
その他	特定線量下業務	放射線管理担当者	特定線量下業務ガイドライン				○
自動車	乗車定員が11人以上の自動車にあっては1台、その他の自動車にあっては5台以上所有の場合	安全運転管理者	道交法74条の3				○
自動車	自家用車20台以上所有の場合（20台単位毎に1名）	副安全運転管理者	道交法74条の3 道交則9条の8				○
自動車	乗車定員11人以上、8t 積以上の自動車5台以上使用の場合	整備管理者	道運車法50条				○
自動車	公道を走行する自動車の運転（普通、大型、大型特殊）	運転者	道交法84条	○			

※1 特定汚染土壌等取扱業務については、作業場所の平均空間線量率が2.5マイクロシーベルト/時を超える場合に限る
※2 除染等作業に類似する作業に従事した経験を有する者又は除染等作業指揮者教育を受講した者であって特別教育を修了したものとする

■点検が必要な設備と項目

設備（作業）名	点検項目と措置	準拠条項	点検時期
型枠支保工	1. コンクリートの打設の作業を開始する前に、当該作業に係る型枠支保工を点検し異状を認めた時は補修すること 2. 作業中に型枠支保工に異状を認めたときの作業中止の措置を講じておくこと	安衛則244条	●コンクリート打設の作業開始前 ●コンクリート打設中
土止め支保工	1. 部材の損傷、変形、腐食、変位及び脱落の有無 2. 切りばりの緊圧の度合 3. 部材の接続部、取付部及び交さ部の状態	安衛則373条	●7日を超えない期間毎 ●中震以上の地震の後 ●大雨等の後
明り掘削 （点検者を指名）	1. 浮石及びき裂の有無及び状態 2. 含水、湧水及び凍結の状態 3. 発破を行った後の周辺の浮石、き裂の有無及び状態	安衛則358条	●作業開始前 ●中震以上の地震の後 ●大雨の後 ●発破を行った後
露出した埋設物の防護	1. つりワイヤの張力点検及び是正 2. つりワイヤの油塗布 3. 曲管部の防護工点検 4. 継手部の点検 5. つり鋼材等のボルトの締付点検及び是正 6. 地震発生後の防護工点検	建公土第38※	常　時
路面覆工	1. 覆工板のばたつき、損傷、すき間、ずれ、表面段差 2. 取付部の沈下、陥没、段差、舗装の剥離 3. 取付ボルトの緩み及び欠落、桁受材及び補強部材の異常 4. 予備の覆工板の用意	建公土第67※	常　時
作業構台	1. 支柱の滑動及び沈下の状態 2. 各部材の損傷及び腐食の状態 3. 各部材の緊結部、取付部等の緩みの状態 4. 手摺等の取外し及び脱落の有無	安衛則575条の8	●作業開始前 ●組立、一部解体、変更後 ●大雨等の悪天候の後 ●中震以上の地震の後
足場	1. 脚部の滑動及び沈下の状態 2. 各部材の損傷及び腐食の状態 3. 各部材の緊結部、取付部等の緩みの状態 4. 手摺等の取外し及び脱落の有無	安衛則567条	●作業開始前 ●組立、一部解体、変更後 ●大雨等の悪天候の後 ●中震以上の地震の後
ずい道等の建設 （点検者を指名）	1. 浮石及びき裂の有無及び状態 2. 含水及び湧水の状態 3. 発破を行った後の周辺の浮石、き裂の有無及び状態	安衛則382条	●毎日 ●中震以上の地震の後 ●発破を行った後
	4. 可燃性ガスの濃度測定 5. ガス警報装置等の異常の有無	安衛則382条の2	上記のほかに ●可燃性ガスが発生した時
ずい道支保工	1. 部材の損傷、変形、腐食、変位、脱落の状態 2. 部材の緊圧の度合 3. 部材の接続部、交さ部の状態 4. 脚部の沈下の有無及び状態	安衛則396条	●毎日 ●中震以上の地震の後
軌道装置	1. ブレーキ、連結装置、警報装置、集電装置、前照燈、制御装置及び安全装置等の機能 2. 空気等の配管からの漏れの有無 3. 軌道の軌条及び路面の状態	安衛則232条	●作業開始前

※建公土：建設工事公衆災害防止対策要綱（土木編）平成5年1月12日付 建設省経建発第1号

資料編

■作業環境の測定が必要な場所

(注) 1. ○数字の作業場は指定作業場であり、測定は作業環境測定士が行われなければならない
2. 測定結果の評価は作業環境測定基準により行う

測定場所		測定項目	関連条項	作業前	半月以内	1ヶ月以内	2ヶ月以内	6ヶ月以内	1年以内	記録の保存期間
①	土石、岩石、鉱物、金属又は炭素の粉じんを著しく発散する屋内作業場	空気中の粉じん濃度 遊離けい酸含有率	粉じん則26条					○		7年
2	暑熱、寒冷又は多湿の屋内作業場	気温、湿度、ふく射熱	安衛則607条		○					3年
3	著しい騒音を発する屋内作業場	等価騒音レベル	安衛則590条 591条					○		3年
4 坑内の作業場	炭酸ガスが停滞する作業場	空気中の炭酸ガス	安衛則592条			○				3年
	28℃を超える作業場	気温	612条		○					
	通気設備のある作業場	通気量	603条		○					
5	中央管理方式の空気調和設備を設けている建設物の室で事務所の用に供しているもの	一酸化炭素濃度及び炭酸ガスの含有量室温及び外気温相対湿度	事務所則7条				○			3年
6 放射線作業場	放射線業務を行う管理区域	外部放射線による線量当量率	電離則54条55条			○		△ ※2		5年
	放射性物質取扱作業室	空気中の放射線物質濃度				○				
	坑内の核原料物質の掘採を行う作業場					○				
⑦	特定化学物質を製造又は取扱う屋内作業場	空気中の第1類又は第2類物質の濃度	特化則36条					○		3～30年
⑧	石綿等を取扱う作業場	空気中の石綿濃度	石綿則36条					○		40年
⑨	一定の鉛業務を行う屋内作業場	空気中の鉛濃度	鉛則52条						○	3年
10	酸素欠乏危険場所において作業を行う作業場※1	空気中の酸素濃度硫化水素濃度	酸欠則3条	○						3年
⑪	次の有機溶剤業務を行う屋内作業場・第1種、第2種有機溶剤	空気中の有機溶剤濃度	有機則28条					○		3年
12 焼却炉等	保守点検場所	空気中のダイオキシン濃度	安衛則592条の2					○		(30年)
	解体作業場所	ダイオキシン類の含有率		○						

※1 第2種酸素欠乏危険作業に係る作業場にあっては、酸素濃度及び硫化水素濃度
※2 放射線装置を固定して使用する場合において、使用の方法が一定しているとき等は6ヶ月以内ごとに1回

〈参考〉作業環境測定そのものではありませんが、ずい道内の粉じん濃度についても測定する義務が課せられています。

測定場所	測定項目	関連条項	作業前	半月以内	1ヶ月以内	2ヶ月以内	6ヶ月以内	1年以内	記録の保存期間
- 粉じん作業を行う坑内事業場(ずい道内部の建設に限り、切羽に近接する場所で測定)	空気中の粉じん濃度及び遊離けい酸の含有率	粉じん則6条の3			○				(7年)
- 可燃性ガスが発生するおそれのある地下作業場又はガス管からガスが発生するおそれのある明り掘削作業場所	可燃性ガスの濃度	安衛則322条	○ ※3						
- 有害な業務を行う屋外作業場(上記①粉じん、⑦特定化学物質、⑧石綿等、⑨鉛、⑪有機溶剤の業務に限る)	上記の当該測定項目	屋外作業場等における作業環境管理に関するガイドライン						○	上記の当該保存期間

( )内の年数は「ずい道等建設工事における粉じん対策に関するガイドライン」より
※3 毎日作業開始する前及び当該ガスに関し異常を認めたとき

■悪天候時に規制のある作業

作業の規制等	強風	大雨	大雪	準拠条項
型枠支保工の組立等の作業の禁止	○	○	○	安衛則245条
造林等の作業の禁止	○	○	○	安衛則483条
木馬又は雪ソリによる運材の作業の禁止	○	○	○	安衛則496条
林業架線作業の禁止	○	○	○	安衛則510条
鉄骨の組立等の作業の中止	○	○	○	安衛則517条の3
木造建築物の組立等の作業の中止	○	○	○	安衛則517条の11
鋼橋の架設等の作業の中止	○	○	○	安衛則517条の7
コンクリート橋の架設等の作業の中止	○	○	○	安衛則517条の21
コンクリート造の工作物の解体等の作業の中止	○	○	○	安衛則517条の15
高さ2m以上の箇所での作業の禁止	○	○	○	安衛則522条
足場の組立等の作業の中止	○	○	○	安衛則564条
作業構台の組立等の作業の中止	○	○	○	安衛則575条の7
クレーン作業の中止	○			クレーン則31条の2
クレーンの組立等の作業の禁止	○	○	○	クレーン則33条
移動式クレーン作業の中止	○			クレーン則74条の3
デリック作業の中止	○			クレーン則116条の2
デリックの組立等の作業の禁止	○	○	○	クレーン則118条
屋外エレベーターの組立等の作業の禁止	○	○	○	クレーン則153条
建設用リフトの組立等の作業の禁止	○	○	○	クレーン則191条
ゴンドラを使用する作業の禁止	○	○	○	ゴンドラ則19条

強風とは？ 10分間の平均風速が毎秒10m以上の風

大雨とは？ 1回の降雨量が50mm以上の雨

大雪とは？ 1回の降雪量が25cm以上の雪

暴風とは？ 瞬間風速が毎秒30mを超える風

中震以上の地震とは？ 震度4以上の地震

気象の定義は
P284を参照

資料編

■悪天候時・天災後に点検等が必要な作業

作業の措置・規制等	強風	大雨	大雪	暴風	地震	準拠条項
土止め支保工の点検		○			○	安衛則373条
明り掘削における地山の点検		○			○	安衛則358条
作業構台の点検	○	○	○		○	安衛則575条の8
足場の点検	○	○	○		○	安衛則567条
ずい道等の建設の作業における地山の点検					○	安衛則382条
ずい道等の作業における可燃性ガスの濃度測定					○	安衛則382条の2
ずい道支保工の点検					○	安衛則396条
ジブクレーンのジブの固定等の措置	○					クレーン則31条の3
屋外のクレーンの点検				○	○	クレーン則37条
移動式クレーンのジブの固定等の措置	○					クレーン則74条の4
デリックの破損防止等の措置				○		クレーン則116条
デリックの点検				○	○	クレーン則122条
屋外エレベーターの倒壊防止措置(瞬間風速35m/sec以上)				○		クレーン則152条
屋外のエレベーターの点検				○	○	クレーン則156条
建設用リフト倒壊防止措置(瞬間風速35m/sec以上)				○		クレーン則189条
建設用リフトの点検				○		クレーン則194条
ゴンドラの点検	○	○	○			ゴンドラ則22条
採石作業前の地山等の点検		○			○	安衛則401条
林業架線設備の点検	○	○	○		○	安衛則511条

■作業場所の照度

作業場所	照度	準拠条項	解釈例規
常に作業している場所 ・精密な作業 ・普通の作業 ・粗な作業	300ルクス以上 150ルクス以上 70ルクス以上	安衛則604条	
電気機械器具の操作	必要な照度	安衛則335条	昭和35年11月22日付 基発第990号
明り掘削作業	必要な照度	安衛則367条	
採石作業	必要な照度	安衛則406条	
はい作業	必要な照度	安衛則434条	昭和43年1月13日付 安発第2号 ・はい付け、はい崩し作業 　　　　　　　20ルクス以上 ・倉庫内の通路　　8ルクス以上 ・屋外の通路　　5ルクス以上
港湾荷役作業	必要な照度	安衛則454条	昭和36年11月24日付 基発第1002号 ・岸壁又は船内作業 　　　　　　　20ルクス以上 ・船内の通路　　8ルクス以上 ・岸壁上の通路　　5ルクス以上
高所作業	必要な照度	安衛則523条	
通路	必要な照度	安衛則541条	
保線作業	必要な照度	安衛則555条	昭和48年12月21日付 基発第715号 ・軌道の道床面上 20ルクス以上 ・通路　　　　5ルクス以上

資料編

■年少者・女性の就業制限業務（建設業関係抜粋）

作業の内容					就業制限の内容			
					年少者	妊婦	産婦	その他の女性
1. 重量物を取扱う作業〈労基法64条の3、年少者労働基準規則8条、女性労働基準規則〉					▲（左表の重量未満は取扱可能）	×	×	▲（左表の重量未満は取扱可能）

1. 重量物を取扱う作業の表

年令	断続作業の場合		継続作業の場合	
	男	女	男	女
満16歳未満	15kg以上	12kg以上	10kg以上	8kg以上
満16歳以上 満18歳未満	30kg以上	25kg以上	20kg以上	15kg以上
満18歳以上	－	30kg以上	－	20kg以上

作業の内容	年少者	妊婦	産婦	その他の女性
2. 坑内の作業〈労基法63条、64条の2〉	×	×	×	▲注
3. クレーン、デリック、揚貨装置の運転（女性は5t以上のもの）	×	×	△	○
4. クレーン、デリック、揚貨装置の玉掛け作業（2人以上で行う補助作業は除く）	×	×	△	○
5. 運転中の原動機、原動機から中間軸までの動力伝導装置の掃除、給油、検査、修理、またはベルトの掛換えの作業	×	×	△	○
6. 最大積載荷重2t以上の人荷共用若しくは荷物用エレベーター、または高さ15m以上のコンクリート用エレベーターの運転	×	－	－	－
7. 動力により駆動される巻上機（電気ホイスト、エアーホイストを除く）、運搬機、索道の運転	×	－	－	－
8. 動力により駆動される土木建築用機械、船舶荷扱用機械の運転	×	×	△	○
9. 動力により駆動される軌条運輸機関、乗合自動車、2t以上の貨物自動車の運転	×	－	－	－
10. 直径25cm以上の丸のこ盤、75cm以上の帯のこ盤の木材供給作業	×	×	△	○
11. 操車場の構内における軌道車両の入換え、連結、解放の作業	×	×	△	○
12. 岩石または鉱物の破砕機、粉砕機に材料を供給する作業	×	×	△	○
13. 土砂が崩壊のおそれのある場所、深さ5m以上の地穴での作業	×	×	○	○
14. 高さ5m以上で墜落の危害を受けるおそれのある場所での作業	×	×	○	○
15. 足場の組立、解体、変更作業（地上、床上での補助作業は除く）	×	×	△	○
16. 胸高35cm以上の立木の伐採の作業	×	×	△	○
17. 機械集材装置、運材索道等を用いて行う木材の搬出作業	×	×	△	○
18. 火薬その他危険物を取扱う作業（爆発、発火、または引火のおそれのあるもの）	×	－	－	－
19. PCB、クロム酸塩、水銀、鉛などの有害物（限定列挙）が発散される場所における「送気マスク等の着用が義務付けられている業務」「作業環境測定で第3管理区分とされた屋内作業場の業務」	×	×	×	×
20. 多量の高熱物体の取扱い、又は著しく暑熱な場所での作業	×	×	△	○
21. 多量の低温物体の取扱い、又は著しく寒冷な場所での作業	×	×	△	○
22. 異常気圧下での作業	×	×	△	○
23. 削岩機、鋲打機等身体に著しい振動を与える機械器具での作業	×	×	×	○
24. 強烈な騒音を発する場所での作業	×	－	－	－
25. 深夜労働	▲	△	△	○

×……就業させてはならない作業
△……申し出た場合、就業させてはならない作業
○……就業させてもさしつかえない作業
▲……条件付きで就業可能な作業

妊婦……妊娠中の女性
産婦……産後1年以内の女性
年少者…満18歳未満の者
──……条文がないもの

上表で準拠条項を記していない作業は、「年少者労働基準規則」または「女性労働基準規則」に就業制限の規定がある
注）人力で行う掘削の業務等（女性則1条）は不可

■表示が必要な場所①

（注）立入禁止による表示が必要な場所はP259〜260を参照

区分	表示の名称	該　当　箇　所	準拠条項
機械・電気関係	重量トン	一つの貨物で重量1t以上のものを発送する時に （一見してその重量が明らかなものはこの限りでない）	安衛法35条
	運転停止	機械の掃除、給油、修理、検査等を行うため運転を停止しているとき当該機械のスイッチ等に	安衛則107条
	運転禁止	天井クレーン等の点検作業等を行うとき、操作部分に	クレーン則30条の2
	最高使用圧力	第2種圧力容器の圧力計の目盛の最高使用圧力を示す位置に	ボイラ則87条
	巻過ぎ防止標識	巻過ぎ防止装置を具備しないクレーン、デリック、建設用リフトの巻上げ用ワイヤロープに	クレーン則19条 クレーン則106条 クレーン則182条
	検査標章	車両系建設機械等の特定自主検査実施の標章を貼付	安衛則151条の24 安衛則169条の2
	火気厳禁	アセチレン溶接装置・ガス集合溶接装置から5m以内に	安衛則312・313条
	作業中	産業用ロボットの運転状態を切替えるスイッチ等に「作業中」の表示を	安衛則150条の5
	通電禁止	停電作業中、開閉器に	安衛則339条
	接近限界距離	特別高圧活線近接作業の際に、接近限界距離を	安衛則345条
土木工事	運行注意標識	採石作業における運搬機械等の運行経路の必要な箇所に	安衛則413条
	作業中	採石作業の運搬経路上で岩石の小割又は加工の作業を行う箇所に「作業中」を表示	安衛則414条
	連絡方法	作業室と圧縮機運転者との通話装置が故障したときの連絡方法を両室及び気こう室付近に	高圧則21条
	持込禁止 （マッチ、ライター等発火のおそれのあるもの）	気こう室の外部の見やすい箇所に	高圧則25条の2
		再圧室の入口に（発火、爆発物等点火源となるもの）	高圧則46条
		可燃性ガスが存在するとき、ずい道出入口に	安衛則389条
	消火設備の設置場所	ずい道坑内で、可燃性ガス、酸素で金属の溶接、溶断又は加熱を行う作業場所に	安衛則389条の3
		ずい道坑内で、火気若しくはアークを使用する場所又は配電盤、変圧器、遮断器を設置する場所に	安衛則389条の5
	消火設備の使用方法	上記の設置場所に	安衛則389条の3
	可燃性ガス危険 立入禁止	ずい道建設作業で、可燃性ガスの濃度が爆発下限界の値の30%以上であるときに	安衛則389条の8
	警報設備の設置場所	ずい道坑内で、切羽までの距離が100mに達したとき	安衛則389条の9
	通話装置の設置場所	ずい道坑内で、切羽までの距離が500mに達したとき	安衛則389条の9
	避難用器具の設置場所	ずい道坑内で、切羽までの距離が100mに達したとき	安衛則389条の10
	避難用器具の使用方法	上記の設置場所に	安衛則389条の10
	信号装置の表示方法	軌道装置の信号装置を設けたとき表示方法を定め周知	安衛則219条

資料編

■表示が必要な場所②

区分	表示の名称		該当箇所	準拠条項
土木・建築共通工事	安全衛生推進者等氏名		安全衛生推進者等氏名を作業場の見やすい箇所に	安衛則12条の4
	作業主任者氏名等		作業主任者の氏名及びその者に行わせる事項を作業場の見やすい箇所に	安衛則18条
	火気使用禁止		火災又は爆発の危険場所に	安衛則288条
	ガスの名称等		ガス集合溶接装置で使用するガスの名称及び最大ガス貯蔵量をガス装置室の見やすい箇所に	安衛則313条
	安全通路		作業場に通ずる場所及び作業場内の主要通路に	安衛則540条
	避難用出入口		常時使用しない避難用の出入口、通路に	安衛則549条
	避難用器具		避難用器具の設置場所を見やすい場所に	安衛則549条
	最大積載荷重		足場の作業床に	安衛則562条
			足場の見やすい場所に	安衛則655条
			作業構台の作業床に	安衛則575条の4 安衛則655条の2
	名称・成分等		危険物及び有害物の含有量等の表示事項を容器又は包装に	安衛法57条 安衛則31条
	有害物集積箇所		有害物、病原体等の集積場所に	安衛則586条
	事故現場		有機溶剤、高圧作業室、酸素欠乏危険箇所等による事故現場があるとき、その現場に	安衛則640条
	有機溶剤	取扱上の注意事項	有機溶剤業務を行う場所の見やすい箇所に	有機則24条
		区分表示	溶剤の区分を{第1種(赤)、第2種(黄)、第3種(青)}	有機則25条
	消火器又は消火設備で炭酸ガスを使用するものをみだりに作動させない旨を		地下室その他通風が不十分な場所に	酸欠則19条
	粉じん等の取扱い上の注意事項		粉じん作業を行う作業場の見やすい箇所に	粉じん則23条の2
	騒音発生場所		強烈な騒音を発する屋内作業場にその旨を	安衛則583条の2
			耳栓等の保護具を使用すべき旨を見やすい場所に	安衛則595条
	ダイオキシン類の取扱上の注意事項		見やすい箇所に	安衛則592条の8

■立入禁止措置が必要な場所①

区分	作業名	該　当　箇　所	必要な措置	準拠条項
土木・建築共通工事	架設通路	作業の必要上、臨時に手すり・中桟等を取り外した場合等	関係者以外立入禁止	安衛則552条
	作業床			安衛則563条
	作業構台			安衛則575条の6
	足場の組立	組立、解体、変更作業の区域内		安衛則564条
	高所作業	墜落の危険箇所		安衛則530条
	物体落下のおそれがある作業	物体落下の危険箇所	立入禁止	安衛則537条
	粉じん、有害物を取扱う作業	粉じん、有害物取扱い場所等	関係者以外立入禁止	安衛則585条
	型枠支保工組立て	組立、解体作業の区域内		安衛則245条
	明り掘削	地山の崩壊、土石の落下のおそれのある箇所	立入禁止、防護網の設置	安衛則361条
	土止め支保工	切りばり、腹起こしの取付、取外しの作業区域	関係者以外立入禁止	安衛則372条
	貨物取扱作業	一つの荷の重さが100kg以上の物の積卸し作業箇所		安衛則420条
	コンクリート工作物の解体等	コンクリート造の工作物の解体等の作業区域		安衛則517条の15
	はい付け、はい崩し	はいの崩壊、荷の落下の危険箇所	立入禁止	安衛則433条
	危険物及び火気取扱	爆発、火災の危険がある箇所		安衛則288条
	酸素欠乏危険のおそれのある作業	酸素欠乏危険場所	指名者以外立入禁止	酸欠則14条
		酸素欠乏危険場所及び隣接する作業場所	関係者以外立入禁止	酸欠則9条
	有機溶剤の取扱	換気装置の故障や汚染される事態が生じたときの有機溶剤による中毒のおそれのある場所	立入禁止	有機則27条
	石綿等が使用された建築物、工作物の解体作業	石綿等の粉じんを発散するおそれのある保温材、耐火被覆材等を除去する作業場所等	関係者以外立入禁止	石綿則7条1項
土木工事	採石作業	土石落下の危険箇所	立入禁止	安衛則411条
		運転中の機械等への接触危険箇所		安衛則415条
	伐木作業	伐木、倒木等による危険箇所		安衛則481条
	ずい道等の掘削	浮石落し(こそく)作業の箇所及びその下方	関係者以外立入禁止	安衛則386条
	ずい道等の支保工	補修作業箇所で落盤、肌落ちの危険箇所		安衛則386条
	ずい道等の建設	可燃性ガス濃度が爆発下限界の30%以上あるとき		安衛則389条の8
	圧気工法	酸欠空気の漏出している井戸等の作業場所	立入禁止	酸欠則24条
	軌道装置を使用する作業	坑内の動力車による後押運転区間		安衛則224条
	橋梁工事	鋼橋の架設等工事の作業区域内	関係者以外立入禁止	安衛則517条の7 安衛則517条の21
		コンクリート橋の架設等工事の作業区域内		
	高圧室内作業	気こう室及び作業室		高圧則13条
		再圧室設置場所、操作場所		高圧則43条

■立入禁止措置が必要な場所②

区分	作業名	該　当　箇　所	必要な措置	準拠条項
建築工事	建築物の工事	鉄骨の組立等の作業区域	関係者以外立入禁止	安衛則517条の3
		木造建築物の組立等の作業区域		安衛則517条の11
機械・電気関係	車両系荷役運搬機械等	フォーク、ショベル、アーム等により支持されている荷の下	立入禁止	安衛則151条の9
	不整地運搬車	一つの荷の重さが100kg以上の積卸しの作業箇所	関係者以外立入禁止	安衛則151条の48
	構内運搬車	一つの荷の重さが100kg以上の積卸しの作業箇所		安衛則151条の62
	貨物自動車	一つの荷の重さが100kg以上の積卸しの作業箇所		安衛則151条の70
	車両系建設機械	運転中の機械等への接触危険箇所	立入禁止	安衛則158条
		主たる用途以外の作業箇所		安衛則164条
	コンクリートポンプ車	コンクリート等吹出の危険箇所		安衛則171条の2
	くい打、くい抜機ボーリングマシン	巻上げ用ワイヤロープの屈曲部の内側		安衛則187条
	解体用機械	物体の飛来等により労働者に危険が生じるおそれのある箇所	関係者以外立入禁止	安衛則171条の6
	産業用ロボット	運転時の接触防止	柵又は囲い等の設置	安衛則150条の4
	ガス集合溶接装置	ガス装置室	係員以外立入禁止	安衛則313条
	電気取扱業務	配電盤室、変電室	電気取扱者以外立入禁止	安衛則329条
クレーン等	クレーン	ケーブルクレーンのワイヤロープの内角側	立入禁止	クレーン則28条
		ハッカー等を用いて玉掛けした荷の下		クレーン則29条
		組立、解体の作業区域	関係者以外立入禁止	クレーン則33条
	移動式クレーン	上部旋回体との接触危険箇所	立入禁止	クレーン則74条
		ハッカー等を用いて玉掛けした荷の下		クレーン則74条の2
		ジブの組立、解体の作業区域	関係者以外立入禁止	クレーン則75条の2
	デリック	ワイヤロープの内角側	立入禁止	クレーン則114条
		ハッカー等を用いて玉掛けした荷の下		クレーン則115条
		組立、解体の作業区域	関係者以外立入禁止	クレーン則118条
	エレベーター	昇降路又はガイドレール支持塔の組立、解体の作業区域		クレーン則153条
	建設用リフト	搬器の昇降で危険のある箇所	立入禁止	クレーン則187条
		ワイヤロープの内角側		クレーン則187条
		組立、解体の作業区域	関係者以外立入禁止	クレーン則191条
	ゴンドラ	作業箇所の下方		ゴンドラ則18条

■合図・信号等の必要な作業①

合図・信号等	該当項目	準拠条項
運転開始の合図	機械の運転を開始する場合	安衛則104条
誘導の合図	車両系荷役運搬機械等の運転で誘導者を置いた場合	安衛則151条の8
	車両系建設機械の運転で誘導者を置いた場合	安衛則159条
運転の合図	車両系建設機械（掘削用）を使用した一定条件下での荷のつり上げ作業の場合	安衛則164条
	コンクリートポンプ車の作業装置を操作する場合	安衛則171条の2
	くい打（抜）機、ボーリングマシンを運転する場合	安衛則189条
	高所作業車で作業床以外の箇所で作業床を操作する場合	安衛則194条の12
	高所作業車の作業床に労働者を乗せて走行させる場合	安衛則194条の20
	軌道装置を運転する場合	安衛則220条
	クレーンを運転する場合	クレーン則25条
	天井クレーン等の点検等の作業時に運転する場合	クレーン則30条の2
	移動式クレーンを運転する場合	クレーン則71条
	デリックを運転する場合	クレーン則111条
	建設用リフトを運転する場合	クレーン則185条
	簡易リフトを運転する場合	クレーン則206条
	ゴンドラを操作する場合	ゴンドラ則16条
発破の合図	導火線発破作業の点火、退避	安衛則319条
	電気発破作業の点火、退避	安衛則320条
	コンクリート破砕器の点火	安衛則321条の4
引倒し等の合図	コンクリート造の工作物解体又は破壊作業引倒し等の作業	安衛則517条の16

合図は一人で確実に

資料編

261

■合図・信号等の必要な作業②

合図・信号等	該当項目	準拠条項
信号、警報の装置設備等	コンクリートポンプ車の作業装置の操作者とホースの先端部の保持者間（電話、電鈴等の装置）	安衛則171条の2
	軌道装置の状況に応じて（信号装置）	安衛則207条
	動力車（汽笛、警鈴等の設置）	安衛則209条
	掘下げの深さが20mを超える潜函等の内部と外部との連絡（電話、電鈴等の設備）	安衛則377条
	ずい道等の建設作業を行う場合、可燃性ガスの異常な上昇を知らせる自動警報装置	安衛則382条の3
	ずい道等の掘削が100mに達したとき、サイレン、非常ベル等警報設備、500mに達したとき警報設備及び通話装置	安衛則389条の9
	常時50人以上就業する屋内作業場（非常ベル等の設備、携帯用拡声器、サイレン等の器具）	安衛則548条
	通路と軌道の交わる場合（警報装置）	安衛則550条
	送気温度が異常に上昇した場合の自動警報装置	高圧則7条の2
	作業室及び気こう室と外部との連絡（通話装置）	高圧則21条

■安全衛生関係文書の保存期間①

I 労働法令関係（労働基準法、労働安全衛生法等）

項　目	No.	文　書　名	保存期間（年）	工事終了後提出先
点検、検査、計画 （点検、検査）	1	第二種圧力容器の定期自主検査（年次）〈ボイラー則32条〉	3	機械工場または機械所有者
	2	車両系建設機械の定期自主検査（月例、年次） 〈安衛則169条〉	3	
	3	電気機関車等の定期自主検査（月例、年次、3年以内） 〈安衛則231条〉	3	
	4	絶縁用保護具等の定期自主検査（再使用、6ヶ月） 〈安衛則351条〉	3	
	5	車両系荷役運搬機械の定期自主検査（月例、年次） 〈安衛則151条〉	3	
	6	高所作業車の定期自主検査（月例、年次） 〈安衛則194条の25〉	3	
	7	クレーンの定期自主検査（月例、年次、暴風後等） 〈クレーン則38条〉	3	
	8	移動式クレーンの定期自主検査（月例、年次） 〈クレーン則79条〉	3	
	9	デリックの定期自主検査（月例、年次、暴風後等） 〈クレーン則123条〉	3	
	10	エレベーターの定期自主検査（月例、年次、暴風後等） 〈クレーン則157条〉	3	
	11	建設用リフトの定期自主検査（月例、暴風後等） 〈クレーン則195条〉	3	
	12	ゴンドラの定期自主検査（月例、再使用前） 〈ゴンドラ則21条〉	3	
	13	局所排気装置及び除じん装置関係定期自主検査 （月例、年次、設備時等）〈粉じん則18条〉	3	安全業務担当機関
	14	排気・換気・除じん装置の定期自主検査（年次） 〈石綿則23条〉	3	

■安全衛生関係文書の保存期間②

項　　目	No.	文　書　名	保存期間(年)	工事終了後提出先
（測定）	1	坑内の通気量の測定記録（半月以内ごとに1回）〈**安衛則603条**〉	3	安全業務担当機関 📖 **法令条文は** **P263を参照**
		坑内の気温測定記録（半月以内ごとに1回）〈**安衛則612条**〉	3	
		坑内の炭酸ガス濃度測定記録（半月以内ごとに1回）〈**安衛則592条**〉	3	
	2	作業環境の測定記録（酸欠空気、可燃性ガス等）〈**酸欠則3条**〉（作業前、地震後等）	3	
	3	作業環境の測定記録（屋内作業場における有機溶剤及び特定粉じん業務）（6ヶ月以内ごとに1回）	3〜7	
	4	作業環境の測定記録（石綿等を取扱う作業）（6ヶ月以内ごとに1回）〈**石綿則36条**〉	40	
	5	騒音の測定記録（著しい騒音を発する屋内作業場）〈**安衛則590条**〉	3	
（事前調査）	1	建築物等の改修工事の際の事前検査〈**石綿則3条**〉	3	安全業務担当機関
（高気圧設備）	1	高気圧設備の点検及び修理〈**高圧則22条**〉	3	機械工場または機械所有者
	2	潜水設備等の点検及び修理〈**高圧則34条**〉	3	
	3	再圧室の点検〈**高圧則45条**〉	3	
	4	減圧状況の記録〈**高圧則20条の2**〉	5	
（会議打合等）	1	安全衛生委員会（議事）〈**安衛則23条**〉	3	安全業務担当機関
（教育）	2	特別教育関係（科目、時間、名簿等）〈**安衛則38条**〉	3	
（健康診断）	1	健康診断個人票〈**安衛則51条**〉	5〜30	厚生業務担当機関
	2	石綿健康診断個人票〈**石綿則41条**〉	40	
（労働時間）	1	労働時間の状況の記録〈**安衛則52条の7の3**〉	3	安全業務担当機関
（避難救護訓練）	1	ずい道等の避難訓練〈**安衛則389条の11**〉	3	安全業務担当機関
	2	救護訓練〈**安衛則24条の4**〉	3	
（労災保険）	1	労災保険給付関係請求書等（控）〈**労災則51条**〉	3	安全業務担当機関
	2	通勤災害関係請求書等（控）〈**労災則51条**〉	3	

■安全衛生関係文書の保存期間③

Ⅱ 火薬類取締法

項　　　目	No.	文　書　名	保存期間（年）	工事終了後提出先
諸届等（記録）	1	火薬類受払帳簿等〈火取則33条 他〉	2	施工計画担当機関

（注）保存期間欄の年数は、工事終了後の期間、または関係事由等完了後の期間を示す

資料編

■様式第23号（死亡又は休業4日以上の場合）

労働者死傷病報告

様式第23号（第97条関係）（表面）

労働保険番号（建設業の工事に従事する下請人の労働者が被災した場合は、元請人の労働保険番号を記入すること。）

8 1 0 0 1	1 3 1 0 1 8 2 5 0 1 5 0 2 5 1 3 0 1

事業の種類：**職別工事業**

事業場の名称（建設業にあっては工事名を併記のこと。）

カナ： オオヤマケンセツカブシキガイシャ

漢字： 大山建設株式会社

工事名： 中央会館新築工事

職員記入欄（派遣先の事業の労働保険番号）
都道府県 所掌 管轄 基幹番号 枝番号 被一括事業場番号
派遣労働者が被災した場合は、派遣先の事業場の郵便番号

事業場の所在地：東京都中央区八丁堀2-×-×　電話 03(3551)43××

構内下請事業の場合は親事業場の名称、建設業の場合は元方事業場の名称：八重洲建設(株)中央会館(作)

派遣労働者が被災した場合は、派遣先の事業場の名称

提出事業者の区分／派遣元 派遣先

郵便番号： 104-××××
労働者数： 55人
発生日時（時間は24時間表記とすること。）：7:平成 7 3 1 9 2 6 1 3 2 0

被災労働者の氏名（姓と名の間は1文字空けること。）
カナ： ミヤモト タカユキ
漢字： 宮本 孝之

生年月日：1:明治 3:大正 5:昭和 7:平成　元号 年 月 日　（ ）歳

性別：○（男 女）

職種：鳶工
経験期間： 4 年

休業見込期間又は死亡日時（死亡の場合は死亡欄に○）
休業見込： 9 0 月 週 日　死亡　死亡日時

傷病名：単純骨折
傷病部位：右大腿部
被災地の場所：東京都中央区八丁堀2-×-×

災害発生状況及び原因

①どのような場所で ②どのような作業をしているときに ③どのような物又は環境に ④どのような不安全な又は有害な状態があって ⑤どのような災害が発生したかを詳細に記入すること。

コンプレッサー（1.5ｔ）を小型トラックからおろすため、二段継ぎ鉄製三又（脚の長さ5.14m）吊上げ能力2.5ｔをトラックの荷台にあるコンプレッサーの直上に設置し、ついで2tのチェンブロックを三又にとりつけ、18mmのワイヤーで玉掛けをして、コンプレッサーを10cm吊上げ、トラックを前進させてから徐々にチェンブロックを下げはじめた。2、3回チェーンを下げたとき突然三又の脚の一本がすべりだし、三又が安定を失って転倒し、約1mの高さに吊っていたコンプレッサーが落下し、コンプレッサーの端部が被害者の大腿部に激突したものである。

略図（発生時の状況を図示すること。）

2 トンチェンブロック
2 段継ぎ三又　脚長5.14m　2.5トン吊り
転倒
滑った
コンプレッサー（1.5トン）
被害者

労働者が外国人である場合のみ記入すること。
国籍・地域（ ） 在留資格（ ）

職員記入欄：
国籍・地域コード　在留資格コード
起因物　店社コード　業種分類
事故の型　発注者種類　事業場等区分　業務上病気（1:該当 2:非該当）　自由使用項目(1)(2)(3)

報告書作成者　職 氏名：所長 中島 明

平成31年 9月 26日

中央 労働基準監督署長殿

事業者職氏名
大山建設株式会社
取締役社長 細内 俊夫　㊞

受付印

（備考）1　□□□で表示された枠（以下「記入枠」という。）に記入する文字は、光学的文字・イメージ読取装置（OCIR）で直接読み取りを行うので、この用紙は汚したり、穴をあけたり、必要以上に折り曲げたりしないこと。
2　記入すべき事項のない欄、記入枠及び職員記入欄は、空欄のままとすること。
3　記入枠の部分は、必ず黒のボールペンを使用し、枠からはみ出さないように大きめの漢字・カタカナ及びアラビア数字で明瞭に記入すること。
　なお、濁点及び半濁点は同一の記入枠に「ガ」「パ」等と記入すること。
4　「性別」、「休業見込」及び「死亡」の欄は、該当する項目に○印を付すこと。
5　「事業場の名称」の欄の漢字が記入枠に書ききれない場合は、下段に続けて記入すること。
6　派遣労働者が被災した場合、派遣先及び派遣元の事業者は、「提出事業者の区分」の欄の該当する項目に○印を付した上、それぞれ所轄労働基準監督署長に提出すること。
7　「経験期間」の欄は、当該職種について1年以上経験がある場合にはその経験年数を記入し、1年未満の場合にはその月数を記入し、該当する項目に○印を付すこと。

8　「国籍・地域」及び「在留資格」の欄は、第97条の労働者が外国人（出入国管理及び難民認定法（昭和26年政令第319号。以下「入管法」という。）別表第1の1の表の外交又は公用の在留資格をもって在留する者及び日本国との平和条約に基づき日本の国籍を離脱した者等の出入国管理に関する特例法（平成3年法律第71号）に定める特別永住者を除く。）である場合に、入管法第2条第5号に規定する旅券、入管法第19条の3に規定する在留カード又は入管法第20条第4項に規定する在留資格証明書により確認し、記入すること。
　なお、労働施策の総合的な推進並びに労働者の雇用の安定及び職業生活の充実等に関する法律（昭和41年法律第132号）第28条第1項の規定による外国人雇用状況の届出と同様の国籍・地域及び在留資格を記入すること。
9　氏名を記載し、押印することに代えて、署名することができること。

■災害発生時の提出書式例② （社）全国建設業協会「労務安全必携」より抜粋

■様式第5号（療養補償給付を請求する場合）

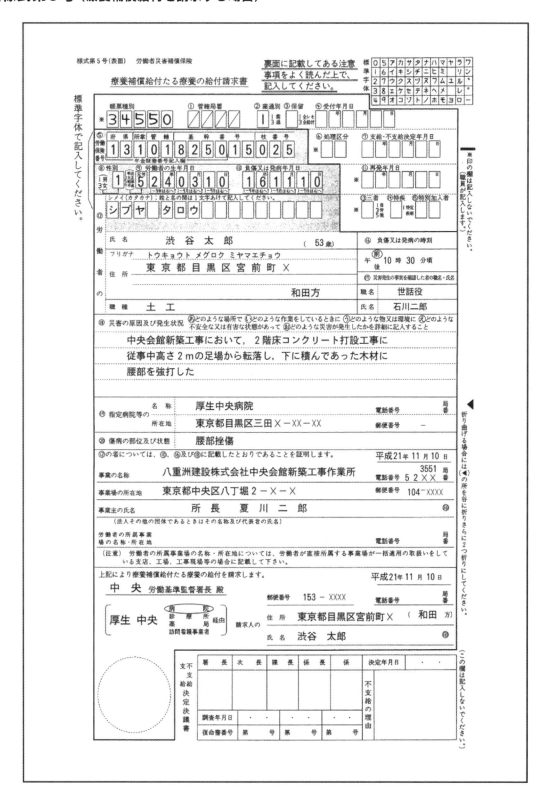

資料編

■**様式第24号**（休業1〜3日の場合）

様式第24号（第97条関係）

労 働 者 死 傷 病 報 告

平成21年7月から21年9月まで

事 業 の 種 類	事業場の名称 [建設業にあっては工事名を併記のこと。]		事 業 場 の 所 在 地	電 話	労働者数
職 別 工 事 業	大山建設株式会社八丁堀作業所 （中央会館新築工事）		東京都中央区八丁堀2－×－×	(3551) 4 3 ××	55 人

被災労働者の氏名	性 別	年 齢	職 種	派遣労働者の場合は欄に○	発生月日	傷病名及び傷病の部位	休業日数	災 害 発 生 状 況（派遣労働者が被災した場合は、派遣先の事業場を併記のこと）
中 村 二 郎	男・女	32 歳	型 枠 大 工		7月6日	腰部打撲	2日	梁返し型枠固め作業中，脚立足場より後ろ向きに墜落し，腰部を打撲した。
山 田 二 郎	男・女	56 歳	型枠解体工		9月5日	右足首捻挫	2日	型枠解体中，床に集積して単管の上に乗った際，単管が転がり右足を捻った。
	男・女	歳			月 日			
	男・女	歳			月 日			
	男・女	歳			月 日			
	男・女	歳			月 日			
	男・女	歳			月 日			
	男・女	歳			月 日			
報告書作成者職氏名	所長 中島 明							

平成 21 年 10 月 16 日

事 業 者 　大山建設株式会社

職 氏 名 　取締役社長　細 内 俊 夫 ㊞

中 央 労 働 基 準 監 督 署 長 殿

備考　1. 派遣労働者が被災した場合，派遣先及び派遣元の事業者は，それぞれ所轄労働基準監督署に提出すること。
　　　2. 氏名を記載し，押印することに代えて，署名することができる。

安全用語

【ＣＦＴ】（コフト）Construction Foreman Trainer

　労働安全衛生法第60条では、事業場で新たにその職務につくことになった職長に、その他現場監督者に対して安全衛生教育を行わなければならない旨定めている

　ＣＦＴ講座は建災防が実施するもので、この講座は、職長が安全衛生責任者に選任される場合が多いことから、両者の職務を一体的に教育する職長・安全衛生責任者教育が平成12年から実施されることとなったが、この教育の講師養成のための講座である

　同種の講座として、中災防が実施するRST講座がある

【COHSMS】（コスモス）

　建設業労働災害防止協会（建災防）で認定している労働安全衛生マネジメントシステムの名称

【ＫＹ】危険予知活動

　危険予知活動の頭文字を取ったもので、個別の作業グループが作業の現状把握によってその中に潜在する危険を予測し、対策、行動目標を設定して作業を行うことによって災害を未然に防止しようとする小集団活動である

月　　日	危険予知活動表
作業内容	
危険のポイント	
私達はこうする	
グループ名	リーダー氏　名　　　　　　作業員　　　名

【ＫＹＴ】危険予知トレーニング

　危険予知訓練の頭文字を取ったもので、ＫＹを推進するための訓練である

【OHSAS】（オーサス）

　英国規格協会（BSI）が世界各国の認定機関・認証機関などに参加を呼び掛けて形成した労働安全衛生マネジメントシステムの名称

【OSHMS】

　中央労働災害防止協会（中災防）で認定している労働安全衛生マネジメントシステムの名称

【ＯＪＴ】On the Job Training

　実際に仕事をしながら仕事に習熟していくこと

【ＲＳＴ】Rodosho Safety and Health Education Trainer

　労働安全衛生法第60条では、事業場で新たにその職務につくことになった職長、その他現場監督者に対して、安全衛生教育を行わなければならない旨を定めている

　RST講座は、中災防が実施する現場監督者等に対する安全衛生教育を担当するトレーナーを養成するもので、講義、事例研究、グループ討議等を通じて安全衛生に関する知識、教育方法等について体系的に研修する

　なお、平成13年度からはカリキュラムを調整の上、職長・安全衛生責任者教育講師養成講座を包含したものに改編された

【SDS】 Safety Data Sheet

　従来、化学物質等の譲渡又は提供を受けた事業者は、化学物質等安全データシート（MSDS）等により、有害性や健康障害防止措置に関する情報を得て、必要な措置を講じるものと定められていました（化学物質等の危険有害性等の表示に関する指針）。しかし、平成24年4月から、国際基準に合わせ、安全データシート（SDS）という用語を用いることになりました（経済産業省も統一）。SDSは、常時作業場に掲示・備付け、労働者に周知する必要があります。SDSの記載事項も、従来と比べ、若干変更されています（化学物質等の危険性又は有害性等の表示又は通知等の促進に関する指針）

　1．名称
　2．成分及びその含有量
　3．物理的及び化学的性質
　4．人体に及ぼす作用
　5．貯蔵又は取扱い上の注意
　6．流出その他の事故が発生した場合において講ずべき応急の措置
　7．通知を行う者の氏名（法人にあっては、その名称）、住所および電話番号
　8．危険性又は有害性の要約
　9．安定性および反応性
　10．適用される法令
　11．その他の参考となる事項

【3S・4S・5S運動】

　安全は整理整頓に始まって整理整頓で終わるといっても過言ではない。そのため、3S運動、4S運動を強力に展開して好成績をあげている事業場が多い

　一般に3S運動とは「整理」「整頓」「清掃」の頭文字を集めたもので、4S運動は、3S運動に「清潔」を加えたもので、5S運動は4S運動に「しつけ」を加えたものである

【TBM】 Tool Box Meeting

　職場で開く「安全のつどい」のことをいう。ツールボックス（工具箱）の付近に作業員が集まり、職長を中心に話し合うのでこのように呼ばれている

【アース】（接地）

　アースとは、電気機械器具の鉄台及び金属性外箱等と大地、電路の中性点又は1線一端子と大地を電気的に接続することをいう。電気が電気機器の絶縁劣化等により漏電すると、この部分に電圧が発生し感電災害や火災の原因になるが、アース（接地）することによりこれらの事故を防止することができる

【アイスプライス】

　ワイヤロープの末端部が環状（アイ、さつま、蛇口、めがね継ぎ）になるよう編み込むワイヤロープの端末処理方法である

アイスプライス

【朝顔】（防護棚）

　建築現場で使用する外部足場に設けられるもので、通行人や隣接する家屋に工事現場からの材料、工具等が落下するのを防止するため、高さ10m以内毎に足場から斜めに2mほど張り出した板張りの防護工をいう

P117を参照

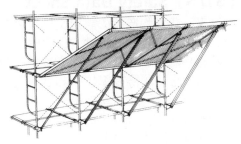

【安全旗】

　白地に緑十字を配した安全を象徴する旗であり、旗の比率は右図が標準になっている

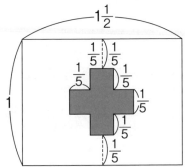

【安全支柱・安全ブロック】

　ダンプトラック等を修理、点検するとき上げた荷台が不意に降下することを防止するために使用する支柱又はブロックをいう

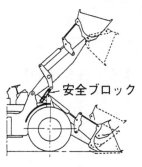

安全ブロックの使用例

【安全第一】

　1906年、アメリカのU.S.スチール社の会長E.H.ゲーリーが、会社経営の根本方針を安全第一、品質第二、生産第三と改め、安全作業に関する施策を強めたところ、それにつれて製品の品質も生産量も向上した実例から、安全第一が企業理念の第一にされるようになった。わが国には、当時アメリカでこの運動を見聞した小田川全之が1912年（大正元年）、これを「安全専一」と訳して足尾銅山に導入したのにつづき、大正7年、内田嘉吉が同じアメリカの安全第一運動を視察、翌年、蒲生俊文とともに安全第一協会を設立した

【安全標識】

　作業場において、作業者が判断や行動の誤りを生じ易い場所、あるいは誤ると重大な災害を引き起こすおそれのある場所に、安全の確保を図るために表示する標識をいう
　これらの標識はその使用目的によってつぎの9種類にわけられる
　　1．防火標識　　2．禁止標識　　3．危険標識　　4．注意標識　　5．救護標識
　　6．用心標識　　7．放射能標識　　8．方向標識　　9．指導標識

【一の場所】

特定元方事業者の「一の場所」の範囲は、請負契約関係にある数個の事業によって仕事が相互に関連して混在的に行われる各作業現場ごとに「一の場所」として取扱われるのが原則であり、具体的には、労働者の作業の混在性等を考慮して、目的論的見地から定められた範囲である

- 建設業における「一の場所」の範囲
  - （建築工事関係）
    - ビル建設工事 ………………………その工事の作業場の全域
    - 鉄塔建設工事 ………………………その工事の作業場の全域
    - 火力発電所建設工事………………その工事の作業場の全域

  - （土木工事関係）
    - 地下鉄建設工事 ……………………その工事の工区ごと
    - 道路、ずい道建設工事……………その工事の工区ごと
    - 橋梁建設工事 ………………………その工事の作業場の全域
    - 水力発電所建設工事………………堰堤工事の作業場の全域
      - ………水路ずい道工事の工区ごと
      - ………発電所建設工事の作業場の全域

【移動式クレーン】

原動機を内蔵し不特定の場所に移動できるクレーンをいい、トラッククレーン、クローラクレーン、ラフテレンクレーン、トラック搭載型クレーン等があり、0.5t以上が適用され、フォークリフトは含まれない

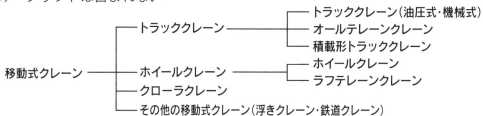

【インターロック】

機械の各作動部分相互間を電気的、機械的、油圧（空圧）的などの方法で連結し、機械の各作動部分が正常に作動する条件が満足されなければ、自動的にその機械を作動できないようにする機構をいう。安全面では、機械の危険部分に設ける安全カバーなどが開放されると機械が停止する装置がインターロックである

【貨物自動車】

専ら荷を運搬する構造の自動車（長さ4.7m以下、幅1.7m以下、高さ2.0m以下で、最高速度15m/h以下のものを除く）で、牽引車両により被牽引車を牽引する方式のものを含む。ダンプトラック、タンクローリ、トレーラ等は含まれるがフォークリフトは含まれない

【換気設備】

　有毒ガス等によって汚染された作業場の空気を新鮮な空気に入れ換える設備を換気設備という。自然換気が期待できない坑内等の地下作業場、化学物質等を使用する作業場においては、有毒ガス、粉じん等による空気の汚染、空気中の酸素濃度の低下等により、そこで働く人の健康に悪影響を及ぼすため、そのような作業場においては、空気の物理的性質を正常に保ち、または空気の化学的性質を変化させるものを除去する換気装置が必要となる

【カント】

　軌道や道路で曲線部を通過する車両が遠心力によって外側に出ようとするのをつり合わせるため、外側の軌条または道路を少し高くして軌道面（路面）を傾けておくことをいう

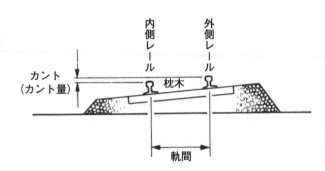

【機械集材装置】

　集材機、架線、搬機、支柱及びこれらに附属する物により構成され、動力を用いて、原木又は薪炭材を巻き上げ、かつ、空中において運搬する設備をいう

【気積】

　成人一人が必要とする部屋の容積、すなわち空気の容積をいう
　事務所衛生基準規則の規定により、事務所においては、設備に占める容積及び床面から4mを超える高さにある空気を除き、一人当たり10m³以上としなければならないとされている

【機体重量】

　機械本体の重量で、アタッチメントを交換することによって種々の用途に変更する機械にあっては、アタッチメントを除いた重量を機体重量という
　例えば、ブルドーザ等の機械ではトラクタ単体の重量をさす

【軌道装置】

　事業場附帯の軌道及び車両、動力車、巻上げ機等を含む一切の装置で、動力を用いて軌条により労働者又は荷物を運搬する用に供されるものをいい、鉄道営業法、鉄道事業法、軌道法の適用を受けるものは含まない

【休業日数のカウント方法　①労働者死傷病報告】

　全日の休業の有無によって判断する。したがって、部分休業の場合は、翌日から休業日数として数えることになる

【休業日数のカウント方法　②労災保険休業補償給付】

　所定労働時間内に災害が発生した場合はその日を第一日目、所定労働時間外（残業している時）に発生した場合は翌日を第一日目として扱う

【強度率】

説明についてはP27 参照のこと

【クレーン】

荷を動力を用いてつり上げ、これを水平に運搬（水平移動は動力でなくてよい）することを目的とする機械装置をいう。安衛法では定置式のもの、レール上など限定された範囲内を移動するクレーンで、天井クレーン、橋型クレーン、タワークレーン、ジブクレーン等があり、0.5t以上が適用される

【研削といし】

人造研削材及び結合材からなり、高速度で回転しながら微細な研削刃を絶えず自生して研削または切断を行う工具（回転刃）をいい、天然石で作られたといしは含まれない（ダイヤモンドホイール等の金属製の物も含まれない）

【検査標章】

車両系建設機械等の特定自主検査を行ったときに、実施した年月を明らかにするため、機械の見やすいところに貼付ける標章等をいい、事業内検査用標章、検査業者検査用標章がある

車両系建設機械・フォークリフト
事 業 内 検 査 用 標 章

車両系建設機械・フォークリフト
検 査 業 者 検 査 用 標 章

【建設用リフト】

荷のみを運搬することを目的とするエレベーターで、土木、建築等の工事の作業に使用されるものをいい、安衛法ではガイドレールの長さが18m以上が適用され、ガイドレールと水平面との角度が80度未満のスキップホイストは含まれない

工事用エレベーター及び建設用リフトの分類

エレベーター	工事用エレベーター	ロングスパン工事用エレベーター	ロングスパン工事用ロープ式エレベーター
			ロングスパン工事用ラック式エレベーター
		上記以外のエレベーター	工事用ロープ式エレベーター
			工事用油圧式エレベーター
			工事用ラック式エレベーター
建設用リフト	タワーリフト		
	2本構リフト		
	1本構リフト		
	ロングスパン建設用リフト		ロープ式のロングスパン建設用リフト
			ラック式のロングスパン建設用リフト

【高所作業車】

高所における工事、点検、補修等の作業に使用される機械であって作業床及び昇降装置その他の装置により構成され、その作業床が上昇、下降等をする機械のうち、動力を用い、かつ、不特定の場所に自走することができるものをいい、作業床の高さが 2m 以上のものが適用される。なお、消防活動に使用するハシゴ自動車、屈折ハシゴ自動車等の消防車は高所作業車に含まれない（移動式クレーンに取付または吊り下げられたものは含まれず、クレーン則が適用される）

高所作業車の例　　高所作業車の例

【高所での作業】

事業者は、高さが2m以上の作業床の端、開口部等で墜落により労働者に危険の及ぼすおそれのある箇所には、囲い、手すり、覆い等を設け、安全帯を使用させなければならない

【構内運搬車】

専ら荷を運搬する構造の自動車で、長さ4.7m 以下、幅1.7m以下、高さ2.0m以下で最高速度が毎時15km以下のものをいい、不整地運搬車は含まれない

【こそく】

こそぐことをいい、発破をかけた後で浮いている岩石（基岩から遊離している岩石）を突き、あるいはたたいて落とすことで、この他、けずり落とすことにもこの言葉が使われる

【込め物】

火薬類を用いて発破を行う場合、岩石に削孔し火薬を装填した後、その自由面に近い方の削孔のあとに砂と粘土を練り合わせた物、又は粘土、陶土等を薬包状に成形して詰め込むものを「込め物」又は「あんこ」という

【コンクリート破砕器】

クロム酸鉛等を主成分とする火薬を充填した薬筒と点火具からなる火工品であって、コンクリート建設物、岩盤等の破砕に使用されるものである

【コンクリートポンプ車】

ミキサ等から受けたコンクリートを打設場所まで圧送する機械で、トラックに架装され不特定の場所に自走することのできる機械をいう（ブーム式、ブーム式でないものの両方が含まれる）

【ゴンドラ】

つり足場および昇降装置その他の装置並びにこれらに附属する物により構成され、つり足場の作業床が専用の昇降装置により上昇し、又は下降する設備をいう

ゴンドラの例

【最大積載荷重】

構造物、運搬機棚の構造及び材料に応じて積載できる最大の荷重をいう

安衛法ではエレベーター、建設用リフト、高所作業車、足場、作業構台などの構造及び材料に応じて、これらの搬器、作業床に人または荷を乗せて上昇させることのできる最大積載荷重を定めなければならないとされている

【作業構台】

架設の支柱及び作業床等により構成され、材料もしくは架設機材の集積又は建設機械等の設置もしくは移動を目的とする、高さが2m以上のものを作業構台という

【皿板】

足場の架設等で、建地からの荷重を軽減して地盤や床に伝えるため、建地と地盤や床との間に敷く板をいう

【酸素欠乏空気】（酸素欠乏症）

空気中には通常酸素が20.9%含まれているが、種々の原因により酸素が消費され空気中の酸素濃度が低下することがある。この酸素濃度が18%未満の空気を酸素欠乏空気という。これを吸入した場合には、顔面の蒼白または紅潮、脈拍および呼吸数の増加、息苦しさ、目まい、頭痛等の症状のほか、重症の場合には意識不明、けいれん、呼吸停止、心臓停止等の症状が現れる。この症状が酸素欠乏症である

【敷板・敷角】

足場の架設等で、数本の建地または枠組の脚部にわたり、ベース金具と地盤等の間に敷く長い板、角材等をいう

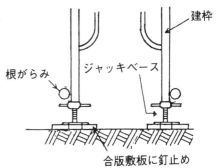

【車両系建設機械】

動力を用い、かつ、不特定の場所に自走できる建設機械をいい、次のものをいう

1 整地・運搬・積込み用	2 掘削用	3 基礎工事用	4 締固め用
1. ブルドーザー 2. モーターグレーダー 3. トラクタショベル 　（四輪駆動のもの） 4. ずり積機 5. スクレーパー 6. スクレープドーザー	1. パワーショベル 2. ドラグショベル 3. ドラグライン 4. クラムシェル 5. バケット掘削機 6. トレンチャー	1. くい打機 2. くい抜機 3. アースドリル 4. リバースサーキュレーションドリル 5. せん孔機 6. アースオーガー 7. ペーパードレーンマシーン	1. ローラ **5 コンクリート打設用** 1. コンクリートポンプ車 **6 解体用** 1. ブレーカ 2. ①鉄骨切断機 　②コンクリート 　　圧砕機 　③解体用つかみ機

【車両系荷役運搬機械】

動力を用い、かつ、不特定の場所に自走できる荷役運搬機械をいい、次のものをいう

1. フォークリフト
2. ショベルローダー
3. フォークローダー
4. ストラドルキャリヤー
5. 不整地運搬車
6. 構内運搬車
7. 貨物自動車

フォークローダーの例

ショベルローダーの例

【重大災害】

一時に３人以上の労働者が業務上死傷又は罹病した災害をいう。件数も重大災害発生件数として数えている

【昇降設備の設置】

高さまたは深さが1.5mを超える箇所で作業を行うときは、労働者が安全に昇降するための設備等を設けなければならない。ただし、安全に昇降するための設備等を設けることが作業の性質上著しく困難なときはこの限りでない

【職業性疾病】

一定の職業に従事するために起こる疾病で、その職業に従事するすべての労働者が罹患する可能性のある疾病をいう

職業性疾病には、温度、湿度、気圧、照明、振動、騒音のような作業環境が要因となるものや、粉塵、ガス、蒸気のように生産工程における原材料が要因となるものがある

前者には潜水病、職業性難聴等が、後者にはじん肺、一酸化炭素中毒、鉛中毒、有機溶剤中毒、水銀中毒等がある。また、職業性疾病は、急性ガス中毒、酸欠等のような災害性疾病と職業ガン等のような慢性疾病にわけられるが、後者を狭義には職業病ということがある。しかし、一般には職業性疾病と職業病は同じ意味で使用される場合が多い

【ストラドルキャリヤー】

車体内面上部に懸架装置を備え、荷をつり上げ、又は抱きかかえて運搬する荷役車両をいう

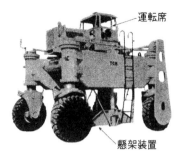

ストラドルキャリヤーの例

【ストランド】

ワイヤロープは、線引き加工した継ぎ目のない鋼線（素線）を数本から数十本より合わせて子縄を作り、さらに子縄を数本より合わせて作られる

ワイヤロープの子縄をストランドという。また、繊維ロープも多数のヤーン（つむぎ糸）をより合わせて子縄を作り、さらに子縄を数本より合わせて作られるが、この子縄もストランドと呼ばれる

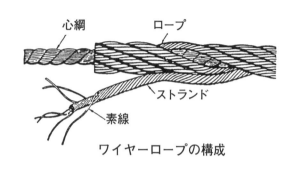

ワイヤーロープの構成

【セーフティーアセスメント】（ＳＡ）

建設工事の着工、設備の新設あるいは変更に際し、安全の見地から行われる事前の評価（Assessment）のことである。労働災害防止の観点で、旧労働省から危険度の高い「トンネル建設工事」「鋼橋架設工事」「圧気シールド工事」及び「圧気ケーソン工事」「推進工事」「シールド工事」「プレストレストコンクリート（PC）架設工事」「化学プラント」について、セーフティーアセスメントに関する指針が公表されている

【セーフティーマスター】

一定の技能と経験を持ち、担当する現場が優良な安全成績をあげた職長を厚生労働大臣が表彰する制度。平成10年度から実施されている

【石綿含有製品】
　石綿の含有量が重量の0．1％を超えるもので、飛散性石綿と非飛散性石綿とに分けられる

- **飛散性石綿**
　吹付けアスベスト（飛散性に準ずるものを含む）で、石綿含有吹付ロックウール（Ｓ造の耐火被覆、吸音用）、石綿含有保温材（配管曲がり部、ボイラ外周部）、石綿含有バーミキュライト吹付（天井）、石綿含有ケイ酸カルシウム板（Ｓ造の耐火被覆）、保温材ダクトパッキン材（飛散しやすい状態のもの）などをいう
- **非飛散性石綿（石綿含有建材）**
　石綿スレート（波形）、ビニール床タイル（石綿含有）、住宅屋根用平板石綿スレート石綿セメント・サイディング、石綿含有ケイ珪酸カルシウム板、石綿スレート（石綿含有フレキシブルボード）などをいう

【対地電圧】
　電路の対地電圧とは、配電方式が接地方式の場合は電線と大地との間の電圧をいい、非接地方式の場合は電線と電線との間の公称電圧をいう。感電災害は、主に人体を介した地絡事故であり、電路の公称電圧より対地電圧が問題になる。そのため、公称電圧が同じ場合、感電災害の防止上は、対地電圧の低い方が安全である

【台付け】
　番線、ワイヤロープ等を用いて、機械、設備等を杭や構造物に固定することをいう。又、「台付け」という場合には、台付け用のワイヤロープ等のことをいう場合が多い。
　玉掛け用ワイヤロープを「台付けワイヤ」という者もいるが、玉掛け用ワイヤロープと台付け用ワイヤロープは安全係数が違い、それに伴って差し方も違うので、ハッキリ区別して正しい用語で呼称する必要がある

【つり上げ荷重】
　クレーン、移動式クレーン、デリック等でその機械に負荷させることのできる最大の荷重をいう。クローラクレーンではジブを最大の傾斜角にし、ブームを最も短くした（最小作業半径）ときの荷重となる。つり上げ荷重にはフック、グラブバケット等のつり具の重量が含まれる

【定格荷重】
　クレーン、移動式クレーン、デリック等のつり上げ荷重から、フック、グラブバケット等のつり具の重量を控除した荷重をいう。作業半径（ブーム角度）により定格荷重は変化する

【テルハ】
　ホイストによって荷のつり上げ、つり下げを行い、ランウエイ（走行レール）上をホイストが移動するホイスト式クレーンである。ランウエイ１本のものはモノレールホイストとも呼ばれる

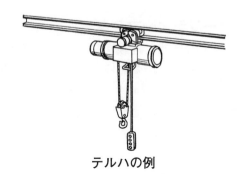

テルハの例

【度数率】

説明についてはP27参照のこと

【はい作業】

「はい」とは、倉庫、上屋または土場に積み重ねられた荷（小麦、大豆、鉱石等のばら物の荷を除く）の集団をいい、この荷を積み重ねる作業を「はい付け」といい、その荷を取りくずす作業を「はい崩し」という

【爆発・破裂】

爆発という用語は非常に広い意味に使用され、広義には圧力の急激な発生または開放の結果、爆音を伴う破裂や、ガスの膨張が起こる現象をいっている

したがって、化学的な現象に基づく場合だけでなく、単なる物理的現象も含むことがある。しかし、一般的には化学的な現象に基づくものを爆発といって、物理的現象は破裂という言葉で区別している

【爆発限界・燃焼限界】（爆発範囲・燃焼範囲）

可燃性のガスは、空気又は酸素中において、ある限られた範囲の濃度になったときだけ燃焼が起こる。これは、火炎が自由に伝播していくためには、点火によって火炎が発生してもその燃焼で発生した熱量が次の部分の混合ガスを発火温度にまで加熱できなければ燃焼が継続しないからである

したがって、この濃度範囲を爆発範囲（又は燃焼範囲）と呼び、その限界を爆発限界（又は燃焼限界）と呼ぶ

主なガスの爆発限界

ガス名	爆発限界(Vol%)	
	空気との混合	
	下限界	上限界
メタンガス	5.0	15.0
一酸化炭素	12.5	74.0
アセチレン	2.5	100
プロパンガス	2.2	9.5
ガソリン	1.4	7.6

【肌落ち・落盤】

トンネル工事において掘削された空間の周辺の岩盤には、発破等による破砕や地盤のゆるみ等により岩塊が地山から分離、独立して浮石として存在することが多い。この岩塊や岩片がわずかな衝撃や振動等により剥離落下する現象を肌落ちという

落盤と肌落ちの違いは明確ではないが、支保工の倒壊を伴ったり、トンネル空間を閉塞するような大量の容積の崩落の場合を落盤とする考え方が一般にとられている

【ヒューマンファクターとヒューマンエラー】

　産業の現場で発生する労働災害を含む各種の事故は、そのほとんどが設計、設置、操作などの各段階での人的過失（ヒューマンエラー）によるものである。ヒューマンエラーを「人間の生理的・心理的能力と、システムが作業者に要求する任務・役割との逸脱から起った過ち」と見做すと、天災等とは違って事故の予防は可能であり、事故による被害規模を最小限に抑制する実現可能性も高い

　また、事故の要因には人間的特性（ヒューマンファクター）が大きく関わっていることに着目して「安全人間工学」という言葉が生まれた。不安全行動や不注意の本質を解明し、人間側に過ちがあっても危険な状態や事故に至らないような対策を、装置・機械・操作具・作業の方法（作業手順書その他）などに講じることをそのねらいとしている

【フールプルーフ】

　作業員がエラーをしても災害につながらせない装置（機構）をいい、代表的な装置として巻過ぎ防止装置、リミットスイッチ等がある。また、操作の順序を誤った場合でも危険な状態に落ち込まないような装置もこれに含まれる

【フェールセーフ】

　機械や設備などが故障しても、安全が確保される装置（機構）をいい、代表的な装置として感電防止用漏電遮断装置（ブレーカ）等がある

【不整地運搬車】

　不整地運搬用に設計した専ら荷を運搬する構造の自動車で、クローラ式又はホイール式（ホイール式にあっては全輪駆動で、かつ左右の車輪を独立して駆動できるもの）のものをいい、ハンドガイド式のものは含まない。また、林業現場で集材を目的とする林内作業車は含まない

不整地運搬車の例

【ブレーカ】（**車両系建設機械**）

　たがね（チゼル）とそれを上下運動させるピストンとを一体化した打撃式破砕機を有する機械をいい、油圧ショベルの機体にアタッチメントとしてブレーカユニットを取り付けたもの、移動式クレーンにブレーカユニットを取付けたもの（懸垂式も含む）は該当するが、圧砕機は含まれない

ブレーカ（クローラ式）

【本質安全】

　本質安全防爆構造の電気機器から生まれた言葉であり、電気機器以外にあっては、本質安全を字義どおり解釈して、災害発生要因の一部または全部を排除して原理的に災害発生のおそれがないことをいう

　この意味は更に拡大されて、たとえ機械設備に事故や異常状態が発生しても災害に至る前に機械設備が正常な状態になるか、または安全側に作動する等、人間が誤作動しても、機械が故障しても災害に至らないことを意味するようになった

【有害ガス】

　高圧則での有害ガスは一酸化炭素、メタンガス、硫化水素その他炭酸ガス以外のガスであって、爆発、火災その他の危険又は健康障害を生ずるおそれのあるガスをいう

【揚貨装置】

　港湾荷役作業を行うため、船舶に取付けられているデリック又はクレーンをいう

【リースとレンタル】（機械設備の）

　リースとは正しくはファイナンス・リースのことをいい、狭義のリースを指している。リース会社が資金を貸付けるかわりに、機械設備そのものを貸付けるという物融の形をとるやり方で、機械設備の貸付専門業というよりも金融機関的な性格を持っている。従って、契約期間中はリース会社またはユーザーのいずれの側からも解約できず、貸主は物件を賃貸するのみで、物件の修理、維持、保有および管理の費用は借主が負担することが原則である

　レンタルとは、オペレーティング・リースのことで、ファイナンス・リース以外のほとんどのリースを意味し、一般にファイナンス・リースよりもリース料は高くつくが、保守管理の費用は貸主が負担し、また契約期間中の中途解約も一定の予告期間をおいて認められている

【リスクアセスメント】

　リスクを特定し、リスクの大きさ、頻度等を推定してその重要度を見積もり、そのリスクが許容できるか、低減あるいは除去できるか、管理手段はどうか等を決定する全体的なプロセス
　単に、リスクの大きさ、頻度等を推定してその重要度を見積もることをいう場合もある

【労働損失日数】

　説明についてはP27参照のこと

【ロプス】ROPS（Roll-Over Protective Structure）

　車両系建設機械は地山に接近して作業をしたり、急勾配のところで作業を行うことが多いため、岩石の落下や機械の転倒等によりオペレータが被災することがあるが、この場合の安全対策として、機械が転倒してもオペレータが安全なように、運転席の上部に取付ける防護構造物の規格（転落に対する防護構造）をいう

安全用語

COLUMN ⑧

気象の定義※について

※ ここでいう「悪天候」及び「地震」の定義は、安全衛生関係法令の条文に出てくる用語の定義であり、気象庁（各気象台）で定める注意報基準や警報基準とは異なる

≫ 悪天候とは？

大 雨

1回の降雨量が
50mm以上の降雨をいう
（昭和46年4月15日付 基発第309号）

大 雪

1回の降雪量が
25cm以上の降雪をいう
（昭和46年4月15日付 基発第309号）

強 風

10分間の平均風速が
毎秒10m以上の風
（昭和46年4月15日付 基発第309号）

暴 風

瞬間風速が
毎秒30mをこえる風をいう

● 悪天候時の作業については、各気象台から発令される当該地域の注意報、警報に従い、危険が予想されるときは作業を中止すること

≫ 中震以上の地震とは？

震度階級4以上（計測震度3.5以上）の地震をいう（昭和34年2月18日付 基発第101号）

震度 4

人　　　間：かなりの恐怖感があり、一部の人は身の安全を図ろうとする。眠っている人のほとんどが目を覚ます
屋内の状況：吊り下げ物は大きく揺れ、棚にある食器類は音を立てる。座りの悪い置物が、倒れることがある
屋外の状況：電線が大きく揺れを感じる。自動車を運転していて揺れに気付く人がいる

（参考：気象庁震度階級関連解説表より）

用語の**索引**

安全法令ダイジェスト 改訂第8版　テキスト版

2002年　3月26日　初版
2023年12月22日　第8版第1刷

編　　　者　　株式会社労働新聞社

発　行　所　　株式会社労働新聞社
　　　　　　　〒173-0022　東京都板橋区仲町29-9
　　　　　　　TEL：03-5926-6888（出版）　03-3956-3151（代表）
　　　　　　　FAX：03-5926-3180（出版）　03-3956-1611（代表）
　　　　　　　https://www.rodo.co.jp　　　　　pub@rodo.co.jp
監　　　修　　ニシワキ法律事務所　弁護士　西脇 巧
表　　　紙　　辻 聡
印　　　刷　　株式会社ワコー

ISBN 978-4-89761-961-3